中二病 誕生日診断

Chuni byo
Birthday Diagnosis

中二病誕生日診断制作委員会

Chart

診断一覧

生まれ落ちた月と日から見える

私たちは生まれ落ちた瞬間から運めの元に本質が決められているのです。誕生月と

月の言葉

1月

混沌の

象徴ワード:不明瞭、無秩序

全てが薄い暗闇に包まれたかのような漠然とした不安と揺蕩《たゆた》う心理

2月

囚われし

象徴ワード:真理、永遠

高度な思考を持つが故に身動きとれず、雁字搦めにされた哀れな宙吊り《ハングドマン》の男

3月

輪廻の

象徴ワード:転生、自己表明

輪廻転生を司るため、「現在の自分」に異常なまでの執着を見せる自己愛者《ナルシスト》

7月

暴虐の

象徴ワード:畏怖、強硬手段

確固たるビジョンを持ち、勇ましく世を切り開く力を持つ、時代の先駆者

8月

紅蓮の

象徴ワード:真面目、熱烈

注意深く、几帳面な気質を活かし、献身的補助をするサポーター

9月

血塗られた

象徴ワード:闘争、権力

感情や欲望を表す鮮やかな星に彩られつつも、隠すことのできない業の深さ

日の言葉

1日

旺盛な独立心と圧倒的な支配力が特徴的

独裁者

2日

穏やかな雰囲気に隠蔽された精神的二重性

泉

3日

束縛を嫌い、何よりも自由を愛する

妖精

4日

持ち前の真面目さゆえに、世を憂えている

堕天使

9日

神秘的な一面を持ち、世の流れに逆らわない

旅人

10日

高い競争心と影響力を持ち合わせた

業火

11日

霊的なお告げを受け、世に役立てる

使者

12日

向上心が強く、高みを目指すスペシャリスト

刃

17日

情熱を秘め、大胆な行動に走る傾向あり

吟遊詩人

18日

意志の強さと、強烈な個性の持ち主

隠者

19日

非常に高いプライドと強いエゴの塊

硬鞭《こうべん》

20日

どこまでも傷つきやすく、二重性のある

反逆者

25日

複雑だが信念の硬さが際立つ

礫岩《れきがん》

26日

爆発力の高い感情と、実行力に富む

処刑人

27日

他人を感化する理想主義者

預言者

28日

力強さと旺盛な開拓精神

鉄槌

変わらぬ「傾向」と「真実の自分」

日にはそれぞれに秘められた傾向と真の姿が隠されています。さぁ、あなたに眠る本性とは…

4月

魅惑の

象徴ワード:美、占有

美への関心が高く、美しいものへの所有欲求、支配欲求が高い女神《ヴィーナス》

5月

選ばれし

象徴ワード:悪戯、悦楽

気まぐれで執着心がなく、「楽しむこと」を最優先する究極の快楽主義者

6月

異世界の

象徴ワード:理想、精神性

精神世界を愛し、俗世と離れた雰囲気が漂う、夢を愛するロマンチスト

10月

眠れる

象徴ワード:厭世、隠遁

誰も彼もが影に紛れる宵闇の時間、ただ中にひっそりと存在する世捨て人

11月

裏切りの

象徴ワード:誘惑、狡猾

死と再生、二つの相容れない要素をその内に併せ持ち共存させる希有な存在

12月

激昂の

象徴ワード:激情、暴挙

強い探究心や豪放さが災いし、ついには非常に強い憤怒に塗れのみ込まれる

5日

驚異的な爆発力を持ち、
刺激を求め彷徨う

銃弾

6日

純粋ゆえに、
支配される運命を辿る

マリオネット

7日

多くの可能性を秘めた、
複雑怪奇

書物

8日

バイタリティがあり、
極度の負けず嫌い

道化師

13日

忍耐強く、自己抑制に
優れた能力を発揮する

密偵

14日

1か0か。
極端な面を併せ持つ

審判

15日

自分を慕う者以外は、
容赦なく切り捨てる

皇帝

16日

聡明であるがゆえに
世間を嫌う

魔術師

21日

自由を愛する
マイペースな情熱家

翼

22日

野心が転じて、
果てしない飢えに囚われた

亡者

23日

聡明で努力家、
聖なる者への憧憬が強い

ニルヴァーナ

24日

強い刺激と変化の中へ
巻き込まれる相が濃い

暗殺者

29日

神経質で強情だが、
直感力に優れる

狩人

30日

社交性と快活さを持つが
享楽を好む

愚者

31日

誠実かつ真面目。
暖かい感情を持つ

聖杯

Contents

目 次

参考文献

『神聖ゲマトリア数秘占術』(学習研修社)
『誕生日事典』(角川書店)

chapter 1

春の章

生きとし生けるものたちに始まりを告げる季節。
目覚めの刻《トキ》を知らせる春は、
心安らげる安寧とその影に潜む暗い影を膨大な
エネルギーに凝縮させ、冬の眠りから解放させる。

掲載月

3月

4月

5月

3月 1日 Samsara Dictator

産み落とされし生粋のサディスト

輪廻の独裁者《サムサラディクテイター》

輪廻を司る3月の初日に生まれた
貴方は、愚かなる人間の弱気を見抜く
千里眼を所持しています。
その能力を駆使し絶対王政を築くでしょう。

特徴

生まれ持った能力故に、サディスティックな一面を持ち合わせている貴方。弱点を利用し、人を追い詰めることは当たり前、首輪や縄、拘束具等、道具で縛りつけることにも興味があるようです。「我が眷属《けんぞく》の証」として、自分の痕跡を相手の身体に刻みつけたい欲求にかられ、噛みついたり、ナイフで切り傷をつけたり、自分の名前を彫らせたり等、強引な行動をとる可能性を秘めているのでご注意を。

パラメーター

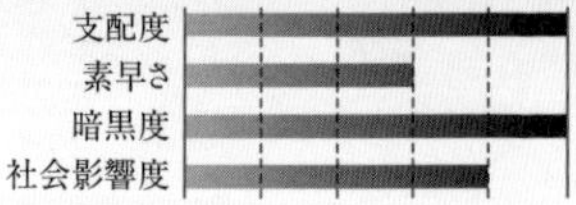

貴方に備わった魔法

拘束解放波（遊戯王）

相手の対人的バリケードを全て破壊することができるのです。

ラッキーアイテム

包帯

自ら刻み込んだ傷跡を覆い、日常生活に支障が出ない環境作りを。

3月 2日 Samsara Fountain

私の中に存在する、もう一人の自分

輪廻の泉《サムサラファウンテン》

「2」という数字が導く、精神的な二重性を持っている貴方。「水」を見ると、自分の奥底に眠る人格・邪泉《じゃせん》が目覚めることでしょう。邪泉は、貴方が以前転生した際の人格です。

特徴

自分と真逆の性質を持つ邪泉は、常に自分が前に出ようと必死です。邪泉の働きを鈍らせるためには、「木」に触ることが良いでしょう。水を吸収し、養分とする木は邪泉の活動を抑制し、貴方に安らぎを与えてくれるはずです。反対に、水を吸収しない金属やプラスチックは邪泉の活動を活発化させるため、辛いとは思いますが、携帯やゲーム機、パソコン等はできる限り触らない方が良いでしょう。

パラメーター

貴方に備わった回復法

灼熱箱《サウナ》

身体から水分を出すことで、一時的に自分自身と向き合うことができます。

ラッキーフード

ドライフルーツ

乾燥させた果物は、貴方に安らぎと落ち着きを与えてくれるはず。

3月 | 3日 | Samsara Fairy

裏社会のスーパーヒーロー

輪廻の妖精《サムサラフェアリー》

自由を意味する「3」という数字のみで構成された日に生まれた貴方。束縛されることを嫌う貴方は、秩序に囚われた表社会ではなく、無秩序の裏社会でこそ能力を発揮できるのです。

特徴

秩序のない裏社会で成功するためには、常に人から求められる技術を身につける必要があります。貴方しかできないことを作り出せば、やるかやらないかは、貴方の好きなように選択をすることができるのです。無免許の天才外科医や超一流の狙撃手《スナイパー》、暗黒殺龍剣を製作する等、高額な費用がかかるにも関わらず、常に依頼者が絶えない人物になることを目指せば、今後の人生は安泰です。

パラメーター

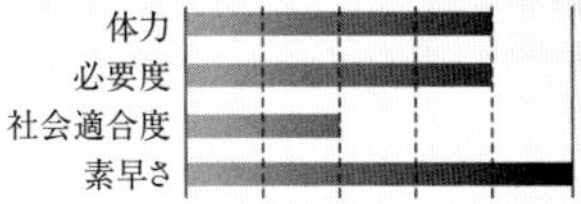

貴方に備わった特殊能力

必ず追っ手を撒ける

出る杭は打たれやすいもの。裏社会で命を狙われた際に役立ちます。

ラッキードリンク

栄養剤

自由を謳歌するための体力を補強する一本。常に鞄に入れておきましょう。

3月 | 4日 | Samsara Fallenangel

心配性な気質が影響し、胃痛持ち

輪廻の堕天使《サムサラフォールンエンジェル》

自分に自信が無く、心配しすぎて空回りしがちな行動が多い貴方。良かれと思ってやったことが、裏目に出て堕天した天使のように、悲しき宿命を背負っているのです。

特徴

夜になると「神よ、この哀れな子羊に愛の手を」「神《あなた》のご加護がありますように」と祈り始めるのはやめましょう。神の加護を受けたところで、貴方の心配性が直るわけではありません。それよりも、「凶悪神《マキシマム・デーモン》の命で仕方なく…」「何があっても、自分は悪くない」と言い聞かせながら行動を起こす方が、貴方の胃の負担は軽くなることでしょう。重圧《プレッシャー》を減らし、胃に優しい生活を心がけて。

パラメーター

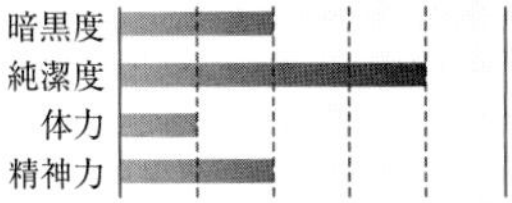

貴方に備わった必殺技

ダーク・ドレイン

思い込みの力により、心配性の自分を閉じ込め強い自分を降臨できます。

ラッキーアイテム

胃薬

世を憂い、心配のしすぎで胃が痛くなったときの救世主。

3月 | 5日 | Samsara Bullet

新しい刺激を求め、高速で走り続ける

輪廻の銃弾《サムサラブレット》

平和に甘んじ、ぬるま湯に浸かった世の中に
飽き飽きしている貴方は、自らのパンドラの箱を
開けてくれるような出来事を求め、積極的に
新しいことへ挑戦していくことでしょう。

特徴

類まれなる好奇心を持った貴方は、「最新」「限定」という言葉に非常に弱いはず。最新ゲームや音楽チャートをチェックすることはもちろん、ダイエットや育毛、肉体改造の方法等も最新・限定情報を得て、一度行動に起こしてみるようです。しかし、どれも長続きはせず、三日坊主が基本です。平和を求めるつまらない世で生み出された方法が面白いはずはありません。自分なりに工夫しましょう。

パラメーター

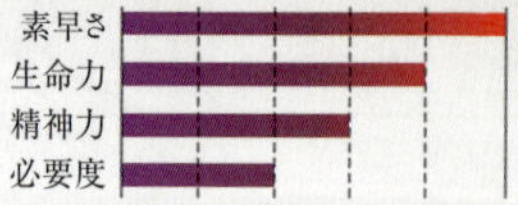

貴方に備わった特殊能力

一時停止

時を止めている間に、他の人より先に最新の話題に挑戦することができます。

ラッキーアイテム

スマートフォン

常に最新の情報を得られるため、貴方の生活に必要不可欠な一品。

Column

Symptoms diagnosis of chunibyo

Karte No. 1

中二病患者の症状診断

中二病
初期

症状

自分の生い立ちを
壮大な設定に変えて妄想する

詳細

ノートに自分自身の設定を書くのはお約束だが、特に筆が進むのが自分の生い立ちについて。「生まれたときから組織に追われる運命にあった」など、勝手気ままに書き綴った設定から、壮大な冒険活劇へとつながったりする。そしてこのノートは誰にも見つからない場所に“封印”されるが、それは組織に見つかるとヤバいからではなく、単に母親に発見されると恥ずかしいから。

特記事項

- 中二病のスタート地点
- 真の敵は母親
- 俺は世界の全てを敵に回した男

3月 | 6日 | Samsara Marionette

支配されることを選び続ける者

輪廻のマリオネット《サムサラマリオネット》

他人と比較することでしか自分を認識できない凡人
たちに、海よりも深い悲しみを覚えた貴方は、
自己防衛の一環として、自分を押し殺し、
他人から操られることを選ぶのです。

特徴

凡人たちとは違い、他人を貶《おとし》めることも自分を貶めることもしたくない貴方。くだらないいざこざに巻き込まれないためにも、自分を表に出すことはせず、事務的に物事をこなすことが多いようです。しかし、その考え方は、自分自身を愛しすぎてしまっているからこそ生まれてくるものだと気づきましょう。他人を愛せない業を背負うと、婚期を逃してしまう可能性がありますので、気をつけて。

パラメーター

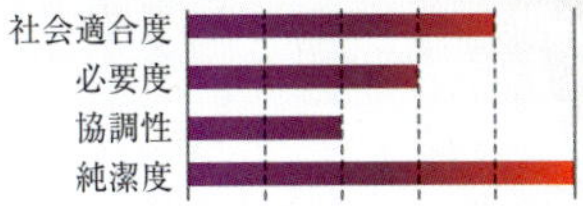

貴方に備わった魔法

クリスタル・ライン

ピアノ線を自分の周りに張り巡らせ、侵入を防ぐ防衛魔法。

ラッキー宝具

シルクのスカーフ

自己愛の強い貴方を包み込む、最高級の布は、安らぎを与えてくれます。

3月 | 7日 | Samsara Book

多様な知識を喰らい尽くす集中力

輪廻の書物《サムサラブック》

蜘蛛の巣のように四方八方に敷き詰められた、
貴方のネット。そこにかかる情報を、端から端まで
喰らい尽くしていく貴方は、驚異的な集中力を
発揮し記憶していくことでしょう。

特徴

大量の知識を有している貴方は、つい粗末な知識しか持ち得ていない人を、自らの聖なる剣《エクスカリバー》で滅してしまいたくなることでしょう。しかし、貴方の知識を持ってすれば、愚かな脳しか持ち得ない、劣悪な人々を救い上げることも可能なのです。生まれた日にちである、「7」という数字が持つ博愛的な傾向を活かせば、大衆から崇められる教育者になることも夢ではありません。

パラメーター

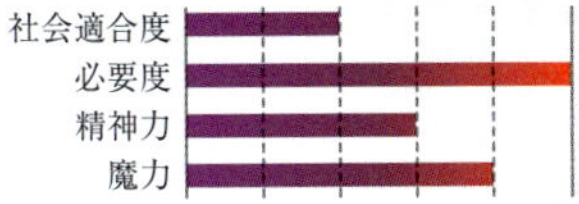

貴方に備わった回復法

旅行

自らの足で様々な地を訪れることで、貴方の好奇心に磨きがかかるはず。

ラッキードリンク

ミントウォーター

細かいことが気になり苛々したときは、これを飲んでリフレッシュ！

3月 8日 Samsara Clown

全ての生のものを嘲笑《あざわら》う

輪廻の道化師《サムサラクラウン》

始まりも終わりもない「8」という数字の持つ
無限のバイタリティにより、3月輪廻の力が育まれ、
天よりも高いプライドと太陽よりも大きな野心が
貴方に授けられました。

特徴

１番にこだわりを持って行動している貴方。幼き日より、テストは１００点、かけっこは１番を目指し、勝負事は勝てと言われていたのではないでしょうか。血の滲むような努力をしている半面、それを表に出すことを貴方のプライドは許しません。遊んでいる人というイメージを周囲に植えつけ、努力しているさまを隠し、勝負を挑んできた人間を簡単に負かす貴方は、逆恨みされやすいので注意して。

パラメーター

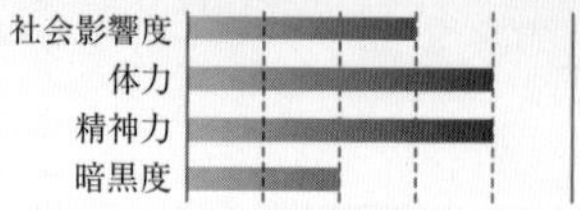

貴方に備わった必殺技

破滅への舞踏《ジルバ》

何でも容易にこなしてしまうさまは、意識せずとも人を攻撃する材料となります。

ラッキー武具

ボーガン

集中力を養うことができる武具のため、勉学にも運動にも活かすことが可能。

3月 9日 Samsara Traveler

己を探し、現世を彷徨《さまよ》う

輪廻の旅人《サムサラトラベラー》

魔女狩りを免れ、ひっそりと生きた魔女の影響を
受ける「9」という数字は、神秘的な能力を貴方に
授けます。遠い砂丘に埋まる己が魂を探すため、
貴方の心は今日も旅に出る…。

特徴

少し変わっている人、と言われることが多い貴方。人と話をしている最中、突然「あっ…。」と言って言葉を遮ったり、自分から話しかけたにも関わらず「やっぱりやめるわ。貴方を巻き込むわけにはいかないもの」等と言ったりしていませんか。それは、貴方の心が今日も身体に戻ってきていないから。変人と言われないためにも、早く核となる魂を見つけ出し、心を身体に戻すことに注力して。

パラメーター

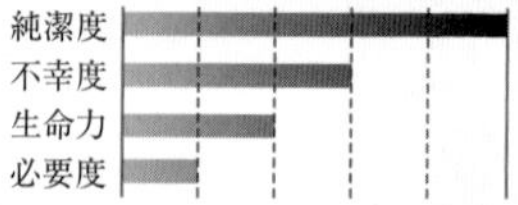

貴方に備わった特殊能力

テレポーテーション

思い描いた場所に自分を飛ばすことができます（脳内で）。

ラッキー防具

ゴムの肘あて

頬杖をついて、物思いにふけることが多い貴方。肘を傷めないための一品です。

3月 | 10日 | Samsara Inferno

周囲を巻き込む情熱家

輪廻の業火《サムサラインフェルノ》

脆弱《ぜいじゃく》なる人間たちをまとめ上げ、悪しきものを
絶つ正義の人。自らの「正義」に誇りを
持っているため、反対意見は「悪」とし、全力で
ねじ伏せようとする傾向があります。

特徴

現実世界はもちろん、ネット上でも自らの「正義」を貫く貴方。そのため、口論や炎上は絶えることがありません。喧嘩を売られるだけならまだしも、「正義」に反する意見を目にすると、即座に喧嘩を売りに行く癖があります。しかし、そこはグッとこらえて見て見ぬふりをするのが大人というもの。「愚かな人間たちよ。私の正義で包み込んでやろう」という気持ちで臨めば、貴方の支持率は上がるはず。

パラメーター

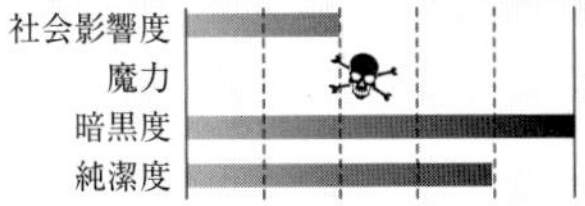

貴方に備わった魔法

ジャスティス・デリート

情熱的に物事に当たる力を集約させ、悪を消し去る魔法。

ラッキードリンク

コーヒー

高ぶった精神を落ち着かせるには、ほろ苦いコーヒーが一番です。

3月 | 11日 | Samsara Messenger

運命の鐘を鳴らし、理を告げる者

輪廻の使者《サムサラメッセンジャー》

精神的・霊的な力を導く数字と輪廻の月が交わり
合い、「世に愛されし運命の告げ人」としての使命
を背負う貴方。使者としての使命を果たすべく、
今日も邁進するのです。

特徴

「世に愛されし運命の告げ人」としての使命を担った貴方。普段は天使のように柔らかな雰囲気に包まれていますが、インターネット上では一転、悪魔にとり憑かれた姿を露わにすることでしょう。SNSや掲示板などで、事実や正論を迷うことなく書き込む貴方の姿は、まさに血も涙もない悪魔そのもの。しかし、それも運命の告げ人としての使命。正論を述べる人物も、この社会には必要なのです。

パラメーター

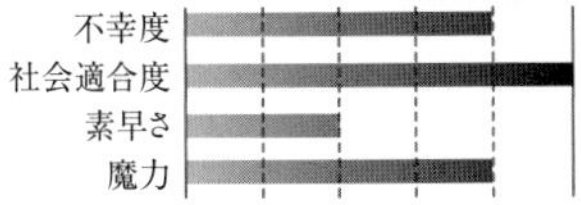

貴方に備わった回復法

眼精疲労回復

PCの電源を落とし、温タオルで目を休ませることで良い言葉が浮かぶはず。

ラッキーフード

パンケーキ

優しく柔和な雰囲気漂う貴方（除くネット上）にピッタリな一品。

3月 | 12日 | Samsara Blade

磨きに磨かれた至高の一品

輪廻の刃《サムサラブレード》

穢《けが》れを忌み嫌う「12」という数字のもとに生まれし者。
貴方は、自らの美しい身体を守り、
穢れの中でも輝きを放つ道具「服」に
強い興味を持っているようです。

特徴

人は見た目が10割。かなり見た目に執着しているといえる貴方。そんな貴方には、王妃マリー・アントワネットの霊が憑いています。王妃は、貴方に「三次元に好みの人がいなければ、二次元で探し出せばいい」という考え方を植え付けています。元来温厚な性格をしている貴方は、王妃の意向に従い気味。できれば、二次元だけでなく三次元でも気に入る人を見つけて。婚期を逃す可能性があります。

パラメーター

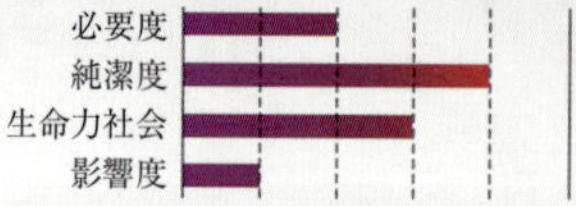

貴方に備わった必殺技

ナイトメア・ステッチ

貴方の美しすぎる刺繍を見た者は、夢にまでそれを見てしまうでしょう。

ラッキーアイテム

ぬいぐるみ

芸術家肌の貴方。まずは、アレンジ可能なぬいぐるみで技術を磨いて。

3月 | 13日 | Samsara Secret Agent

耐える自分を愛さずにはいられない

輪廻の密偵《サムサラシークレットエージェント》

高い忍耐能力を持つ「13」の日に産み落とされた
貴方。輪廻の力である自己愛の影響で、
耐え凌ぐことに快感を覚える、マゾヒスティックな
性質を心の内に眠らせているようです。

特徴

物静かで落ち着いた雰囲気を持つ貴方ですが、それは唯の隠れ蓑。高尚な趣味を愚かなる人間に理解してほしいという気はなく、一人で楽しんでいたいという傾向が強いようです。怒られている人を庇ったり、わざと正論を言い相手の神経を逆なでしたりと、正しいことをしている、という裏づけの上で耐えしのぐことが一番似合います。悲劇のヒロインに成りきり、楽しい日々を送ってください。

パラメーター

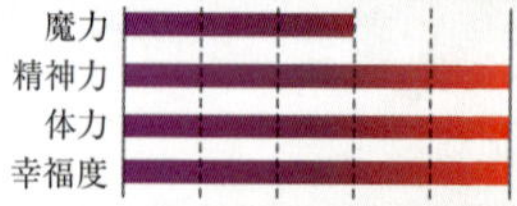

貴方に備わった魔法

シャドウベール

貴方の本心を陰で包み込み、少しも見えなくしてしまいます。

ラッキー宝具

ダイヤモンド

固く衝撃に耐えながらも、輝きを失わないダイヤモンドはまさに貴方自身。

愛を弄び、人の心を操作する

輪廻の審判《サムサラアンパイア》

乙女の気持ちを弄ぶ日・ホワイトデーに生まれた貴方は、「真実の愛を見抜く第三の目《サーバル・アイ》」を備えし者。恋や愛に踊らされし、愚かな人々を簡単に操ることができるでしょう。

「第三の目《サーバルアイ》発動。これで何もかもお見通しです！」

特徴

スピリチュアルな雰囲気を醸し出し、自らを「愛の伝道師」と名乗れば、容易くビジネスチャンスを得ることができるでしょう。ただし、調子に乗って第三の目を使いすぎると、人の汚い部分ばかりが見え、人間不信を引き起こす可能性があります。自らを裏切らず常に愛を与えてくれる二次元のキャラクターしか愛せなくなると、三次元には戻ってこられなくなりますので、お気をつけください。

パラメーター

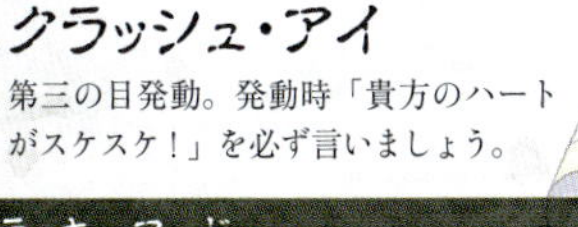

貴方に備わった必殺技

クラッシュ・アイ

第三の目発動。発動時「貴方のハートがスケスケ！」を必ず言いましょう。

ラッキーフード

チョコレート

美味しいお菓子には、美味しい返事を返したくなるものです。

3月 15日 Samsara Emperor

闇へと落ちた現世《うつしよ》を救う、希望の光

輪廻の皇帝《サムサラエンペラー》

劣悪かつ陳腐な現世に、憐憫《れんびん》の眼差しを送る
貴方。転生を繰り返し、様々な生を経験した者
として、現世を救い出す務めを己に課した貴方は、
今日も縦横無尽に走り回るでしょう。

特徴

誰もが、自身が所持するパンドラの小箱《スマートフォン》に囚われてしまった現世。それはまさに、肉体を失った亡者たちが集う墓場。奪われし本来の現世を取り戻すため、貴方は亡者たちを取りまとめ、小箱の呪縛から解放しようと努力することでしょう。人と人との触れ合いを第一に考え、義理と人情を重んじる貴方の舵取りは、一見時代錯誤にも思えますが、逆に珍しいと多くの人から支持されるはずです。

パラメーター

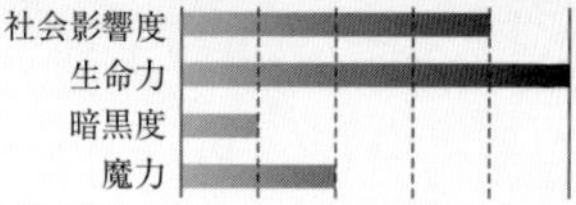

貴方に備わった必殺技

お節介

干渉しがちな貴方の行動。大概の人に嫌われますが、これが好きだという人も。

ラッキー武具

水鉄砲《アクアフレッシュ》

悪の神髄、電化製品に終焉の時を知らせ、人々を救い出す鍵。

3月 16日 Samsara Wizard

天より授かりし閃きを得た、人生の勝者

輪廻の魔術師《サムサラウィザード》

灼熱地獄を易々《やすやす》と超越し、極寒の地にて眠りより目
覚めし者。降りかかる不幸の雨を「自信」という
傘で防ぎ、成功への一本道を歩む貴方。
決して、傘をなくすことなかれ…。

特徴

「大丈夫な気がする」という、根拠のない自信を持っている貴方。周囲からは、危ない橋を渡っているように見えるときも、当の本人が心配している様子はゼロ。もう少し真面目にしなさい、堅実に生きた方がいいという叱責も、どこ吹く風と聞き流す。貴方が、自らの直観に従う生き方を変えることはないでしょう。まれに、心配している周囲の人々に目を向け、感謝の言葉を述べることも忘れずに。

パラメーター

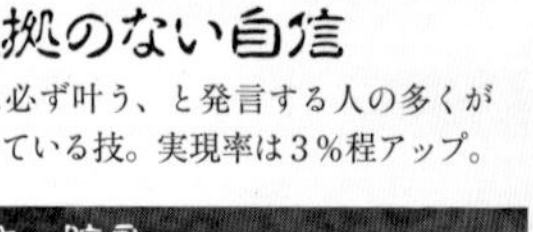

貴方に備わった必殺技

根拠のない自信

夢は必ず叶う、と発言する人の多くが持っている技。実現率は3%程アップ。

ラッキー防具

傘

防御力を下げる原因ともなる雨から、自らの髪を守りぬくことができます。

3月 | 17日 | Samsara Troubadour

柔和な眼差しに秘められた、野性の力

輪廻の吟遊詩人《サムサラトルバドール》

秘めたる「野性」の雄叫び。穏やかな顔面に
隠蔽《いんぺい》されし毒牙が目覚める刻《トキ》。貴方は、
猛々しい叫びを上げ、淘汰すべき対象に向かい
非常ともいえる力を発揮することでしょう。

特徴

基本的には、とても温厚な性格をしている貴方。しかし、達成すべき目標を見いだした瞬間、貴方の中に眠る野性の力が目覚め、普段の姿からは想像もできないほどのスピードと馬力で目標達成に挑みます。ライブハウスで最前列を確保するために他人を押し退けたり、アイドルの握手会で人より多く話しかけたりと、素晴らしい瞬発力を見せることでしょう。時折、自らの行動を振り返ることも忘れずに。

パラメーター

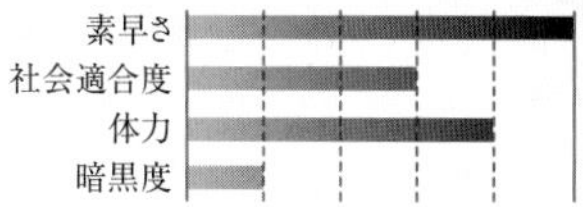

貴方に備わった必殺技

求愛行動《ヘドバン》

振りすぎると、翌日筋肉痛で首が回らなくなるため、注意が必要。

ラッキー宝具

整理番号1桁《プラチナチケット》

発見して一番初めに確認すること。番号により、当日の動きに変化が。

3月 | 18日 | Samsara Hermit

悪魔のような天使の笑顔

輪廻の隠者《サムサラハーミット》

貴方が隠遁《いんとん》生活を送らなければならない理由《わけ》。
それは、忌まわしき顔面の呪縛。天使のように心清らかな貴方を縛るもの、それは暴力的な第三者の
視線。重圧から自らを解放して。

特徴

常に他人にどう見られているのかが気になってしまう貴方。緊張状態に置かれた貴方の顔面は強張りがちで、近寄りづらい人という雰囲気を与えてしまっているかもしれません。幼い頃よくお母さんが言っていた、「他所は他所」「うちはうち」という言葉を思い出し、他人の視線を気にしないように心掛けて。緊張が解されれば、天使のような顔に戻り、幸運も舞い込みやすくなることでしょう。

パラメーター

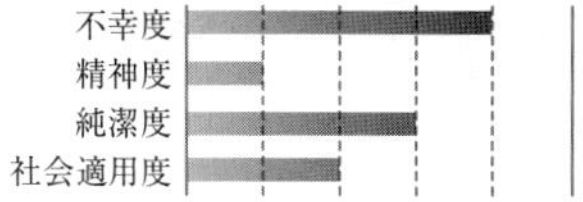

貴方に備わった回復法

ひきこもり《充電》

誰の視線も気にすることなく、HPとMPを回復することが可能。

ラッキーアイテム

非オンラインゲーム

こういうものは一人でもくもくと遊ぶことに意義があります。

3月 | 19日 | Samsara Whip

酸いも甘いも叩き分ける

輪廻の硬鞭《サムサラウィップ》

卑しくも地に這い蠢《うごめ》く者を蔑《さげす》み、それらを牛耳る者として君臨することを望んでいる貴方。
それは、天国も地獄も味わってきた者だからこそ得られる理想《ゆめ》だということを忘れずに。

特徴

浮き沈みの激しい人生を送りがちなこの日に生まれた貴方。人を動かすことに長けていますが、独創的な思考の持ち主ゆえに、他人に理解されないときも。そのため、苦境に立たされることもしばしば。しかし、反対にとても好まれ、重宝されることもあり、周りに左右されがちな運命を辿りがちです。貴方の独創的な思考を発揮できる場所を探し、転職や転居をすることも考えてみてはいかがでしょう。

パラメーター

貴方に備わった魔法

天地無用

運気好調時に使用すると、暫く低迷することはありません。

ラッキー防具

腹心の友《ソウルメイト》

苦境に立たされたとき、必ず助けになるはずです。

3月 | 20日 | Samsara Rebel

神の庇護を受けし、かよわき者

輪廻の反逆者《サムサラレベル》

目覚めし邪悪を封印され、啓示を受けられぬ悲しき子羊は、想像力と強運という庇護を受け、自らの可能性を広げることができるように。
貴方の未来は、ここから始まるのです。

特徴

類まれなる想像力を持つ貴方は、小説家や漫画家等ストーリーを創作することに向いています。創作活動を行う場合は、積極的にWEBで公開したり、他人に読んでもらい感想を募りましょう。やや短気な一面もあるので、感想やアドバイスを文句と捉えがちな点は注意が必要です。素直に受け入れ、自らの成長材料とすれば、貴方の強運に磨きがかかり、良い方向へ人生を転がすことができるでしょう。

パラメーター

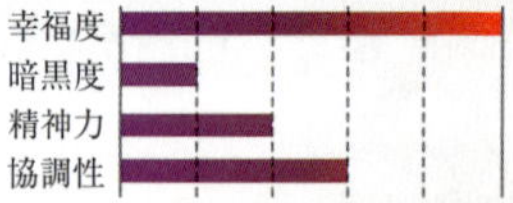

貴方に備わった回復法

瞑想

自らの想像力に浸ることで、新たな物語を生み出すことが可能に。

ラッキードリンク

オレンジジュース

夜間活動が多い創作者は、ビタミンを積極的にとるよう心がけて。

3月 | 21日 | Samsara Wing

歓喜の声が谺《こだま》する

輪廻の翼《サムサラウィング》

太陽神の如き明るさを身にまとい、人々を照らし
続ける貴方。光が強すぎるがゆえにできてしまう
影すら照らそうとする貴方の姿勢には、
多くの人が感銘を受けることでしょう。

特徴

生まれ持った明るさと輝く笑顔を武器に、周囲を引っ張る力を持つ貴方。リーダーになりたいという意志も、自らが中心にいる意識もありませんが、自然と周りに人が集っているはずです。気難しい人でも、貴方が屈託のない笑顔と気さくな態度で関わればイチコロ。当然、一部の人間が貴方に嫉妬することもありますが、持ち前の明るさと闇をも照らす笑顔で乗り切ることができるでしょう。

パラメーター

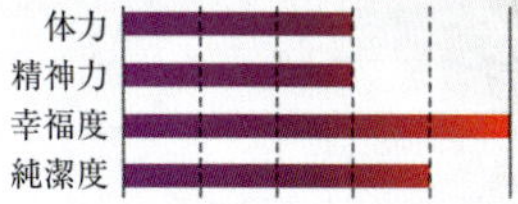

貴方に備わった魔法

限定解除

心を閉ざした者の鍵を、一時的に解除することができる笑顔の魔法。

ラッキー武具

白い歯《ホワイトニング》

笑顔に欠かせぬ必需品。毎食後の歯磨きは必須事項。定期検診も忘れずに。

3月 | 22日 | Samsara Undead

天才か凡人か

輪廻の亡者《サムサラアンデッド》

生まれ持った才能に押しつぶされるか否かは、
貴方次第。1～31の数字の中でも、特に強い運を
持つ「22」。力を使いこなす者となるためには、
最適な環境が必要不可欠です。

特徴

数字の持つ運が強いがゆえに、反動が大きく使いこなすことは難しい日にちに生まれた貴方。使いこなすことができれば、数字の持つ運とカリスマ性を武器に、学校や企業のトップに君臨することも可能です。そのためには、まず自らを厳しい環境に置き心身を鍛えることが必要です。PCの前に一日中座り、ネットサーフィンをしているようでは、凡人コースまっしぐら。自らを鍛えれば世界が変わるかも。

パラメーター

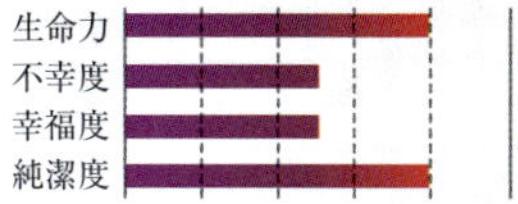

貴方に備わった必殺技

最上級筋肉美《グランドアヴェニールマッスル》

美しい筋肉を保ち、見せつけることで他者へ威嚇することが可能に。

ラッキーアイテム

肉体改造器具《ベンチプレス》

肉体を鍛えれば、自然と精神も鍛えることが可能になるでしょう。

3月 | 23日 | Samsara Nirvana

未踏の地を踏む

輪廻のニルヴァーナ《サムサラニルヴァーナ》

凡庸を忌み嫌い、未開の地を目指す者。刺激的な生活を求める貴方は、生ぬるい風に当てられるよりも、暴風に晒《さら》されることを好む傾向に。窮地を乗り切る自分を愛しすぎないで。

特徴

平凡な日常なんてつまらない、と考える傾向にある貴方。「明日、隕石が降り世界は滅亡する。」や、「爆弾魔により東京駅が爆破される。」等といった妄想に思いを馳せるのは、序の口。刺激的なことを求めて、他人を驚かすような行動を起こすこともあるでしょう。犯罪にならない程度に収めることと、命を危険に晒さぬように気をつけて、貴方なりの「刺激的な日常」を作り上げていくと吉。

パラメーター

貴方に備わった必殺技

垂直落下《バンジージャンプ》

世界中どこでも行える、刺激的な遊び。命綱は必ずつけましょう。

ラッキーフード

わたパチ(駄菓子)

刺激を求める貴方にピッタリ。一口含めば、簡単に刺激を得られます。

3月 | 24日 | Samsara Assassin

耐え凌ぐ独眼竜

輪廻の暗殺者《サムサラアサシン》

雷光に撃たれようとも、揺るがぬ精神。この日に生まれた貴方は、幼少期、小刀で目を抉り出した独眼竜の如く、逆境に立たされようとも、それを跳ね返す力を持っています。

特徴

やわらかな物腰で、人当たりも良い貴方の姿はまさに、越冬する蛹《さなぎ》の如く。その内には、何を言われても動じぬ精神が隠されています。仕事面では、上司や顧客の過度な要求にも応え続け、上を目指す貴方の姿はまさに、会社の鏡。しかし恋愛面では、優しい人という雰囲気が漂っているために、相手の傍若無人な態度に悩まされることがあるので、注意して。そこは耐えなくとも良い場面です。

パラメーター

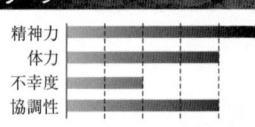

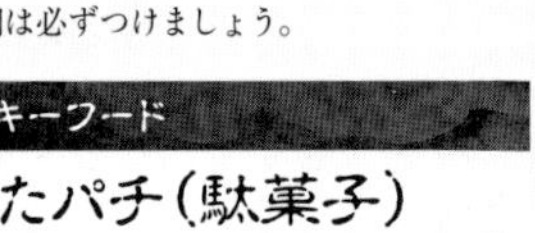

貴方に備わった特殊能力

裏切りの仮面

人を安心させ、気づかれぬよう水面下で動けます。証拠集めに最適。

ラッキー防具

サンドバッグ

ストレスが溜まったら、これでスッキリ解消。精神安定の効果あり。

3月 | 25日 | Samsara Conglomerate

繰り返す歴史、微動だにせぬ好意

輪廻の礫岩《サムサラコングロメレード》

学ばぬ愚者たちにより、繰り返される流行。
その流れに惑わされることなく、ひとつのものを
愛し抜く傾向が強い貴方。輪廻の力と混じり、
その思いはより強固なものへと変化します。

特徴

ファッションや音楽など、時代の流行に乗ることなく、自らが好むものを貫く貴方。和装が趣味であったり、テクノやダンスミュージックが流行りの現代にパンクが好きだったりと、少し「ズレている」と言われることはないでしょうか。しかし、それも貴方の個性。周りに何を言われようと、その個性を貫くことが大切です。たとえマイナーなものでも、極めれば必ずや仕事となるのですから。

パラメーター

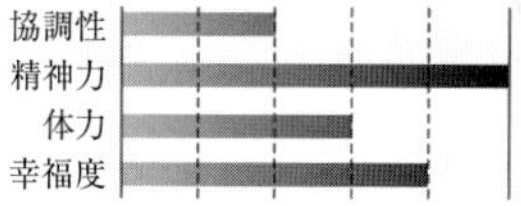

貴方に備わった魔法

創作料理《メシマズ》

ちょっと「ズレている」貴方の料理で、意中の人もイチコロです。

ラッキードリンク

スポーツドリンク

人間に必要な要素が含まれた飲み物。好き嫌いなく飲めるはず。

3月 | 26日 | Samsara Executioner

住処はネット社会

輪廻の処刑人《サムサラエキスキューショナー》

飛ぶことを忘れた哀れな小鳥たちに
導きを示すべく、文字という文化を媒介に
多くの助言を残す貴方。何事においても、何か
一言言っておきたい、そんな傾向があるようです。

特徴

世の中に起きる事件や、生み出されるもの、隣人の行動等、身近に起こるもの全てに物申す。そんな貴方のフィールドはネット掲示板やツイッター。自身の正体を明かすことなく、発言をするのに便利な場所です。何事にも一言言いたくなってしまうのは、貴方なりの基準を持っているから。ネット上では炎上程度で済むことも、実際に言葉で発言すると争いが巻き起こる可能性があるので、気をつけて。

パラメーター

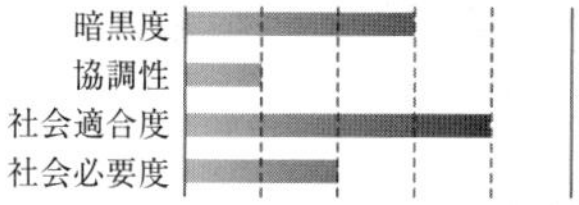

貴方に備わった必殺技

見えざる微笑

ネット上で発言をしている際の、画面を見ながら浮かべる微笑み。

ラッキー武具

タブレット

PCよりも楽にインターネットに接続でき、スマホより大きな画面で検索可能。

3月 | 27日 | Samsara Prophet

温かな毛布で包み込む

輪廻の預言者《サムサラプロフェット》

大地のような温かさと、海のように広い優しさで、迷える子羊たちを包み込む貴方。
その優しさは、疲労を抱えた子羊たちを穏やかな眠りへと誘う子守唄となるでしょう。

特徴

狩猟と純潔の女神アルテミスの加護を受けた貴方。月の光を浴びることで、狩猟時に使用する強引さを隠し、優しさを倍増させることができます。ボランティア活動に力を入れる等、奉仕的な行為も吉。日光のもとで奉仕活動をしすぎると、暴力的な優しさが顔を出すことも。過度な優しさの強要は、ただの迷惑に繋がります。くれぐれも「やりすぎ」に注意し、月の光を浴びることを忘れずに。

パラメーター

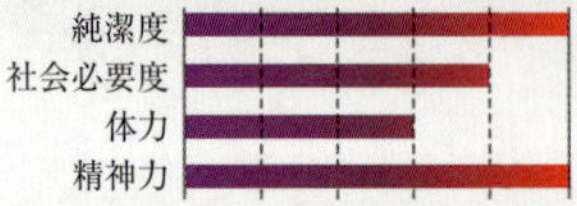

貴方に備わった必殺技

優しき抱擁《フリーハグ》

街中を行き交う人たちと、人類愛を感じあう行為。人恋しくなったときに最適。

ラッキー防具

消毒薬

傷を癒し、守るもの。ただし、心の傷は癒せないのでご注意を。

3月 | 28日 | Samsara Hammer

己を正す視線

輪廻の鉄槌《サムサラハンマー》

それは時に心霊現象と呼ばれし行為。天に浮遊する貴方が見下ろしているのは、下界で生活する貴方自身。自らを見張り、自らを縛る行為に貴方はまだ気づいていないようです。

特徴

極端に育成された内向的思考により、下界に畏《い》怖《ふ》の念を抱く貴方。常に見えない「誰か」に見張られているような気がしているはず。でも、それは貴方の思い込みからくるもの。「誰か」がいるのではなく、自分の行動を常に第三者的な視線で見ている、もう一人の自分がいるからです。そのため、外で恥をかくことは少ないはず。自分が自分を律している行為は、恥ずべきことではありません。

パラメーター

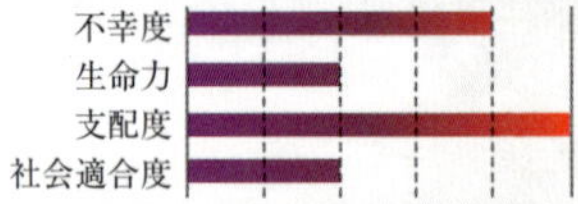

貴方に備わった魔法

見返り美人

日々の行いを思い出し日記をつけ、明日の生活に活かすという個人的な魔法。

ラッキーアイテム

動画

自らの行動に自信がないときは、動画を撮って確認するのも手段のひとつです。

息を潜め、気配を消す達人

輪廻の狩人《サムサラハンター》

生きとし生けるものに対し、気配を絶つことができる貴方。その姿は、まさに透明人間。誰にも邪魔をされることなく、世を謳歌することができる貴方の可能性は無限に広がります。

私と友達が見えない？
考えるな・・・
感じるんだ。

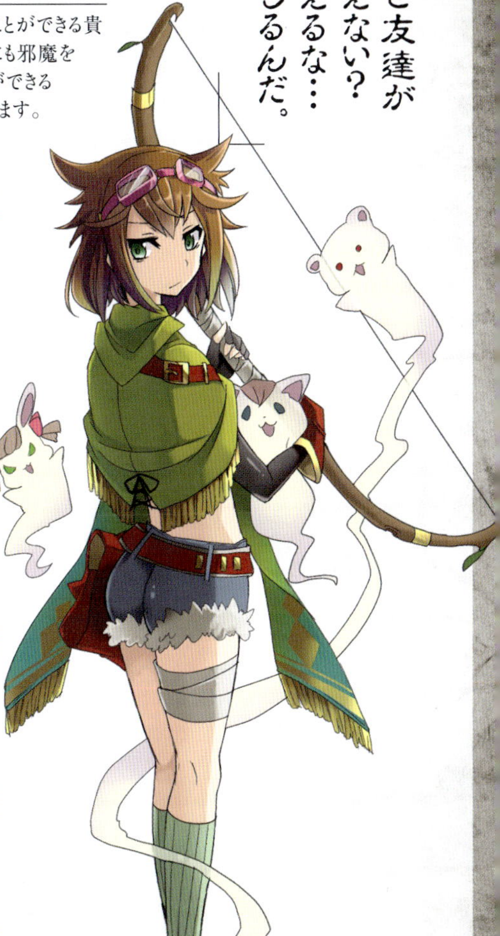

特徴

気配を消せるということは、日常生活の中で空気扱いされる危険性を含んでいます。誰にも気づかれず、誰にも邪魔をされない日々を送ることは可能ですが、半面、孤独と戦わなくてはなりません。一人で孤独と戦うのが辛い場合は、自らの精神の中に潜む、何人もの仲間たちと会話をすることも選択肢のひとつです。ともに輪廻を巡る孤独な仲間たちと、寂しさを紛らわせてみてはいかがでしょう。

パラメーター

貴方に備わった魔法

口寄せ

魂のみの友人を召喚し、話し相手にすることが可能に。孤独感が薄れます。

ラッキードリンク

真水

甘い飲み物で己を甘やかすことのないように律しているのです。

3月 30日 Samsara Fool

不思議な幸運に恵まれる

輪廻の愚者《サムサラフール》

「3」という数字の影響力が強いこの日に生まれ落ちた貴方は、楽観的な思考の持ち主。神が作り上げし、社会という小さき枠組みに囚われることなく、奔放な生活を送るでしょう。

特徴

神の箱庭として作り上げられた悲しき世の中で、悲壮感を覚えることなく、反対に生活を謳歌している貴方。笑顔で過ごすことも多いのでしょう、自然と幸運に恵まれる機会が多いはず。乗り換えの電車がすぐ来た、美人やイケメンに助けられた等、日常生活における小さな幸運に気づけるのは、それに気づける敏感なアンテナを持っているからこそできること。是非、大切にしてください。

パラメーター

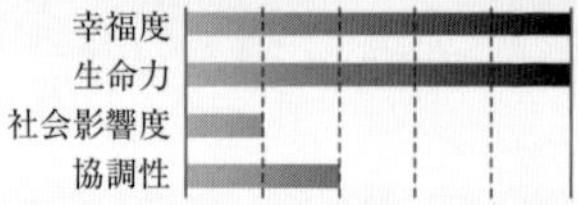

貴方に備わった回復法

遊園地

1日で沢山遊ぶことができる場所は、英気を養うにはピッタリです。

ラッキー武具

鉄扇

小さいながら大きな力を発揮でき、貴方の自由を阻害しません。

3月 31日 Samsara Grail

清らかで澱みのない

輪廻の聖杯《サムサラグレイル》

「31」という数字の持つ、誠実さが強い影響力を持つこの日に生まれた貴方。現在に執着しがちな3月の力も加わり、まっすぐで誠実な人生を歩もうという意志が強いようです。

特徴

新大陸を発見した冒険家コロンブスのように、新たな土地を探すこともなく、慣れた土地で堅実に生きることを選択した貴方。冒険的な行動をとることは少なく、飲み会で一気飲みを強要されそうになっても「魔の飲料により、我が細胞が尽き果ててしまう」等と言いながら、全力で拒否をするタイプです。職場等の飲み会で逃げすぎると、余計標的になりやすいのでお気をつけて。

パラメーター

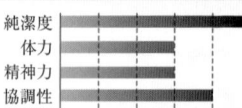

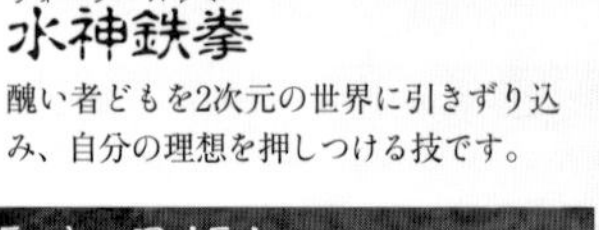

貴方に備わった必殺技

水神鉄拳《ウォーターハンマー》

醜い者どもを2次元の世界に引きずり込み、自分の理想を押しつける技です。

ラッキーアイテム

二日酔い抑制飲料

酷く酔っても必ず帰宅しようと努力する、誠実な貴方の味方です。

4月 | 1日 | Enchanted Dictator

宝玉に愛されし

魅惑の独裁者《エンチャンテッドディクテイター》

光り輝くものに愛されし者。美しき宝玉は貴方の
魅力を倍増させ、貴方は民より羨望の目を
向けられることでしょう。しかし、過ぎたるは猶
及ばざるが如し。ほどほどを知ることも大切。

特徴

「人から尊敬されたい」という思いが強い貴方。魅惑の月の持つ、美しいものへの支配欲求と交わり、豪勢な暮らしに憧れる傾向があるようです。基本的には、高くて良いものを長く使いたいという考えのもと、しっかりと購入するものを吟味するのですが、「限定」や「ラストひとつ」等の言葉に弱く、衝動買いしてしまうことも。浪費しすぎないように、気をつければお金の回りは良くなるはずです。

パラメーター

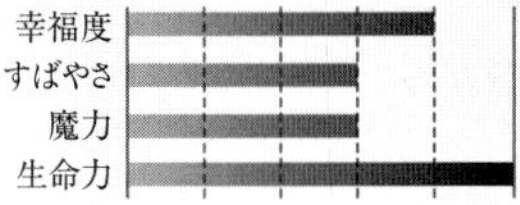

貴方に備わった魔法

追加購入《セカンドセレクト》

購買欲に負けた際、自動的に発動。際限はないので注意が必要です。

ラッキー宝具

へびの抜け殻

古来より伝わる、お金が増えるおまじない。一度やってみる価値あり。

4月 | 2日 | Enchanted Fountain

言葉で説明できぬもの

魅惑の泉《エンチャンテッドファウンテン》

神の啓示に導かれ、感性や直観に身を委ねる
貴方。感受性が高く、その時々の気分に左右
されることも多いはずです。非常に女性的な
感性を持っていると言えるでしょう。

特徴

静寂のオーラを発する貴方。しかし、全てをのみ込む泉の様に、他者の不満や社会の不条理をのみ込みすぎると、水面が波立つことも。普段静かな泉でしたが、周りの木々を巻き込む程に荒れ狂い、全てを破壊していくでしょう。静寂のオーラを出し続けるためには、普段から、不満を抱えすぎないように川を作ることが大切です。家族や仲間に自らの心を委ね、相談し、不満を減らすと良いでしょう。

パラメーター

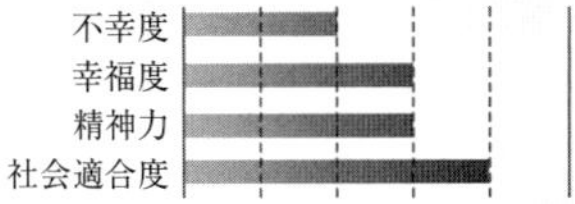

貴方に備わった必殺技

滴る聖水

涙の量、速度、流す目、タイミングを操作します。対おじさんに効果覿面《てきめん》。

ラッキー防具

ハンカチ

感情が高ぶり、涙を抑えるときの必須道具。泣くふりをする場合も使用可能。

アプロディーテーに愛された

魅惑の妖精《エンチャンテッドフェアリー》

愚者を引き込む天真爛漫な性格を
兼ね備えている貴方。大輪を咲かせる花の如く
美しい貴方の虜となる者も多いでしょうが
「美しいものしか愛せない」という業を抱えています。

「下等生物《にんげん》と一緒にしないでもらえるぅ？」

特徴

アイドルやイケメン俳優に熱をあげている貴方。写真やグッズを集めるのはもちろん、CD特典の握手会や撮影会等のイベントには必ず足を運ぶ貴方は、まさに好きな人を支える恋人気分を楽しんでいるはず。けれども、アイドルやイケメン俳優は、お仕事で貴方の相手をしているということをお忘れなく。プライベートまで踏み込もうとすると、黒い服を着た人たちに消されかねないので、ご注意を。

パラメーター

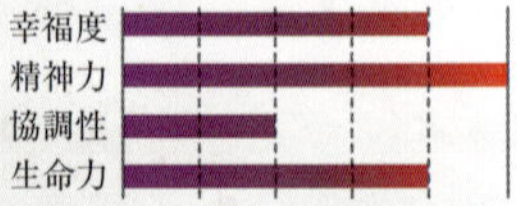

貴方に備わった回復法

イベント参加

このために生きている、と言って良いほどの効果をもたらすでしょう。

ラッキー武具

別名義

チケットを確保するためには欠かせないもの。最低5名義は必要です。

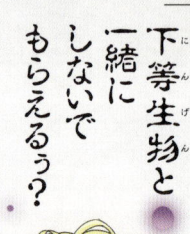

4月 | 4日 | Enchanted Fallenangel

隣人を愛するなかれ

魅惑の堕天使《エンチャンテッドフォールンエンジェル》

仲間に騙され、堕天させられた天使の悲しき性。
疑《うたぐ》り深い一面を持つ貴方は、人を信用するのが
少し苦手のようです。隣人は自らを陥れる者、
決して愛することなかれ――。

特徴

石橋を叩いて叩いて叩き割る。慎重な姿勢を貫く貴方は、もちろん人間関係においてもその姿勢を崩しません。友と呼べる人の人数は極端に少なく、0という場合も。しかし、それは貴方自身が「しっかりしなければならない」という考えを持っているからこそ。今後の貴方の人生を考え、深い付き合いができる友人を1～3人作っておくことをおすすめします。困ったときに、助け合える人は必要です。

パラメーター

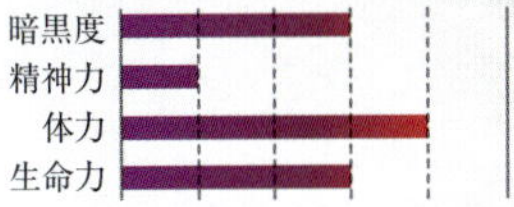

貴方に備わった必殺技

ヤマアラシのジレンマ

近づきたいのに、近づけない。そんな貴方の他人との距離の取り方。

ラッキーフード

プリン

カラメルのほろ苦さは、まるで貴方が抱く、他者への葛藤のよう。

4月 | 5日 | Enchanted Bullet

ピンチはチャンス

魅惑の銃弾《エンチャンテッドブレット》

窮地に追い込まれた際、貴方専用の魔道書が
現れ、それを手にしたとき、貴方は本来の力を
解き放ちます。魔道書を使用し、創造と救済の
定めを受けた今、貴方の進撃が始まるのです。

特徴

尽き果てたMP、残り1のHP、そんな危機的状況に置かれた時も迅速に優れた判断をすることができる貴方。もともと頭の回転が速く機転が利くタイプですが、その力は危機的状況において一番に発揮されるようです。独創的なやり方で、多くの人を導くことでしょう。普段は、やや自由な行動を好むタイプですので、人の意見に左右されることは少ないようです。今後もマイペースに人生を歩むと吉。

パラメーター

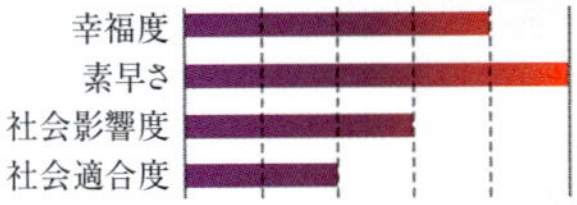

貴方に備わった特殊能力

脳内活性化《エクストリーム》

頭の回転をいつもの1.5倍にすることで、危機を乗り切る案が閃《ひらめ》きます。

ラッキーアイテム

タイマー

時間を区切り仕事を割り振れば、己をギリギリの状態に置くことが可能に。

4月 | 6日 | Enchanted Marionette

秘めた想いが爆発しそう

魅惑のマリオネット《エンチャンテッドマリオネット》

秘すれば花なり、秘せずは花なるべからず。
柔和な笑顔の裏に隠された秘密が、貴方の
魅力を上げるエッセンスになっています。
許容量を超えた秘密は毒と化すのでご注意を。

特徴

基本的には人当たりも良く、柔和で落ち着いた雰囲気のある貴方ですが、秘密を一人で抱え込む癖があります。家族や友人等、悩みを打ち明けることができる人を作っておくことが大切です。一人で抱え込みすぎると、何事にもやる気を出せなくなり無気力症候群に囚われやすいという相が出ています。気持ちを吐露できる相手を側に置くことで、今後の人生をより良くすることができるでしょう。

パラメーター

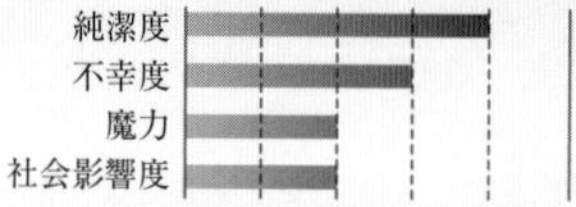

貴方に備わった必殺技

吐出し窓口《クレーム》対応

言えない文句、言わない気持ち、誰かに吐露してもらいましょう。

ラッキードリンク

お酢

健康的で刺激のあるドリンクで毒出しを行えば、気分もスッキリするはず。

4月 | 7日 | Enchanted Book

しなやかに徘徊する猫の取扱説明書

魅惑の書物《エンチャンテッドブック》

奇々怪々な貴方の性格を言葉で説明するのは
至難の業。雷神の力を使役されし街で、悠々と
暮らす猫のように生きる貴方。動物的な感覚を
感じ取れる人間を側に仕えさせましょう。

特徴

一人を好む貴方ですが、独りでいることは良しとしません。それゆえ何者にも捉えることのできない自由さを愛し尊重してくれるパートナーを求めます。つかず離れずの心地良い空間が、貴方の心に何よりの安寧をもたらしてくれます。時折、パートナーの可愛がりに堪えれば、良い関係を保つことができそうです。かまってちゃんタイプは、恋愛友情問わず相性が悪いので避けるのが吉です。

パラメーター

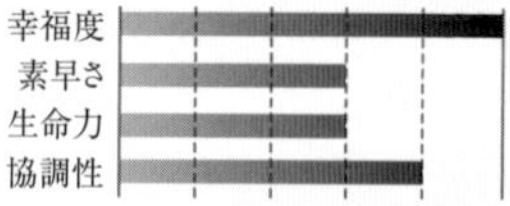

貴方に備わった特殊能力

瞬間的記憶消去《ファストデリート》

苦手な人の記憶を瞬時に消すことができる能力。嫌なことは忘れましょう。

ラッキーフード

魚

野性の勘が研ぎ澄まされるかも⁉ 刺身か焼くのがおすすめの調理法。

4月 | 8日 | Enchanted Clown

真面目な信念はどちらに転ぶ

魅惑の道化師《エンチャンテッドクラウン》

善と悪。どちらに身を置くかは貴方の判断次第。
生真面目で揺るぎない信念を掲げる貴方。
その生真面目さゆえに、美しい人や、偉い人に絆
されやすいので特に注意が必要です。

特徴

挑戦こそ美徳。高い壁を攻める自分が好き。野心の達成に情熱を傾ける貴方は、自分の信念を何よりも大切にします。「これ」と決めたら揺らぐことは少ないでしょう。そのため、悪にも正義にも転びやすいのが難点。自身の信念に自信を持つことは、良いことですが、その信念や目標が誰にとって良いものか、必ず確認して。己にとっての最善が、必ずしも他者と共有できているという驕りは危険な発想です。

パラメーター

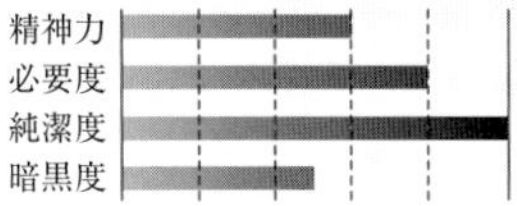

貴方に備わった魔法

PureHeart

善悪どちらかに傾きかけた心を一度リセットし、フラットにするための魔法。

ラッキー武具

方位磁石

どちらに進めば良いかわからないときに使用すれば、道を示してくれるはず。

4月 | 9日 | Enchanted Traveler

夢と希望を追い求める

魅惑の旅人《エンチャンテッドトラベラー》

欲するは砂漠のオアシス。一握りの希望を胸に、
自らの生を捧げ邁進する貴方。一切の妥協を
許さず、理想を実現しようと努力するその姿勢こそ、
貴方の美学なのです。

特徴

夢を実現するというの信念が強いため、金銭に関わることは基本的に二の次。心の充実感を何より求める人が多く、浮世離れしていると思われがちです。しかし貴方の中にある志を秘めたパワーは、理想を抱いてこそ発揮できるもの。希望を忘れ灰色の世界で生ける屍と化した大人に落ちぶれるなど愚の骨頂です。家と会社の往復で摩耗した心に潤いを与えるためにもフィクション映像の世界に癒しを求めましょう。

パラメーター

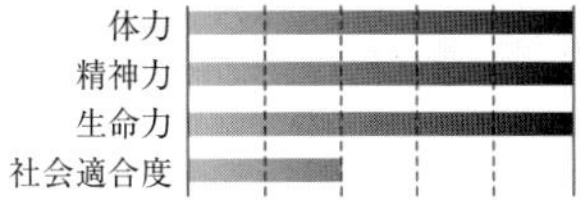

貴方に備わった回復法

映画観賞

壮大な夢と希望を貴方に教えてくれます。忘れていたものを思い出して。

ラッキー防具

麦わら帽子

日光に反射され、見えづらかった目標地点を見やすくするための道具。

4月 | 10日 | Enchanted Inferno

溢れる若さ、青き炎

魅惑の業火《エンチャンテッドインフェルノ》

青々と茂る若葉の如く、艶やかで力強い存在感がある貴方。人を惹きつけてしまう魅力に溢れるも、衝動的な行動が多く失敗も多々。そろそろ腰を落ち着けてもいい時期では?

特徴

身体は年をとっても、心は18歳のまま。若い気持ちを忘れない貴方は、新しいことにも積極的に臨むことでしょう。そのバイタリティは素晴らしいものですが、25歳を超えてオールで飲み明かし、駅で死体と化すのはやめましょう。心は若くとも、身体は老いていることをお忘れなく。身体を労わらなかったために、病気をしてしまえば、心も老いかねません。年相応をキーワードに日常生活の見直しを。

パラメーター

貴方に備わった魔法

超精力増強《マキシムドホルモン》

精神を若く保つことができる。身体年齢と精神年齢の齟齬には注意が必要です。

ラッキーアイテム

体組成計

体内年齢も若くあろうと努力すれば、貴方の青春はまだ続くはず。

4月 | 11日 | Enchanted Messenger

幸運を約束された

魅惑の使者《エンチャンテッドメッセンジャー》

富と幸運を司る女神ラクシュミーの加護を受けし者。女神のお告げを受けるためにも、日々の生活を怠ることなかれ。慎ましく丁寧に生きれば、幸運の女神も微笑むことでしょう。

特徴

自らの幸運に驕《おご》ることなかれ。日々の小さな努力の積み重ねがなければ、貴方に幸運は決して訪れることはありません。朝の挨拶から始まり、家の掃除や洗濯、栄養を考えた3食、細やかな対人関係等。丁寧に生きることは、もしかすると会社を興すより難しいことかもしれません。しかし、向き不向きなく誰でも気をつければできることでもあります。まずは、挨拶や掃除から、始めてみませんか。

パラメーター

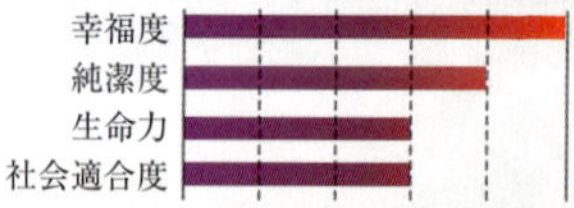

貴方に備わった必殺技

怠惰な生活

女神ポイントを0にする代わりに、HPとMPをMAXまで回復できる。

ラッキー宝具

経典

女神のお告げを受けるためには、より女神を知ることが必須となります。

悲しき呪いを背負う

魅惑の刃《エンチャンテッドブレード》

徳川家が恐れた「妖刀村正」のように、貴方は人々に恐怖を植え付けてしまう業を背負っています。貴方に迫られたら最後、断ることもできず、人々は怯え従うしかないのです。

「恨みを晴らせと疼くんです…この異形の両腕が。

特徴

何故人々に恐怖を植え付けてしまうのか。それは貴方の背後に、黒髪の女性が憑いているからです。それも、井戸から這い出てくるあの人にそっくりな女性が。いつもより、物事に執着するようになった、白い服を選ぶようになった、突然泣きたくなることがある等の変化はありませんか。それはすべからく、背後霊のせい。普段の活発な貴方をとり戻すためにも、早めのお祓いをおすすめします。

パラメーター

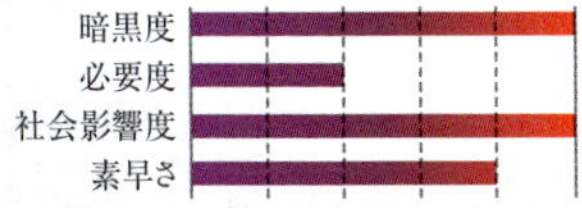

貴方に備わった必殺技

布教活動

呪いのビデオをDVDに焼き直し配布すれば、貴方の呪いも移るはず。

ラッキー宝具

数珠

身体が重い、不運が続くなど異変に襲われることから守る道具。

4月 | 13日 | Enchanted Secret Agent

成功を嗅ぎ分ける

魅惑の密偵《エンチャンテッドシークレットエージェント》

金銀財宝の在処を嗅ぎ分ける嗅覚を持つ貴方。
その手腕を駆使すれば、黄金に左右されし
現世において、数多の分野で
頂点に上り詰めることも容易いでしょう。

特徴

類まれなるビジネスセンスを持つため、コンサルティング業界が向いているようです。仕事の仕方は非常に堅実ですが、自分ルールを作りだし、その上で人を回そうとするのでワンマン経営に思われがちな点が難点。尽力してくれる配下の燻ったジレンマにも目を向け、意思をとり入れた上でのルール改訂を実行すれば、現状よりも更に良い環境に身を置くことができるでしょう。変化を恐れてはいけません。

パラメーター

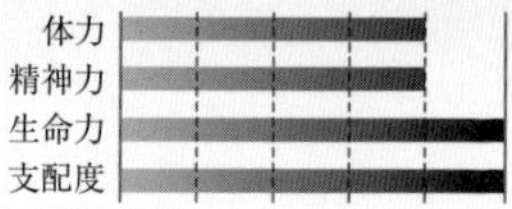

貴方に備わった特殊能力

採掘《ゴールドラッシュ》

お金の生まれるところを直感で知ることができます。FX以外に適用可能。

ラッキーフード

豚の丸焼き

精力みなぎる肉、周りの者たちと分かち合えば、心をひとつにすることも。

4月 | 14日 | Enchanted Umpire

天使のラッパが鳴り終わる前に

魅惑の審判《エンチャンテッドアンパイア》

黙示録に書かれし、天使のラッパの音を聴く者。
現世の危機を感知した貴方は、安全地帯へと
移動することでしょう。生きとし生ける美しきものを、
その船に乗せて…。

特徴

精神的な影響が強い貴方は、その場所の「気」を感じ取ることに長けています。良くない場所には近づかないようにするのはもちろんですが、それを他者に言うことはほとんどありません。それは、貴方が自分の好むもの以外には興味がないためです。狭いテリトリーを大切にする傾向があります。大切にしすぎて、ウザがられないように気をつけていれば、今後も安定した人生を送ることができるようです。

パラメーター

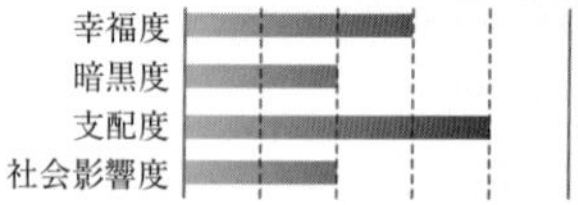

貴方に備わった特殊能力

気功

気を司ることができます。鍛錬すれば、ぎっくり腰を治すことも可能に。

ラッキードリンク

缶コーヒー

嫌な気の場所へ赴いたときはこれで落ち着いて。どの自販機にも必ずあります。

4月 | 15日 | Enchanted Emperor

美への探求者

魅惑の皇帝《エンチャンテッドエンペラー》

高感度センサーが導入された貴方の美的センス。
美しいもの以外は目に入れたくないという思いが
強いようです。調和のとれた美を好む傾向に
あるので大衆に喜ばれるでしょう。

特徴

美的感覚が異様に発達している貴方。魅惑の月の影響を強く受けているようで、美しくないものに対し、強い拒絶反応を起こすようです。出来る限り目に入れたくないとばかりに、顔を背けたり、改造してしまったりしていませんか。隠れて行うのであれば問題ありませんが、人の目のあるところでやらないように気をつけましょう。特に、人の顔を見て咄嗟《とっさ》に目をそらすのは失礼に当たります。

パラメーター

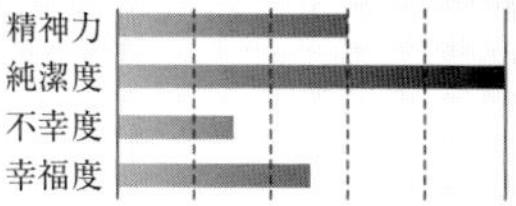

貴方に備わった回復法

美術館巡り

思う存分世界の名画に囲まれて、美感度を高めてください。

ラッキー防具

ブルーライト遮断眼鏡

眼精疲労を軽減できます。特にPC上は色味が変化して見えるので注意が必要。

4月 | 16日 | Enchanted Wizard

我が五感こそ全て

魅惑の魔術師《エンチャンテッドウィザード》

自らが経験したことこそが、世界の真理。
五感で体感し、精神に訴えてきたものが至高。
そう考える貴方は、言葉だけの説得などに興味は
ありません。まずは証拠《モノ》を見せて。

特徴

まどろっこしい説明や言い訳を忌み嫌う貴方。竹を割ったような性格ですが、物事の判断基準はどちらかというと曖昧。感性に訴えかけるものこそ素晴らしいと考えているようです。鑑定士としての能力は非常に高く、ビジネス的にも成功を収めることができるでしょう。恋愛面においても、インスピレーションに捕らわれる傾向が強いので、突如としてパートナーを嫌いになることも。覚悟しておいて。

パラメーター

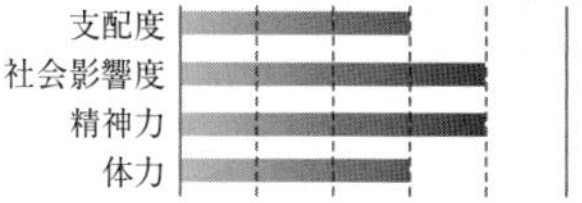

貴方に備わった特殊能力

美人察知能力《ビーナスハンター》

街中の人ごみの中から、美しい人を探し出すことができる能力。

ラッキー武具

弓

弓を引くことで集中力を養えば、貴方の直観も冴えるはず。

4 月 | 17 日 | Enchanted Troubadour

目の前に続く道は長く果てしない

魅惑の吟遊詩人《エンチャンテッドトルバドール》

吹きすさぶ風に身を任せ、時には雷雨に見舞われながらも、街を目指す。たとえ、目の前に現れた運河に行く手を阻まれようとも、攻略する。困難こそ貴方の人生の楽しみなのです。

特徴

目標達成のために、地道な計画を立てることが得意な貴方。我慢強く、困難な状況もやりすごすことができる忍耐を持ち合わせています。そのストイックさは、簡単に真似できるものではありません。思わぬ大胆さで計画遂行にひた走る貴方に周囲は驚愕と好奇の目を向けますが、日々の弛まぬ努力が功を奏し、流れるような見事な手腕で危なげなく目標を達成できる強さを貴方は持っているのです。

パラメーター

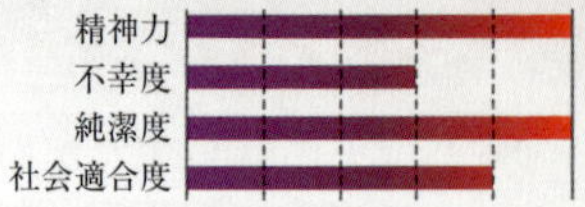

貴方に備わった必殺技

秘密計画《シークレットミッション》

予想できる緊急時用に、計画を練っておくこと。非常時もすぐに対応可能に。

ラッキーアイテム

登山靴

どんなに道が悪い日も、歩きこなせます。貴方の道を阻むものをなくす道具です。

4 月 | 18 日 | Enchanted Hermit

目覚めよ闘争本能

魅惑の隠者《エンチャンテッドハーミット》

倒すべき相手が現れた刻《トキ》、貴方のもとにロンギヌスの槍が届くでしょう。育て上げた一途な想いを、今こそ解放するのです。貴方に眠りし闘争本能は、覚醒する刻《トキ》を待っています。

特徴

何事にも一途に対応する貴方。ライバルが現れたとき、貴方の心は一層燃え盛ります。まるで、相手に決闘《デュエル》を申し込むかのように、真正面から勝負を挑むことでしょう。臆することなく且つ真摯に猛る貴方の姿は、まさに百獣の王そのもの。恐れをなして逃げ出す輩もいるかもしれません。しかし、昨日の敵は今日の友。正々堂々と勝負し、全てを出して戦ったライバルとは、必ず手をとり分かち合えるものです。

パラメーター

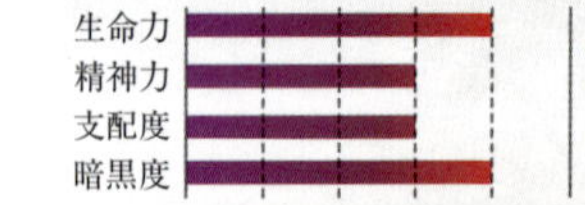

貴方に備わった魔法

リリース

心に眠りし百獣の王を解き放つことができます。覚醒時のみ使用可能。

ラッキーフード

ビーフジャーキー

高い栄養価、長い保存期間。いつ戦闘になっても、食べることが可能です。

4月 19日 Enchanted Whip

孤独を厭う者

魅惑の硬鞭《エンチャンテッドウィップ》

愚者を支配するために使用される鞭の如く、標的ありきで存在する貴方は、孤独を特に嫌うでしょう。支配を敷くことが得意でも、対象がいなければ力は発揮できないのですから。

特徴

公明正大で明るく、人に好かれやすい性格をしている貴方。組織の中心でリーダーシップを発揮することも多いのではないでしょうか。周囲に人がいる環境に慣れている貴方は、孤独に苛まれることを極端に恐れています。クラスの中心にいたはずなのに、気づけばひとり…という経験を過去にしたことがあるのでは？ 絶対に自分を裏切らない仲間を作り、精神安定に努めましょう。

パラメーター

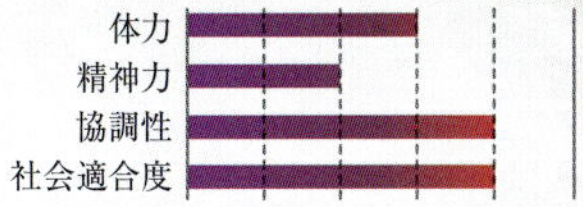

貴方に備わった回復法

飲み会

大人数で開催する飲み会。人に囲まれ騒げば、貴方のテンションもうなぎ登り。

ラッキー宝具

親友

貴方の孤独を癒すもの。得るのに時間はかかりますが、一生ものです。

4月 20日 Enchanted Rebel

静と動の共存

魅惑の反逆者《エンチャンテッドレベル》

享楽的思考の持ち主。現世《うつしよ》の全ての快楽を味わいたいと願う半面、安定した豊かさを求めることもある貴方。ホームとなる場所を作ることで、より人生を謳歌することができます。

特徴

楽しいことに弱い一面を持つ半面、社会において安定した地位を確保しなければならないことを理解している貴方。両面を共存させている貴方は、常に自らの欲望と戦わなければならないという業を背負っています。恋人がいるのに合コンへ行く、ダイエット中でも誘われればケーキバイキングへ。脳内でひしめく多数の欲望に打ち勝つためには、一日の内に達成できるような小さな目標を立てることが大切です。

パラメーター

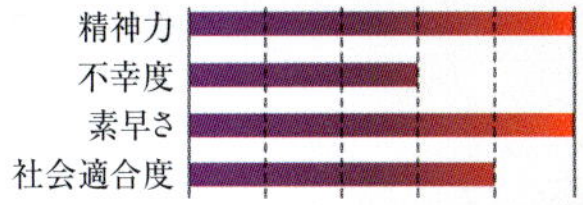

貴方に備わった必殺技

二兎を追い二兎を得る

両方欲しい！ そんなときは、2つとも得られる努力を惜しまない貴方の底力。

ラッキードリンク

ハーブティー

カロリー0で香りを楽しめるのでジュース代わりに。代替品を作り目標達成を！

4月 | 21日 | Enchanted Wing

手入れは欠かさぬ

魅惑の翼《エンチャンテッドウィング》

希望の翼を分け与える者。その優しさは他を凌駕し、貴方は唯一無二の存在へと化す。哀れな子羊たちに安らぎと喜びを与える使命を背負う者として、愛を惜しむことなかれ。

特徴

何事にも細やかな気配りを忘れぬ貴方。初対面の人と会った帰りにすぐお礼メールを入れたり、会話の節々に出ていたことをヒントに相手の好きなものを探しプレゼントしたり、その気配りは多くの人を虜にすることでしょう。人にしてあげることの多い貴方は、相手に同じレベルの行動を求めることも。無償《アガペー》の愛として献身的に振る舞えば、貴方の中に生まれた蟠《わだかま》りも自ずと溶けてなくなります。

パラメーター

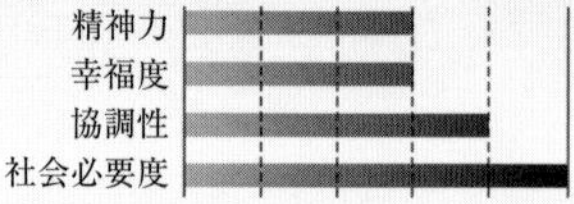

貴方に備わった特殊能力

勘違いメール

読んだ者が、自分に恋心があるのではないかと勘違いしてしまうメール。

ラッキーアイテム

櫛《くし》

綺麗な櫛で髪を梳《と》かせば、気分も向上し人に優しくなれるはず。

4月 | 22日 | Enchanted Undead

己を取り戻せ

魅惑の亡者《エンチャンテッドアンデッド》

亡者とされし貴方は、独特の感性を持ち他者を圧倒する個性の持ち主。周囲が手に負えないために亡者とされた、悲しき運命を辿る者。自信を取り戻せば再び輝けることでしょう。

特徴

自らの考え方に絶対的自信を持っているあなた。ゆるぎないポリシーと高いプライドは、周囲からすると少し扱いづらいかもしれません。そのため、批判を受けることも多いでしょう。そこで落ち込むとあなたの精神は、浮上を忘れてしまったように奈落へと堕ち続けることになります。自らの考えに絶対の自信と鋼の精神力を持ち合わせることが、周囲への理解を得ることのできる第一歩だと悟りましょう。

パラメーター

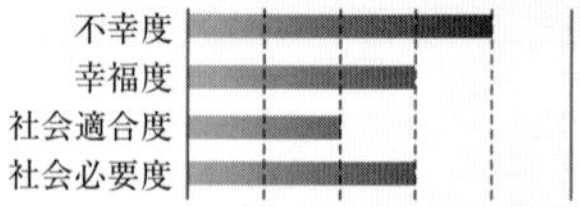

貴方に備わった魔法

フラッシュバック

過去の栄光や信念を取り戻すことができる魔法。

ラッキー宝具

勾玉《まがたま》

古くから術具として使用されてきた石には、失ったパワーを引き出す力が。

4月 | 23日 | Enchanted Nirvana

悟りを開くのはまだ早い

魅惑のニルヴァーナ《エンチャンテッドニルヴァーナ》

人々を惑わし導く言葉に愛されし者。非凡なその才能は幼き頃より貴方を助けていたはずです。今後もその才能を活かし、自らに合った道を切り開いていくと良いでしょう。

特徴

言葉を使用することに長けている貴方は、弁護士や政治家等、誰かを説得する仕事が向いていることでしょう。機転が利くので、ピンチも軽々乗り越えることができます。ただ、調子に乗りやすいところがありますので、ナンパや女性を褒めるときにその力を発揮するのは避けて。貴方に被害はなくとも、貴方の周りでトラブルが発生しやすくなります。敢えて楽しみ嘲笑するなんて趣味の悪いことはしませんよね？

パラメーター

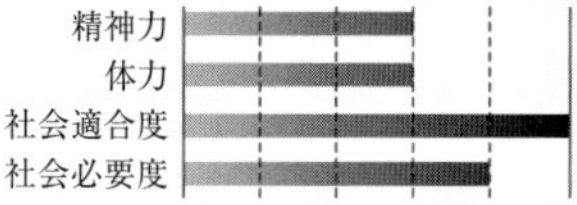

貴方に備わった必殺技

褒め言葉

貴方の褒め言葉は人を歓喜させますが、周囲の嫉妬心を煽るという反動も。

ラッキーアイテム

ホワイトボードマーカー

書いて説明する技術が高まる道具。貴方の事件は会議室で起きています。

4月 | 24日 | Enchanted Assassin

静かなる

魅惑の暗殺者《エンチャンテッドアサシン》

穏やかに眠る子どもを包み込む毛布のように、温かな心を持ち、滅多なことでは怒らぬ貴方。海や川のように波立つことなく、湖の如く今日も静かに佇むことでしょう。

特徴

焦って苛立つことも少なく、常に冷静沈着な態度を崩さぬ貴方。そんな貴方が一番熱くなることは、「美」に関することです。ファッションや骨董、食器や家具等を選ぶ際には、普段あまり見せることのない一面が出てくることでしょう。その類いまれなる美的センスを活かし、ファッションやアート関連の仕事に就くのも良いでしょう。今よりも良いところを伸ばす仕事を探し能力を花開かせてはいかがでしょうか。

パラメーター

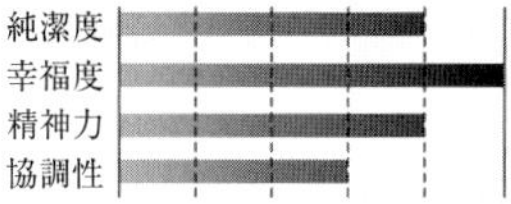

貴方に備わった回復法

買い物

ストレスが溜まったときは、好きなものを大量に購入するのが一番です。

ラッキーアイテム

スケッチブック

閃いたアイデアを書き留めて。いつか使用する機会があるかもしれません。

4月 | 25日 | Enchanted Conglomerate

砂のように細かな

魅惑の礫岩《エンチャンテッドコングロメレード》

自然の恵みである岩を削り、彫刻を彫る職人の如く丁寧な仕事が特徴的な貴方。不器用なところはありますが、それも丁寧さを心がけるがゆえ。そのポリシーを忘れないようにして。

特徴

職人気質な貴方は何をやっても完璧の状態まで仕上げますが、人より時間がかかるのが難点。クオリティをとるかスピードをとるかは悩ましいところです。恋愛においても、同じことが言えます。真剣に相手を思うがあまり、献身という名の束縛を生み息苦しい環境を作りがちです。適度に首輪を緩めなければ、喧嘩のもとです。相手に逃げられないようにするためにも、緩急をつけた対応を心がけましょう。

パラメーター

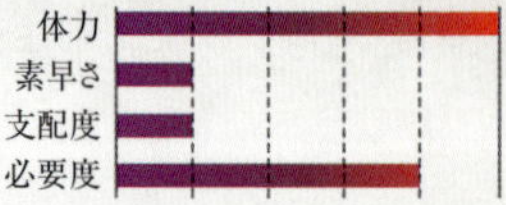

貴方に備わった魔法

質実剛健

ちゃらんぽらんな雰囲気の人に効果的。真面目さ、誠実さを植え付けて。

ラッキー武具

メモ帳

完璧を作り出すためにはチェックが必要なものです。メモを心がけて。

4月 | 26日 | Enchanted Executioner

体内に蔓延《はびこ》る悪魔を滅する

魅惑の処刑人《エンチャンテッドエキスキューショナー》

聖母マリアの如く、優しさを持つ貴方。身体を蝕む邪悪な悪魔に、終焉の時を知らせるため、日々の鍛錬と食事管理に余念がありません。それは全て、愛するものを守るための手段。

特徴

健康管理や美容に気を使うタイプの貴方。太らないように心がけた食事方法や、カロリー計算、栄養補助食品の摂取、定期検診等、自己管理の範囲でできることは、何でもやろうとしているようです。それも、周囲に怪我や病気にかかる人が多いから。強い身体を持っている貴方は、人よりも病気にかかりにくいのですが、予防をすることは大切です。周囲を巻き込み、心身共に健やかにありましょう。

パラメーター

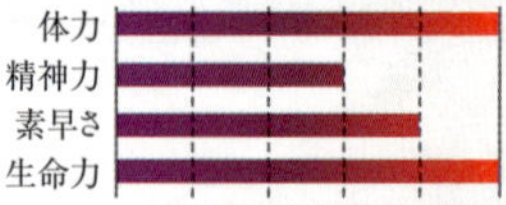

貴方に備わった必殺技

〇〇kcalオーバーね《多い分は走るわよ》

食事を見ただけで大体のカロリーがわかる技。オーバーしたら燃焼しましょう。

ラッキーフード

お豆腐

畑の肉とも言われる大豆。良質なタンパク質はどんな料理にもピッタリ。

4月 | 27日 | Enchanted Prophet

信者の想いに耐える

魅惑の預言者《エンチャンテッドプロフェット》

道を見失いし愚者のため、願いを聞き道を
示すことが預言者としての定め。その定めを
全うするため、貴方には人の倍以上ある体力と気力が
備わっています。是非活用して。

特徴

忙しくてなかなか睡眠時間をとることができない日々が続いても、弱音を吐かない体力と気力を持っている貴方。その強靭な肉体と精神は、どんな場所でも重宝されますが、時折、自分の身体を気遣って休息をとることも忘れずに。南の島へ行くも良し、美味しいものを食べるも良し、家から一歩も出ないで生活するも良し、自分のライフスタイルに合った休息をとり、英気を養って。

パラメーター

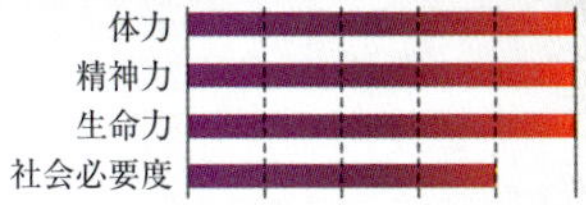

貴方に備わった特殊能力

自己再生

傷ついた部分は、考え方の変更で自ら直すことができてしまう能力。

ラッキーフード

松茸のお吸い物

大地の力を松茸から吸い取れば、心も落ち着き、やる気が漲《みなぎ》るはず。

4月 | 28日 | Enchanted Hammer

究極の計算美

魅惑の鉄槌《エンチャンテッドハンマー》

時代が生み出し無機質な素材。それらが
組み合わさりできる、美しき形状。美を愛する貴方は、
無機質で美しい直線に心惹かれるようです。
機械類に手を出すと世界が広がるかも。

特徴

気に入った趣味にのめり込む一面があるようです。美しいものへの執着が現れる、魅惑の月の影響を受けた貴方におすすめな趣味は、プラモデル。凝り性な気質なので、細かな作業は得意なはずです。ロボットや車のような機械をはじめとし、世界遺産のような歴史的建造物等、好みのジャンルを選ぶことができます。自らが象った美の化身に囲まれ愉悦に浸るのも乙なものです。

パラメーター

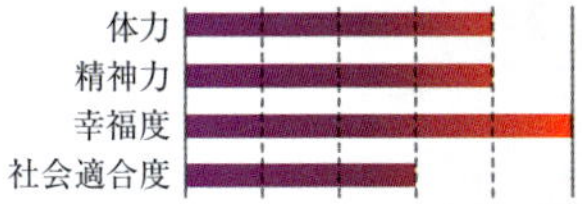

貴方に備わった回復法

ドミノ倒し

こつこつ並べ上げ、倒した瞬間の快感は、何ものにも替え難いものです。

ラッキーアイテム

着色料

好みの色に染める道具。自分色に染め上げれば美しさは増すはずです。

4月 | 29日 | Enchanted Hunter

細部の調査を怠らない

魅惑の狩人《エンチャンテッドハンター》

失われし宮殿の調査を行う歴史学者の如く、
何もない大地を血眼になって彷徨《さまよ》い歩く様はまさに
狂気の人。貴方は、細部まで調べ上げなければ
気が済まないというこだわりの人。

特徴

神経質な一面を持つ「29」の数字の力が大きく出ているようです。細かなことにすぐ気がついてしまう性格は、自分自身でも少し辟易《へきえき》しているのではないでしょうか。窓枠の隅に残った埃を指で掬いたくはない、けれども気になってしまう。そんな自分の持って生まれた性《さが》を嫌いにならないように気をつけて。細かなことに気づくということは、人生を深く掘り下げることができる徳を持っているということなのです。

パラメーター

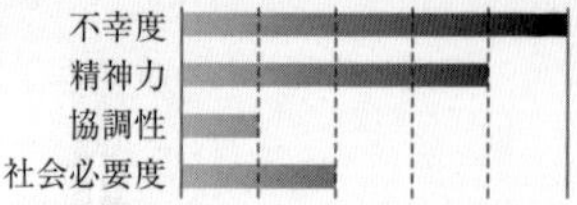

貴方に備わった必殺技

まだ埃が残っている。

美しい状態を保つために必要な「邪気眼」を発動させてしまうこと。

ラッキー防具

麻の洋服

暑い土地もこれでOK。風通しの良い服装で、長時間の調査に耐えて。

4月 | 30日 | Enchanted Fool

賞賛を浴びる者

魅惑の愚者《エンチャンテッドフール》

非凡なる才能を隠すことなく披露する貴方。
飛べぬ者たちの前で、大きな翼を広げ悠々と飛び
回る姿は賞賛を浴びることでしょう。その賞賛こそ、
貴方の力の源なのです。

特徴

自分が他人に認められたとき、強い快感を感じる傾向があるようです。自分が賞賛を得ること、楽しいと思えることには努力を惜しみません。しかし、裏を返すと、おだてられると弱い、ということなので注意を。調子に乗って、興味のないことにチャレンジしても、3日と持たないでしょう。喝采を浴びたいという欲求は誰しも持ち合わせていますが、心からやりたいもので得たものならば達成感も一入《ひとしお》なはずです。

パラメーター

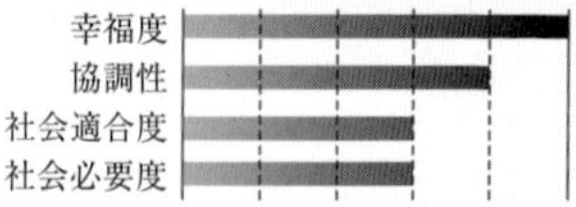

貴方に備わった回復法

ライブ映像を流す

ライブ映像を流し目を瞑《つむ》れば、観客の歓声は貴方一人のものとなるでしょう。

ラッキーフード

アイスクリーム

春夏秋冬いつでも美味しく食べられるお菓子は、まさに貴方そのもの。

Column

Pioneer who was attacked by the spirit of chuni

中二思想に侵された先駆者達

File No. 1

小柄という劣等感が
驚異の征服欲を生む

ナポレオン

Napoléon Bonaparte

「我輩の辞書に不可能という文字はない」という中二病的な発言も、英雄ナポレオンが言えばしっくりくる。自他ともに認める天才軍人は、その才覚をフルに発揮して皇帝にまで上り詰めたが、才子才に溺れて転落。最期は大西洋の孤島でひっそりと亡くなった。

偉業の中に
隠された
数々の黒歴史

1. 劣等感を究極の「上から目線」で払拭

背が低い人の劣等感を俗に「ナポレオン・コンプレックス」というが、ナポレオンは背が低いコンプレックスを克服するため、激しい征服欲を燃やしたといわれている。

2. 「寝ない自慢」の先駆け的存在

ナポレオンといえば「1日3時間しか寝なかった」といわれており、中二病患者にありがちな「寝ない自慢」の先駆け的存在だったともいえる。

3. 自らを皇帝たらしめるのは他ならぬ己自身

皇帝に即位する際、ローマ教皇から冠を授かるのが通例だが、ナポレオンは自ら戴冠した。これは「教会も余の下に置かれるのだ！」というナポレオンの姿勢の表れでもある。

5月 | 1日 | Chosen Dictator

正義の声を上げる

選ばれし独裁者《チョーズンディクテイター》

労働者が統一して雇用先に権利要求を行う日・メーデーに生まれた貴方は、働きたくない人たちの声を代弁するために、生まれてきた、生粋のニートと言えるでしょう。

特徴

己を支配できるのは己のみ。他の指図は受けないと、部屋に引きこもり続けていませんか？　本や漫画を読むも良し、アニメを見るのも良し、ネットで遊ぶのも良し。日がな一日、好きなことをして暮らしている貴方の口癖はもちろん「働いたら負け」。部屋の外では、ご両親が泣いていることをお忘れなく。気まぐれに家事を行うだけでも、家庭の中で一筋の光が差し込むでしょう。

パラメーター

貴方に備わった必殺技

無断欠席

職場や学校から姿を消し行方を眩《くら》ませます。実際は部屋に引きこもるだけ。

ラッキーフード

お母さんの手料理

いま一度その美味しさを噛みしめれば、何かやる気が起きるかも。

5月 | 2日 | Chosen Fountain

儚《はかな》くも美しい

選ばれし泉《チョーズンファウンテン》

月光に照らされし、一輪の白き花の如く、儚い雰囲気が漂う貴方。まるで、枯れることを知らぬ泉のように溢れる妖艶さに多くの異性が囚われる。それが貴方の策略とも知らずに…。

特徴

人の痛みに敏感な貴方。誰かの話を聞く際は、少し大げさなリアクションと、豊かな表情変化で話し手を満足させることでしょう。貴方に話を聞いてもらった人は、同調してもらえているという安心感を得て、今以上に貴方に近づいてくるはずです。それが貴方の撒いた巧妙な罠《トラップ》と知らずに——。キャバクラやホストクラブ等、人を楽しませる場所で働けば、No.1をとることも夢ではありません。

パラメーター

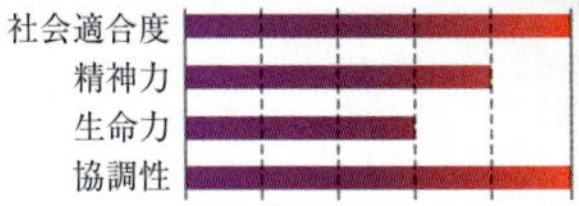

貴方に備わった魔法

私もそう思いますよ《グリーンヒールスペル》

話し手をいい気にさせる魔法の言葉《スペル》。膝に手を置きながら言えば効果UP。

ラッキードリンク

ドンペリ

これが入らなきゃ始まりません。貴方の話術ならば、ピンクドンペリも可能!?

5月 | 3日 | Chosen Fairy

魔王の化身?

選ばれし妖精《チョーズンフェアリー》

強欲を司る魔王・マモンに愛されし者。人間が生まれ持ちし悲しき性である欲求に抗うことなく、身を委ねることでしょう。貴方の人生、それは悦楽に満ちたものなのです。

特徴

自由を愛する「3」の数字の影響と、快楽主義な「5」の月の影響を受けた貴方は、まさにこの世の快楽を楽しむために生まれてきた者と言えます。3大欲求である、食欲、快楽、睡眠欲を追い求め、自由に飛び回ることでしょう。優れた感性を持っているので、決して程度の低いもので満足しないところが貴方の良いところです。逆に「高品質なものを楽しむ」ことがなければ、貴方は常に空虚で満たされぬままです。

パラメーター

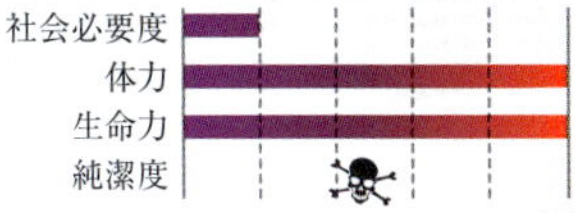

貴方に備わった特殊能力

同調欲求《パッションカバー》

頑固な人でも、貴方の誘い文句に必ず負けてしまう、恐ろしい能力。

ラッキー武具

検索サイト

貴方の欲求を満たすものを、いつでもどこでも探し出すための道具。

5月 | 4日 | Chosen Fallenangel

肉体から分離した魂はどこへ

選ばれし堕天使《チョーズンフォールンエンジェル》

狂乱の土地に落とされた貴方は、自らが
狂うことを防ごうと、己の身体を茨で紡いだ縄で
縛りつけようとすることでしょう。しかし、
精神まで縛ることはできないのです。

特徴

誠実に生きようと努力する半面、ロマンチックな一面を持っているため、夢見る“理想郷《ユートピア》”が頭の中で完成しています。「いつか王子様が迎えに来てくれる」というありきたりな想像は子どもの頃に済ませ、今は「二次元に行ける術を作り出す」「もし、彼や彼女が画面から出てきたら…」などの夢想が主流のようです。現代技術では次元を超えることは依然不可能なので、妄想に浸りすぎぬようご注意を。

パラメーター

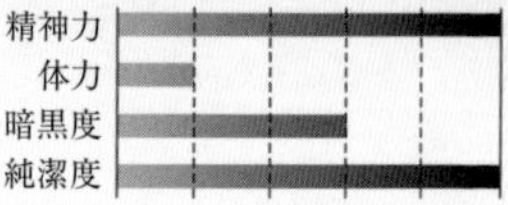

貴方に備わった特殊能力

セルフ3D

二次元キャラクターを実態化してみることができる心の目。

ラッキー武具

マイナスドライバー

二次元と三次元を隔てる箱を解体する道具。箱の中には何もいませんが…。

5月 | 5日 | Chosen Bullet

穢《けが》れを持たず歩み続ける

選ばれし銃弾《チョーズンブレット》

刺激と自由を求め彷徨《さまよ》う「5」の数字の力が
強く表れる日に産み落とされてしまった貴方。
まるで子どものように、純粋無垢な精神のまま、
大きく成長することでしょう。

特徴

こどもの日でもある、この日に生まれた貴方は、純粋無垢なまま童心を忘れぬ夢を抱いた大人となることでしょう。お菓子の袋を開けて一口食べたら次の袋を開けてしまう…そんな飽きっぽい行動が目立ちます。何事も基本は三日坊主。この癖は今更直るものではありませんので、諦めて3日以上続くことを探す方が良いでしょう。変化のある場所に身を置くと日々が絶え間なく彩られます。

パラメーター

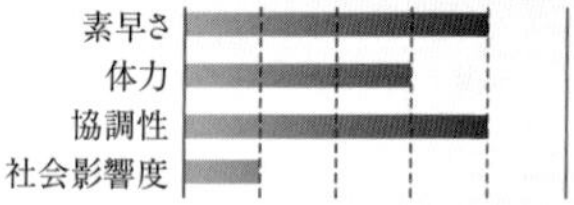

貴方に備わった必殺技

スーパー駄々

幼児がスーパーで駄々をこねる現象。大人の場合、ただのショッキング映像。

ラッキーアイテム

折り紙

トイレットペーパーで作る大作も多く、目覚ましい発展を遂げている分野。

5月　6日　Chosen Marionette

操るは静寂

選ばれしマリオネット《チョーズンマリオネット》

言葉を話さぬマリオネットが操るは静寂。
音を発せぬ空気に五感を研ぎ澄ませ、世界との
同調を図る行為。それは、美しくそびえ立つ古城の
ように、凛とした世界を作り出します。

特徴

美的感覚が発達している貴方。アートやファッションに対する感覚はもちろんですが、貴方が最も優れているのは静寂を操る感覚です。それは、いわゆる会話と会話の間に起こる静寂、「間」というもの。目には見えずとも、五感で感じることのできる「間」は、いわば美の最骨頂。言葉に潜む空間を把握する能力に秀でた貴方は、仕事やプライベートに関する一生涯の財産を得たも同然です。

パラメーター

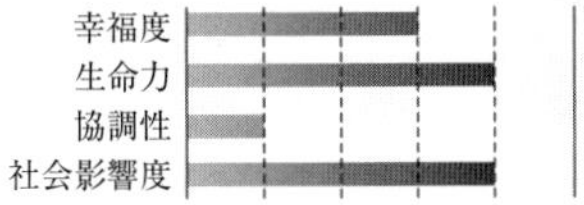

貴方に備わった回復法

無音地帯

言葉を発せず音を立てず、静寂に身を任せる行為。耳栓を忘れずに。

ラッキーアイテム

ラジオ

「間」の使い手から技術を学べば、貴方の能力は進化を遂げるでしょう。

5月　7日　Chosen Book

WinWinな利用方法

選ばれし書物《チョーズンブック》

新たに生まれしものに、強い興味を抱く貴方。
自らも新たなものを生み出そうと努める傾向がありま
す。目標を達成するためには、他者に協力を
仰ぐことを厭いません。

特徴

サービス精神旺盛な貴方。人をもてなすことも、それで喜ばれることも好きな貴方は、間違いなく人気者。会社や学校で、マスコット的存在としてもてはやされること確実です。恋愛面においては、パートナーのやる気や運気を上昇させる鍵として機能することでしょう。性別関係なく多くの人と仲良くなるため、悪気なく行った行為がパートナーの不安感を煽り、トラブルに発展しがちなのでご注意を。

パラメーター

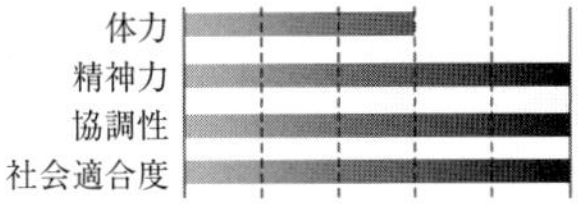

貴方に備わった特殊能力

大入袋《ポケットイン》

人懐こい笑顔と豊富な話題を持って、簡単に他人の懐に入ることができます。

ラッキー防具

SNS

誰かの協力が必要になったとき、まずはここから声をかけましょう。

5月 8日 Chosen Clown

秘めざる熱情

選ばれし道化師《チョーズンクラウン》

業火《ごうか》に焼かれようとも残りし意志と、雷雨に打たれようとも消えぬ激しい熱情を持ち合わせている貴方。何事にもアグレッシブに挑戦する姿には目を見張るものがあります。

特徴

この日に生まれた貴方は気性が激しく、自らの限界に挑戦し続ける人。自らの限界を更新し続けることに喜びを感じるようです。もちろん、非常に負けず嫌いなため、どんなに苦しくても決して弱音を吐くことはないでしょう。お金に執着する人が多く、仕事やお金儲けが生きがい、人生の目標と思う人も少なくありません。本来の性分を忘れてしまえばどこまでも底辺の世界を彷徨《さまよ》い藻掻き苦しむ羽目になります。

パラメーター

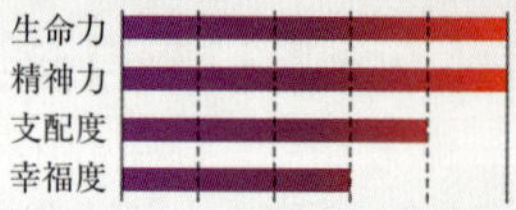

貴方に備わった回復法

札束計算

自ら稼いだ札束を数えている際、自らの努力を振り返り悦に浸ること。

ラッキー宝具

伝記

温故知新、古きを尋ね新しきを知ることができる最良の書。

5月 9日 Chosen Traveler

気の赴くまま、ゆらりゆらりと

選ばれし旅人《チョーズントラベラー》

現世の束縛より解放されし精神は、気の向くまま、どこへ行く。貴方に備わったおおらかさは、現代社会の理の束縛された精神を解放してしまう力を持っていることでしょう。

特徴

図太い神経の持ち主。何が起きても慌てることなく悠然と構えるさまは、まさに首領《ドン》。その姿に恐れおののく人も多いのではないでしょうか。しかしその実、精神的には浮世離れしているところがあります。言い換えれば独創的な思想の持ち主。元手がないのに事業を始めようと言い出す等、時には周囲を困らせることも。地に足のついた発言をするように心がければ、付き従う者も自然と集います。

パラメーター

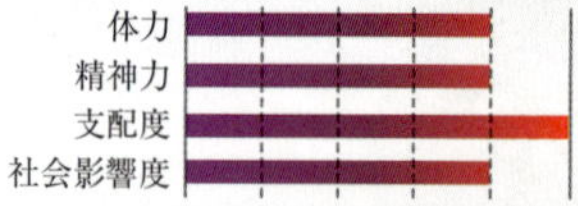

貴方に備わった必殺技

ワンマン経営

社員を困らせる突拍子もない発言。老害と言われぬよう気をつけて。

ラッキードリンク

ウイスキー

ロックのウイスキーを片手に葉巻をふかせば、マフィア気分を味わえます。

心強い味方。裏を返せば…

選ばれし業火《チョーズンインフェルノ》

キラキラと輝き目立つ光が憎い。陰なる者の宿命とされし、憎しみは貴方の業火で倍増されることでしょう。輝きを闇に陥れるべく、今日も貴方は罠を張りめぐらせるのです。

「闇の焔に抱かれて消えなっ!!」

特徴

自分よりできる人の足を引っ張ることを生きがいにしている貴方は、学校内、社内での裏工作が大得意。「あの人、貴方のこと嫌いって言ってたよ。」「同期の○○さん、部長と寝たらしいよ。」等、真実味を含んだ口調と言霊を操るのが、主な手法。時には、ロッカーや机に証拠を忍ばせる、火曜サスペンス並の仕掛けで陥れることも。敵には回したくないタイプNo.1と言っても過言ではないでしょう。

パラメーター

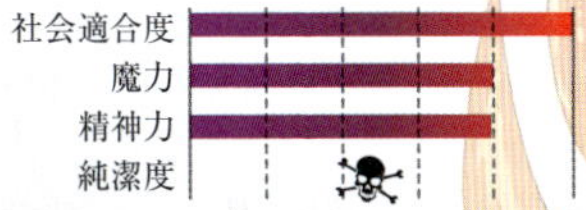

貴方に備わった必殺技

噂と真実の狭間

噂を真実にするために欠かせぬ証拠を、なぜか貴方は持っています。

ラッキー武具

噂好きのおばちゃん

貴方の罠には必要不可欠。お茶菓子片手に挨拶に行けば仲良くなれるはず。

5月 | 11日 | Chosen Messenger

喜ばれる気遣い、すり減る神経

選ばれし使者《チョーズンメッセンジャー》

傍若なる魔王たちに、使えし者。紛い間違って怒らせてはならぬと、平和主義の貴方は気を使うでしょう。しかし、それが仇となり、予想だにしなかった争いを巻き起こすことも。

特徴

思いやりの溢れる貴方は、周囲に何かと気を使いがち。八方美人な気があるので、色々なところに良い顔をしようとする傾向があるようです。しかし、あちらを立てればこちらが立たぬとは言ったもので、全て良い顔をし続けるのは無理があることを自覚して。貴方が本当に尊敬できる人物についていく姿勢を表せば、そもそも波風は立たないはずです。今後も八方美人を続けることは、身の破滅を意味します。

パラメーター

貴方に備わった特殊能力

ゴマスリ

上司の気分を良くするための方法。大方の人に効果あり。

ラッキーアイテム

赤いルージュ

普段つけない色を身にまとえば、いつもと変わった景色が見えるはず。

5月 | 12日 | Chosen Blade

安らぎと落ち着きを取り戻せ

選ばれし刃《チョーズンブレード》

争いと和解の繰り返し。それこそが、平和の礎。貴方を取り巻く環境は、常に喧嘩と和解が隣り合わせ。低めの沸点がそれを助長していることに、是非気づいてください。

特徴

ちょっとしたこともすぐカッとなってしまいがちな貴方。沸点は低く、メールで「ワロスｗｗｗ」と言われただけでも、馬鹿にされているように感じ、イラッとする可能性があります。貴方を批判しようと思っている人は、実際には非常に少なく、批判は全て貴方の被害妄想であるということを、確認しましょう。相手の言葉の裏側にある真意を紐解けば互いに傷つくこともありません。

パラメーター

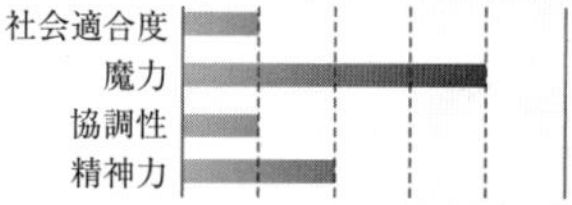

貴方に備わった回復法

チョコレートマジック

カカオ成分を大量に摂取することで、荒ぶる精神を落ち着かせて。

ラッキードリンク

ココア

カカオの成分には神経を鎮静させる作用が。ホッと一息入れましょう。

5月 | 13日 | Chosen Secret Agent

封印が解かれる恐怖

選ばれし密偵《チョーズンシークレットエージェント》

誠実で忍耐強い13の数字と、快楽主義的な
5月の力が拮抗している貴方。普段は真面目に
生活をしているも、組織からの呼び出しにより
享楽主義的な一面を覗かせることでしょう。

特徴

基本的には、生真面目な性格ですが、高い体力値を持て余すことがあります。そのため、慎重に物事を運ぶべきと思っていても、つい身体が先に動いてしまう傾向があります。SNS等、インターネット上で出会った人とすぐオフ会を開催したり、「儲かる」という言葉に釣られギャンブルや株に手を出すことも。本来の性分を忘れてしまえばどこまでも底辺の世界を彷徨《さまよ》い藻掻き苦しむ羽目になります。

パラメーター

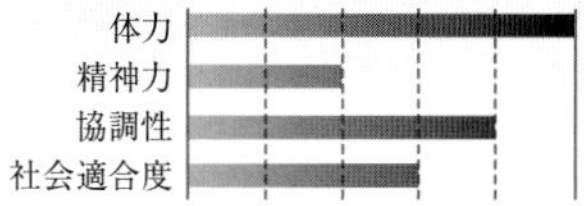

貴方に備わった必殺技

即日吉日《エンジェルスタート》

思いついたが吉日。すぐに動けば、目的達成への最短距離を走れるはず。

ラッキー防具

計算機

今後のことをしっかりと計算することで、安定感のある生活が可能に。

5月 | 14日 | Chosen Umpire

叶えられぬ願望

選ばれし審判《チョーズンアンパイア》

鈴の音のように澄み渡り、天より愛されしユーモアを
授けられた貴方。表面上は明るく優しさに
溢れていますが、本当は孤独を愛する者として生き
ていきたい願望を抱えています。

特徴

明るく爽やかな雰囲気をまとっているため、一見すると軽薄な印象も持たれがちな貴方。しかし、その内には孤独に愛されたもう一人の自分が棲んでいます。「他人から高評価を得なければならない」という強迫観念のもと、無理して誰からも愛される無難な仮面《ペルソナ》を被っていませんか？面白くないからと言って批判されることはありません。たまには、孤独を愛する自分を前面に出しても良いのです。

パラメーター

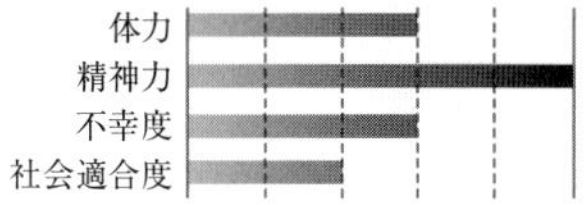

貴方に備わった必殺技

独身貴族

孤独を愛しすぎてしまったがゆえに、婚期を逃すこと。孤独死が頭をよぎる…。

ラッキーアイテム

イヤホン

周囲の声を遮断し、自分だけの世界を作ることができる道具。

5月 | 15日 | Chosen Emperor

均衡を保つ

選ばれし皇帝《チョーズンエンペラー》

全知全能の神の如く、知識とそれに対する能力、
そしてそれを導く意志の均衡がとれている貴方。
天性の才とも言える力を使用し、今後も迷える
子羊たちを統《す》べることでしょう。

特徴

強い意志の力を持つ貴方は、その力に伴う膨大な知識量と上質な能力値を備え持っています。どんなことでも、そつなくこなしてしまうため、周囲から高い評価を得るようです。その類い希なるバランス感覚は、大きな組織内での仲介役に最も適した才能です。おおよそ弱点の見当たらない貴方ですが、同志や恋愛対象などからは完璧すぎて近寄り難い…などと敬遠されてしまうこともあるようです。

パラメーター

貴方に備わった魔法

三角関係《トライアングルトリコロジー》

均衡が保てているのが不思議なほど、
脆い関係性のこと。貴方だからできる技。

ラッキーフード

半熟たまご

ゆで具合のバランスを見極めることが
大切。意外と半熟にするのは至難の業。

5月 | 16日 | Chosen Wizard

氷で作られた夢

選ばれし魔術師《チョーズンウィザード》

極寒の地より舞い降りた可憐なバレリーナ。
白鳥の如く舞うその姿は、人々の心に焼き付いて
離れることはないでしょう。貴方は、今日も華麗に
舞い続ける。夢の中で――。

特徴

根っからのロマンチストで、幼き日に夢見たことをいつまでも大切にしている貴方。しかし、夢を実行したいという思いは低く、言葉で話すことで満足してしまうようです。そのため、周囲からは「あいつまた何か言ってるよ」と思われることもあるかもしれません。実行力をつけ、ひとつでも夢を叶えてみれば、きっと世界が違うように見えるはず。千里の道も一歩から、踏み出してみませんか。

パラメーター

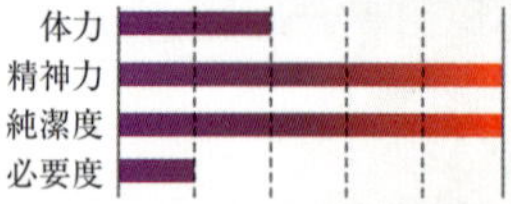

貴方に備わった特殊能力

跳心理解《フライング マイ ハート》

夢や希望に思いを馳せること。気づくと
日がくれていることも…。

ラッキードリンク

ホットミルク

幼き頃の思い出に浸りながら飲めば、
懐かしさとともに夢を思い出すかも。

5月 | 17日 | Chosen Troubadour

目指す街まで一直線

選ばれし吟遊詩人《チョーズントルバドール》

遠回りをして旅を楽しむようなことはせず、目的地までの最短経路を割り出し、すぐさま向かう。
貴方の合理主義的思想は、氷のように冷たい人という印象を作り出しています。

特徴

論理的な思考回路が働く貴方のことを、周りは理屈っぽいと煙たがっているかもしれません。ただどこまでも合理的で無駄を嫌う傾向にあり、物事への最短経路を割り出す貴方の能力は、極限まで労力を使わず且つ莫大な利益をもたらす神懸かった才能です。一般的な体力値より下を行く貴方であるがゆえの処世術が実を結んだ結果なので、存分に手腕を活かし、誇ったところで文句は出ません。

パラメーター

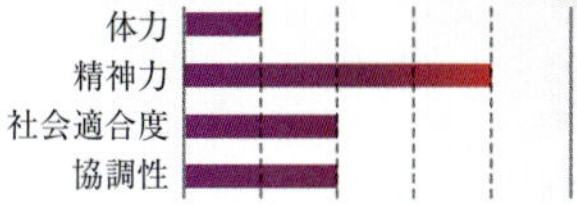

貴方に備わった必殺技

利害関係検査

貴方が無意識の内に、すべての物事に対し行っている行為のひとつ。

ラッキー武具

岐路の道標《カーナビ》

貴方の目的地までの経路と障害を割り出してくれる、優れもの。

5月 | 18日 | Chosen Hermit

利那的享楽を楽しむ

選ばれし隠者《チョーズンハーミット》

利那的な快楽主義者を地で行く貴方。
イソップ寓話のアリとキリギリスのキリギリスの如く日々を楽しく過ごすことに重きを置いている為、後々自らの行いを反省することも。

特徴

後先を考えず目の前の悦楽に捕われやすい貴方。束縛を疎い、細々としたことに目を向けることを嫌います。おおらかを超越するあなたの性格に、周囲の人間は振り回されっぱなし。特に金銭面に関しては無頓着なので、懐にある分を際限なく浪費してしまうため、本人よりも身内の背筋を凍てつかせている可能性があります。たまには真顔で将来設計を語るなど、ご両親を安心させてあげましょう。

パラメーター

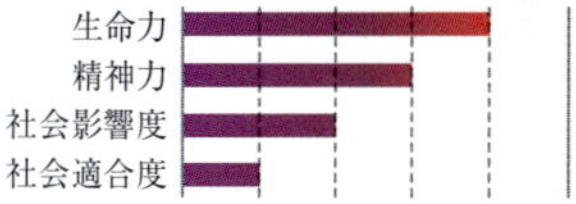

貴方に備わった必殺技

土下座

危機に瀕したときは、これで乗り切ろう。きっと貴方ならできるはず。

ラッキードリンク

カクテル

種類が豊富なカクテルは、貴方を飽きさせることはないでしょう。

5月 | 19日 | Chosen Whip

武具にそぐわぬ平和主義

選ばれし硬鞭《チョーズンウィップ》

平穏を望み、争いを調停するために使用されし鞭の如く、争いを好まない貴方。平和主義的思考は大切なことですが、周囲の平和を守るだけでなく、自らの心の平和も守ると吉。

特徴

自分を強く前に押し出すことをしない貴方は、どこまでも従順であるがため、上司や先輩に可愛がられることでしょう。争いごとを好まない貴方の性質は、会社だけでなく恋愛面でも威力を発揮するはずです。恋人の小言にも「ハイハイ」と言いながら気持ち良く付き合えば、貴方の株は上がります。貴方が落ち込むことがあったときは、誰に相談を持ちかけても快く引き受けてくれるはずです。

パラメーター

貴方に備わった回復法

ストレッチ

固まった身体を伸ばすことで、血行を良くしやる気を漲《みなぎ》らせます。

ラッキーアイテム

人をダメにするソファ

心身ともに預けることができるソファは、貴方のコリを解消します。

5月 | 20日 | Chosen Rebel

物質を求める

選ばれし反逆者《チョーズンレベル》

物質的な証拠を求める貴方は、曖昧な言葉や態度には全くと言っていいほど興味がないようです。物質を己の手の中に留めること。これこそが、貴方の快楽であり悦楽なのです。

特徴

無口で控えめな貴方。言葉や態度で自己主張は行いませんが、結果として見える形での自己主張は得意。納期の3日前に仕事を終えていたり、クオリティが高く間違いのない資料を作成したり、成果が形として見えるものに力を注ぐようです。そのために徹夜作業を行うことも、辛い特訓を受けることも厭いません。貴方は、「目に見えるもの」こそ信用に値するものこそ真理である考えているようです。

パラメーター

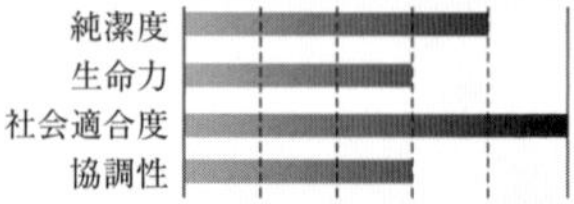

貴方に備わった必殺技

論より証拠

説明は後回し、とりあえず証拠を見せれば話は済むことなのです。

ラッキーフード

豚の丸焼き

素材がしっかり目に見える料理は、貴方に安らぎを与えるはず。

5月 21日 Chosen Wing

恋を司る

選ばれし翼《チョーズンウィング》

愛の女神に愛され、現世《うつしよ》の人々を浮かれさせる
こと、それが貴方に課せられた宿命。
人々の幸せを願い、行動することで貴方の
幸せも貯蓄されることでしょう。

特徴

恋のキューピッドを担うことが多い貴方。それは、貴方に課せられた宿命。人と人との心をつなぐ仕事は、人の気持ちを掬《すく》うことが得意な貴方だからこそ行える業なのです。悲しきかな、その力は自分自身に使用することはできません。貴方の恋のキューピッドはいつどこに現れるのやら…。もしかすると、貴方が協力した恋人たちかもしれません。時にはその翼を休め、合コンや飲み会に積極的に参加すると◎。

パラメーター

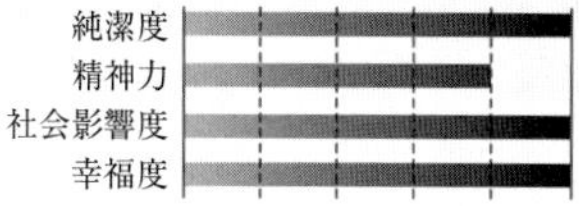

貴方に備わった特殊能力

引受係

友人の多い貴方。そのため、頼まれごとが多いのも必然かもしれません。

ラッキー防具

割引クーポン

合コン時にこっそり出すと良いでしょう。会計時に男性の負担も軽くします。

5月 22日 Chosen Undead

目指す高みに際限なし

選ばれし亡者《チョーズンアンデッド》

摩天楼よりも高いプライドを持つ貴方は、向上心を
持っています。常に高みを目指し、自らの限界に
挑み続ける人です。他人に同じレベルの
向上心を求めないように気をつけて。

特徴

自分を磨くことに熱心なタイプのなので、地道な努力を積み重ね、厳しい状況下に置かれても決して折れない心を持っています。仕事面では効果的に働く性質ですが、恋愛面では同じタイプの人を見つけないと厳しいかもしれません。恋愛に癒しではなく、互いに高みを目指す営みとして捉えているため、強いられるパートナーにとっては息苦しい環境を作りがちです。憩いの時間を作り回避しましょう。

パラメーター

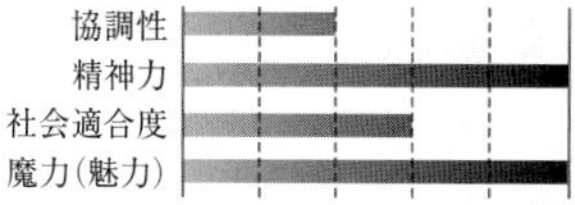

貴方に備わった特殊能力

切磋琢磨

他者との関わりの中でも成長材料を見いだすことができる能力。

ラッキー武具

ダンベル

身体を鍛え、今よりも美しいボディラインを手に入れましょう。

5月 | 23日 | Chosen Nirvana

幼き頃より悟り開けし者

選ばれしニルヴァーナ《チョーズンニルヴァーナ》

若くして悟りを開いてしまった貴方は、
常に刺激的なものや場所を求めています。
様々なことにチャレンジしますが、長続きしないので
飽きっぽい人と思われがちです。

特徴

常に刺激を求めている貴方は、刺激を求めて彷徨《さまよ》うだけでは飽き足らず、自ら過激な行動に出がちなので気をつけて。突然知らない人に抱きついてみたり、刃物を鞄に忍ばせて街中を歩いてみたり、マンションの屋上から飛び降りるふりをしてみたり。犯罪にならないラインを見極めて行動を起こすので、大事には至りませんが、人々の心を惑し混乱を招く行動になるので、ほどほどに。

パラメーター

貴方に備わった必殺技

抑えられない衝動

突拍子もない行動で、周囲をアッと言わせることでしょう。

ラッキードリンク

タピオカ入りドリンク

黒や白のぶつぶつが入って見た目は少し刺激的。味は◎。

5月 24日 Chosen Assassin

人工知能以上を搭載

選ばれし暗殺者《チョーズンアサシン》

緻密な計画、綿密な脳内シミュレーション。
人工知能を凌駕する貴方の能力。発揮すべき
ときに備えるのはもちろんですが、あらゆる可能性を
考えて柔軟な思考を養うことも大切です。

特徴

脳内シミュレーションができるか否か、これが貴方の判断基準です。細かな作業を行うことに長けているため、計画を練るのはお手のもの。その上で、具体的なシミュレーションを行ってから実行に移すため、ミスは少ないですが、イレギュラーに弱いのが難点。恋愛面に関しては、シミュレーションのようにいかないことが多く、苦手意識を抱いていますが、獲物相手でも気楽が一番です。

パラメーター

貴方に備わった回復法

数学

規則的に並んだ美しい数列を眺めれば、心も落ち着くはず。

ラッキーフード

インスタントラーメン

お湯を入れて３分待つだけ。変則的な工程はありません。

5月 25日 Chosen Conglomerate

獲物を狙い彷徨う狼の如く

選ばれし礫岩《チョーズンコングロメレード》

堅く壊れぬ岩の如く、折れぬプライドを持つ者。
他者との慣れ合いを嫌い、一人を好むその姿は、
彷徨える一匹の狼。孤高の人として、
社会に君臨していることでしょう。

特徴

高く折れにくいプライドを持ち、慣れ合いを嫌うため、一匹狼になりがちです。しかし、そんな状況を苦と思わないところが貴方の良いところでもあり悪いところでもあります。人間誰しも、生きていれば愚痴も溜まるはず。貴方の愚痴を快く聞いてくれる家族や友人を大切にしましょう。また、家庭を顧みない傾向があるので、注意して。孤独を嗜むも度がすぎれば貴方にとって貴重な理解者を失う可能性があります。

パラメーター

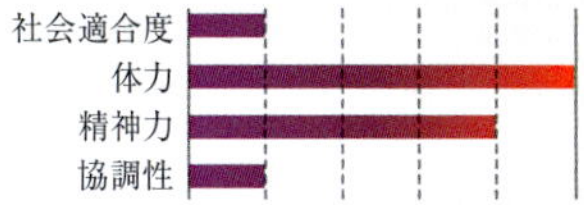

貴方に備わった魔法

呪われし右手

包帯を右手に巻きつける呪術。呪いが移ると言えば誰も貴方に近づかないはず。

ラッキーフード

ラム肉

子羊の肉は、貴方の野性の勘を刺激します。栄養価も高く滋養強壮に◎。

5月 26日 Chosen Executioner

目覚めし守銭奴

選ばれし処刑人《チョーズンエキスキューショナー》

世に現存するすべての金銭、宝玉は自分のものであると信じて疑わぬ人。それほどまでに、金に魅入られた貴方は、すべてを賭しても儲けよう、手に入れようとすることでしょう。

特徴

「俺のものは俺のもの。お前のものも俺のもの」を地で行くタイプ。現実社会、ネット社会問わず、横暴かつ横柄な態度をとることも多いのではないでしょうか。加えて、非常にケチな一面があるため友人の数は非常に少ないことでしょう。しかし、実力を兼ね備えた人でもあるため、一目置かれることが多いようです。相手を軽い下僕のように扱うことを控えれば、対等なパートナーに巡り合うことも夢ではありません。

パラメーター

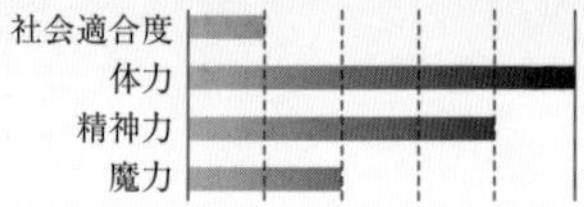

貴方に備わった特殊能力

金属探知

お金のにおいがする場所に、必ずたどり着くことができる能力。

ラッキー防具

金庫

大切なものは全てここに仕舞えば、守り切れるはずです。

5月 27日 Chosen Prophet

表と裏に侮られること勿《なか》れ

選ばれし預言者《チョーズンプロフェット》

表の顔はしおらしく、裏の顔は激しく。時と場合により、自らの顔を使い分けるスペシャリスト。人を容易に騙せてしまうその手腕には、驚きと畏敬の念を抱かざるを得ません。

特徴

見た目は大人しくとも、実際は生粋の快楽主義。外見と中身が全く一致しないのが特徴です。清楚風女子に見えるのに、男をとっかえひっかえしていたり、真面目そうな好青年にも関わらずテニスサークルの幹部で人気がある等、知らず手の平の上で相手は踊らされているよう。外見と中身にギャップを持たせるのも、モテるテクニックのひとつ。今後もそのテクニックを存分に発揮していきましょう。

パラメーター

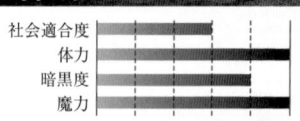

貴方に備わった魔法

裏表工場《モノクロファクトリー》

裏の顔も表の顔も使用するには鍛錬が必要。本来の自分？ はてそれはどこに？

ラッキー防具

コインロッカー

着替えや小道具等、裏の顔に変身する際に必要なものを入れることができます。

5月 28日 Chosen Hammer

大地を叩き固める

選ばれし鉄槌《チョーズンハンマー》

大地に鉄槌が振り落とされ、まだ幼かった土を
堅く成長させ得る。堅い大地の如く揺るぎない、
強固な信念を持つ貴方は、今後も我が道を
進み続けることでしょう。

特徴

大胆で太っ腹。豪胆な振る舞いが目立つ貴方は、何事にも積極的です。気になることがあるとすぐ動けるそのフットワークの軽さは、凡人が到底真似できない高みへと昇華しています。また、ギャンブル等の勝負事にも強いはず。その全てに共通しているのが、類まれなる決断力。いつ何時でも、スパッと物事を決めることができます。優柔不断な人が多いこの国では、非常に珍しいことかもしれません。

パラメーター

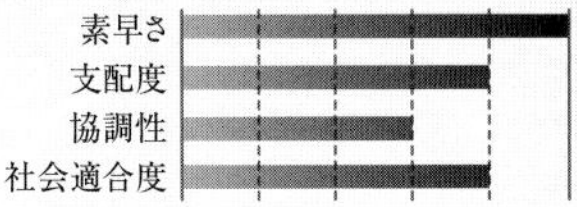

貴方に備わった回復法

ピクニック

広場で土と風と緑を感じれば、肉体と精神ともに安らげるはず。

ラッキーフード

根菜

大地の力を取り入れしもの。旬は冬ですが、夏も美味しく食べられます。

5月 29日 Chosen Hunter

身を切る刃物から己を守る

選ばれし狩人《チョーズンハンター》

ナイフのように鋭利な言葉に一喜一憂しがちな
傾向があります。快楽主義的月の影響か、
創作に熱を上げるとのお告げが出ています。
独りよがりにならぬように注意して。

特徴

基本的には優しい性格ですが、高い感受性を持ち、気分に左右されがちな貴方。貴方の気分を高揚させるもの、それは他者からの評価です。己の発言にはリツイートやいいね！が欲しい。自らのホームページで絵や小説を公開している場合は、その感想が欲しいと思うはず。批判的な感想がくると、すぐに落ち込んでしまうので、誰かに抜粋してもらってから読むことをおすすめします。

パラメーター

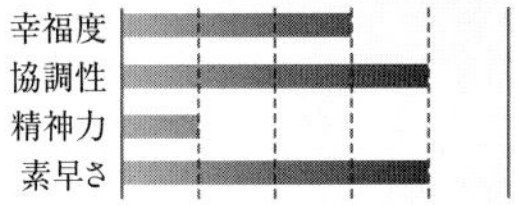

貴方に備わった必殺技

見て見ぬふり

嫌なコメントや感想は、即デリート。見なかったことにしましょう。

ラッキードリンク

梅こぶ茶

落ち着きを取り戻すにはこれ。感想を読むときのお供に最適。

5月 | 30日 | Chosen Fool

闇に隠れぬ輝きを放つ

選ばれし愚者《チョーズンフール》

闇を恐れし、光の申し子。人々に豊かな生活を送らせるため、夜以外の闇の出歩きを禁じねばなりません。貴方がすべきは、闇の排除と光の安定。どちらも大切な役割です。

特徴

ポジティブで自由な思考の持ち主。ネガティブな考え方は理解できないというタイプで、人生を謳歌することに重きを置いています。ひとつのことに情熱を傾けると、それ以外の周りは見えなくなるタイプですが、飽きっぽくすぐに違うものを探し始めてしまうでしょう。その放浪した態度はまさしく愚者《フール》。長い付き合いと思っている友人達も、実は遠巻きに貴方の動向を見守っているかもしれません。

パラメーター

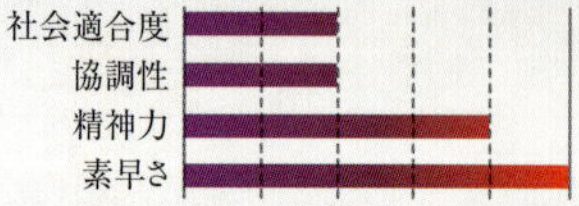

貴方に備わった特殊能力

近距離疎遠

たとえ近くに住んでいようとも、適度な距離を保たずにはいられない能力。

ラッキー武具

日光

闇を浄化し、道を照らすもの。全ての源は、貴方に力を与えるはず。

5月 | 31日 | Chosen Grail

貴重な水を入れた

選ばれし聖杯《チョーズングレイル》

泰山の湧き水のように、美しく優雅、そして貴重なものを好む貴方。大河の水や水道水等、誰もが手に入るものには興味はありません。レア感こそ、貴方の欲求を満たすのです。

特徴

マニアックなものを好む傾向がある貴方。マイナー音楽に始まり、舞踏やアングラ演劇等、人とは違った視点で社会を切り取ることが好きなようです。その好みを他者に押しつけすぎると「サブカル野郎！」という野次が飛びかねないので気をつけて。好きなマイナージャンルが、紛い間違い大衆向けに発展してしまうと途端に興味を失います。「私にしか理解できない」も付加価値のひとつです。

パラメーター

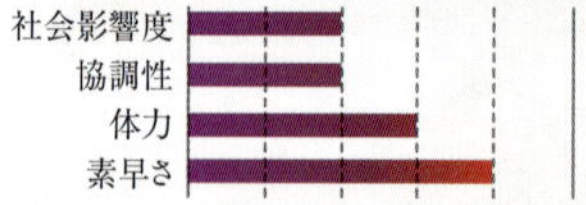

貴方に備わった必殺技

無知嘲笑《マニアック》

自分の好きなジャンルがマニアックにも関わらず、知らない人を笑う技。

ラッキーアイテム

奇抜な眼鏡

丸眼鏡や太い黒縁眼鏡など、かけるだけでサブカル好きをアピールできる品。

chapter 2

夏の章

灼熱の季節に相応しく、滾《たぎ》る情熱を胸に抱えた夏。海神の力を手に、費やすは開花と成功への祈願。月と太陽、水星に支配されし夏は、静と動のエネルギーが互いに競うことでしょう。

掲載月

6月

7月

8月

6月 1日 Anotherworld Dictator

嵐を呼び寄せ、自らは去っていく

異世界の独裁者《アナザーワールドディクテイター》

始まりは、いつも貴方から。奇抜な発想や的確な指導力で多くの人を動かし、常に物語の起点となりますが、一方でその終わりを見届けることはほとんどないでしょう。

特徴

仲間とつるんで刺激や自由を謳歌することを好む貴方は、率先して遊びを企てる「言い出しっぺ」の傾向が強いです。自分の周囲をよく把握し、適材適所に役割分担させるため暗黙の了解でリーダーと目されますが、貴方自身にそのつもりは全くなく責任をとる気もありません。そしていざ企てが失敗の兆しを見せると、いの一番に脱出してしまいます。言い出しっぺは最後まで責任をとりましょう。

パラメーター

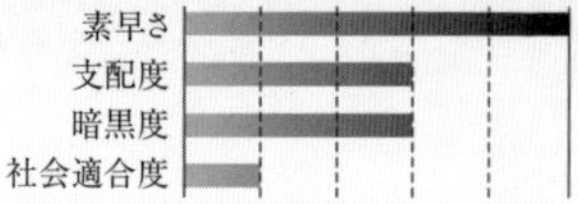

貴方に備わった特殊能力

虫の警報(しらせ)

失敗や破滅を予見しいち早く脱出する能力。逃げ足は早い方が吉。

ラッキー防具

インラインスケート

いつでも退路を確保しておきましょう。大切なことです。

6月 2日 Anotherworld Fountain

その発想の源泉はいずこにある?

異世界の泉《アナザーワールドファウンテン》

とめどない発想力で組織のブレーンとして重宝される貴方ですが…張りきりすぎてアイデアという名の資源を乱用すると、あっという間に枯渇してしまうことを自覚しましょう。

特徴

次々と湧き出す質の高いアイデアで組織を潤す貴方。しかしそれは有限のものであり、いつかはネタが枯れてしまいます。ところが協調性が高く帰属意識の強い貴方は何とか周囲の期待に応え続けようとするあまり、天然温泉と偽り人工のお湯を継ぎ足すような真似…いわゆる疑似作といった行為に手を染めることも。そのようなことで周囲に迷惑をかけるよりは、素直に発想力の回復を待つべきです。

パラメーター

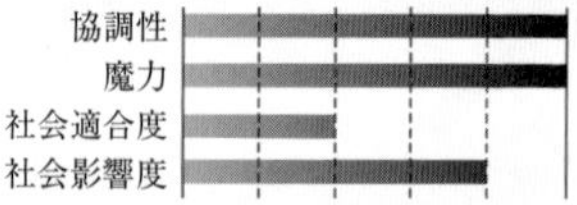

貴方に備わった回復法

ジョブチェンジ

環境を変え、新鮮な経験を積むと発想を養うことが可能に。

ラッキー宝具

蛇口

脳内にとりつければ、発想の出力をコントロールすることができます。

6月 3日 Anotherworld Fairy

未知の存在感で変化をもたらす

異世界の妖精《アナザーワールドフェアリー》

外向的で好奇心旺盛な貴方はどんな集団にも
簡単に飛び込んでいき、存在感を発揮します。
その評判は様々ですが、楽観的な性格が他人の
評価など気にすることはないでしょう。

特徴

快活で分け隔てない社交性を持つ貴方は刺激的で、集団に活気をもたらします。しかしそれは同時に、変化を望まない者からの敵視も意味します。たとえるならば、男性部員が支配するオタク系サークルに、ギャル系のたった一人のイケイケな女性が入ってくるようなものです。しかし組織にとってプラス面が多いことと、貴方自身の楽観的な性格が助けとなり事態はやがて好転するでしょう。

パラメーター

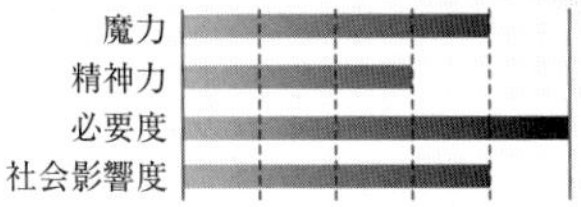

貴方に備わった必殺技

タブー解禁

新参の地位を活用し組織の敏感な部分を突くと、場合によりクビが飛ぶことも。

ラッキー武具

メールアドレスおよびSNSのID

相手との距離を一瞬で縮める弓矢となります。現代社会の必須項目。

6月 4日 Anotherworld Fallenangel

過激な変心で旧友を戸惑わせる

異世界の堕天使《アナザーワールドフォールンエンジェル》

殻を破ることで新たな自分と出会える。
そう信じた貴方は歩んできた道と決別するのです。
それは時に消えない傷を残すこともありますが、
貴方を確実に成長へと導くでしょう。

特徴

真面目な優等生タイプの貴方は、遊びの類からは一歩距離を置いた生活を送ります。しかし興味がないかと言われればそんなことはなく、徐々に自分の現状を悲観し始めます。そうして育まれた感情はやがてそれまでと180度違う生活を選択すること、いわゆる「高校デビュー」などで発露します。ただ、急激な変化は自分のみならず他人もついていけなくなるので、節度を保つことが肝心です。

パラメーター

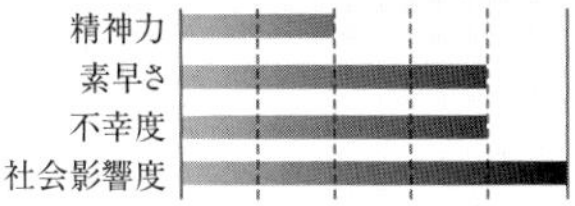

貴方に備わった魔法

超変身《フォームチェンジ》

それまでとは180度違う性格へ変身できます。使用制限は1日1回のみ。

ラッキーアイテム

ヘアスプレー

手っ取り早く変化を実感させてくれる小道具。固めがおすすめです。

6月 | 5日 | Anotherworld Bullet

予期せぬ角度から飛び出し貫く

異世界の銃弾《アナザーワールドブレット》

暴発寸前の心は全く落ち着きを見せず、危うく彷徨《さまよ》い続けます。そしていざ獲物を見つけることができれば光の速さで突貫し、そのまま再度流浪の旅へと戻っていくのです。

弾道を追いきれたかい？
残念、それは残像だ。

特徴

エネルギーを発散できる舞台を常に探し求める貴方。機敏で実行力があるため、揉めごとが起こると詳細も聞かずに飛び出し事態を余計に荒立ててしまいがちに。その無軌道さは、たとえるなら「きのこの山」と「たけのこの里」の味について論争している場面で何故かうどんの魅力を語りだす始末。火に油を注ぎます。人の話は最後まで必ず聞き、首を突っ込んだ揉め事の責任は最後までとりましょう。

パラメーター

素早さ
精神力
体力
社会影響度

貴方に備わった必殺技

不意撃ち

揉めごとの場面に彗星の如く現れ、場を荒らしていく行為。

ラッキーワード

うどん

好物はインスピレーションを与えてくれます。香川県民ではないですよね？

6月 | 6日 | Anotherworld Marionette

自分とは何者なのか自問し続ける

異世界のマリオネット《アナザーワールドマリオネット》

どんな色にも染まりやすい柔軟さを持ち合わせ
ながら、確固たるアイデンティティを求めて
もがき続ける貴方。他人に操らせる前に、
自分自身を制御することから始めましょう。

特徴

子供のような純真さを持つ貴方は外からの影響を受けやすく、頻繁にキャラクターが変わります。しかしあまりに変わりすぎるゆえに本来の自分を見失い、ただの操り人形と化してしまう可能性もはらんでいます。その様子はさながら芸風に悩むタレントのようでどこか憎めませんが、真に独立した自我を獲得したいならばいま一度自分を見つめ直し、しがらみを捨ててもう少し自由に生きてみましょう。

パラメーター

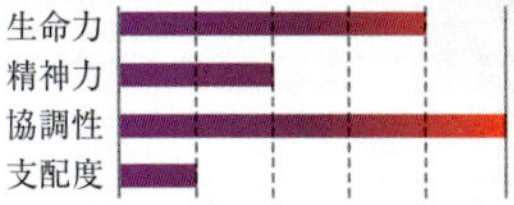

貴方に備わった特殊能力

多重人格憑依

どんな人格でも演じられる引き出しの多さは圧巻です。

ラッキーアイテム

カメラ

自分の行動を撮影して客観視してみましょう。何が写っているかな…。

6月 | 7日 | Anotherworld Book

古き価値観を軒並み淘汰していく

異世界の書物《アナザーワールドブック》

古き考えを新しきものへ、新陳代謝の如く
塗り替えていくさまはまさに時代の申し子。
保守的な人間には理解しがたいその個性は、
次代にとっては教科書となるでしょう。

特徴

変化を好む貴方は、新しい知識や情報を仕入れては自分の思想を次々に上書きしていきます。そのため主張が変わることは日常茶飯事で、例えばアイドルの好みなどは聞くたびに変わるでしょう。そんな貴方の性格は一見理解しにくく、また、かつて志を同じくした者たちからは薄っぺらいと揶揄《やゆ》されることもありますが、温故知新をモットーにする貴方にとって変化とは呼吸のようなものなのです。

パラメーター

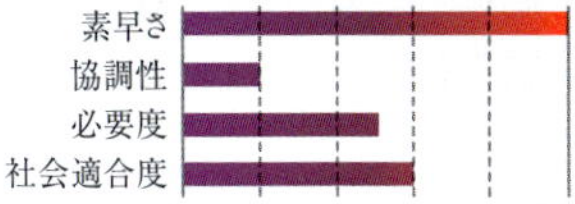

貴方に備わった特殊能力

一人マスコミ

最新トレンドを体現し、歩く情報源となることができる能力。

ラッキー

ニュースサイト

５分ごとにチェックして、常に最新情報に更新することが大切です。

6月 | 8日 | Anotherworld Clown

身を挺して人々に未知を明かす

異世界の道化師《アナザーワールドクラウン》

未知の世界《アウターゾーン》に憧れる者たちは年代に関わらず多く、
その語り部たる貴方は数多の人々の興味を
惹くでしょう。しかし体を張り続けた先に自分が
得られるものは何なのでしょうか。

特徴

どこまでも負けず嫌いで短気な貴方の周りには、常にトラブルが絶えません。しかしそれを「美味しいネタ」と捉え、脚色を加え面白おかしく語ることが貴方の楽しみでもあるのです。「100対1で勝った」といった非現実的な話ではなく、実話系週刊誌の如く絶妙なリアリティに富んだ話は聞く者を飽きさせないでしょう。ただ、敵を増やし続けることに見合う価値があるか一度きちんと考えるべきではあります。

パラメーター

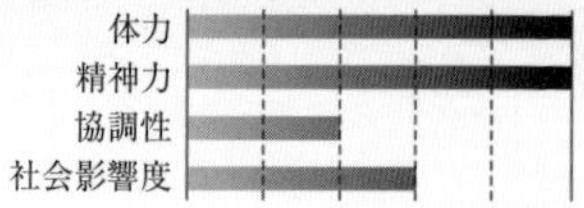

貴方に備わった魔法

噂話強化《ゴシップブースター》

どんな与太話も一級品のストーリーに変えてまう、強化魔法。

ラッキー防具

煙幕

トラブルにも話の矛盾点にも使える万能防具。持っていれば安心。

Column

Symptoms diagnosis of chunibyo

Karte No. 2　中二病患者の症状診断

中二病
初期

症状

**流行りの楽曲を鼻で笑い
ハードロックに傾倒する**

詳細

「時代への反逆」の象徴でもあるロック。そんな反骨精神に憧れを抱く若人が、生温い流行のポップスやアイドル楽曲に（興味があるにも関わらず）冷めた目線を送りながらギター購入に踏み切る。形から入っただけなのに、気持ちはすっかりカリスマミュージシャンの仲間入り。脳内ではスター街道をひた走るも、実際の腕前はギター購入段階で満足してしまうのかドレミファソラシドがかろうじて弾けるレベルに留まる。

特記事項

- 支配からの卒業　● エア創作活動
- ロックの本場はロンドンだろ…常識的に考えて

6月 | 9日 | Anotherworld Traveler

三千世界をマイペースに揺蕩《たゆた》う

異世界の旅人《アナザーワールドトラベラー》

人から人へ、組織から組織へと流れていく
貴方の経験値は高く、どんな環境でも力を
発揮できるでしょう。ただし長く留まることはない
でしょう。自由と変化を愛すゆえに。

特徴

周囲の意向や感情に流されやすい貴方ですが、組織において責任ある立場に就くことだけは頑なに拒む性質を持つようです。というのも、そもそも所属する組織自体を次々に変える生粋の流れ者だからです。例えるならば「最強のフリーター」といったところで、経験豊富でどんな仕事でもこなせてしまう多才さを持ち合わせています。ただ、性質上密接な人間関係を築き上げるのは難しいでしょう。

パラメーター

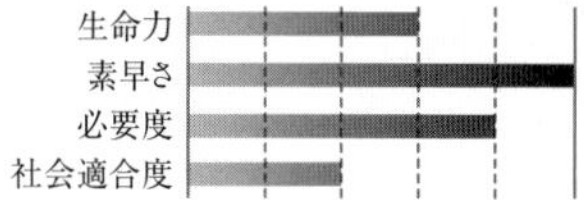

貴方に備わった特殊能力

何でも屋

どんな職種、役割もオールマイティにこなす能力。喜ばれることも多いはずです。

ラッキー武具

辞表

座右の銘はズバリ「一身上の都合」。胸ポケットに常備しておきましょう。

6月 | 10日 | Anotherworld Inferno

見えない角度から放たれる霹靂《へきれき》

異世界の業火《アナザーワールドインフェルノ》

争いこそ我が喜び…喜怒哀楽を剥き出しにした
感情のぶつけ合いこそが、人という種の成せる
最高の芸術、とは貴方の弁。その狂気の目は、
曇りなく業に染まっています。

特徴

トラブルメーカーを自認する貴方は、揉めごとを最上の刺激と定義する病的な精神の持ち主。それゆえ謀略に長け、常に火種を探しては撒き続けています。草木に水を与えるが如く相手の闘争心に火を放つ煽りスキルは一級品で、いつ、どこから狙われるかわかりません。たとえるならばツイッターであら探しをして標的の炎上を企てるタイプ。完璧な理論武装で、最低でも負けることはありません。

パラメーター

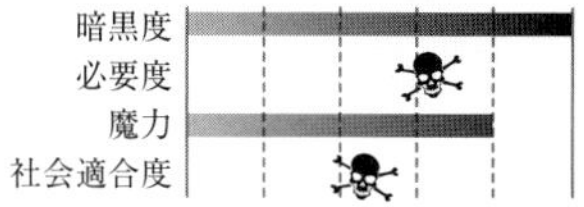

貴方に備わった必殺技

勝利の論破

貴方の持論を述べて「はい、論破」で強引に勝利すること。

ラッキー

複数のツイッターアカウント

論戦で不利になった場合、自作自演で自説を擁護することが可能に。

6月　11日　Anotherworld Messenger

日々を騒がしくする全ての元凶

異世界の使者《アナザーワールドメッセンジャー》

退屈を何よりも嫌う思いは不思議な奇跡を起こし、
次々と事件やトラブルが舞い込むでしょう。
何が厄介かというと、それが当人だけではなく
周囲にも作用するということです。

特徴

精神主義的で、ロマン溢れる生き方を強く望む貴方は、日々の生活に刺激を求めるあまり狂言回し的ポジションに立つことがあります。具体例としては、宇宙人や未来人、超能力者を本気で探すために組織を立ち上げたり、些細なことで「事件だ！」と探偵を気取ったり…不思議な幸運も重なって、貴方が動き続ける限り退屈な生活とは無縁でしょう。それが他者にとって幸運であるかは別として…。

パラメーター

貴方に備わった特殊能力

磁場発生源

事件を呼ぶ特殊な磁場を体から発生させることが可能に。

ラッキー宝具

ダウジングロッド

ロマン溢れる貴方の必需品。不思議議発見能力を向上させるアイテムです。

6月　12日　Anotherworld Blade

鋭利な言葉で運命を切り開く

異世界の刃《アナザーワールドブレード》

聞く者を自分の世界に引き込む鋭い舌鋒は、
貴方が人生を切り開いていく上で大きな助けと
なるでしょう。しかし時にそれは、自他共に傷つけて
しまう凶器にもなり得るのです。

特徴

切れ味鋭い話術や文才を持つ貴方は、組織内で糾合役や進行役を任される場面が多いかもしれません。向上心も高く、その技量に磨きをかけようと努力を怠りませんが、鋭利になりすぎた言葉の刃は、時に人を傷つけてしまうときもあります。毒舌キャラのつもりがただの罵倒になってしまったり、ブラックジョークがただの暴言になってしまったり…比喩であろうと、刃物の扱いには注意が必要です。

パラメーター

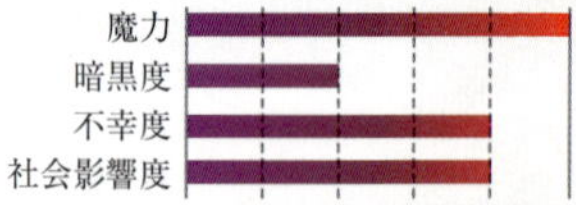

貴方に備わった必殺技

重大発言

文字通り「重い」言葉で相手の心を一刀両断する秘伝の技。

ラッキーアイテム

マスク

舌禍を防ぐには、口を塞いでしまうのが一番の妙案でしょう。

人々の心に染み渡る漆黒の意図

異世界の密偵《アナザーワールドシークレットエージェント》

どこからともなく現れては組織に潜入し、目立たないまま影響力を拡大させていく技術は一級品。しかしその存在が明るみに出ると、再び闇に潜らざるを得なくなるでしょう。

特徴

普段は目立たない貴方ですが、持ち前の社交性で誰からも愛される傾向にあります。場の規律を重んじる誠実さも評価が高く、どの組織でも温かく迎え入れられるでしょう。しかし多くの刺激を求めて数多《あまた》の組織を渡り歩く姿は、ときに「節操がない」「冷やかし」と受け止められ、結果的に貴方の行動範囲を狭めてしまうかもしれません。1つでもいいので確固たる拠点を設けてから行動すると吉。

「クセになってるんだ…音消して歩くの。」

パラメーター

暗黒度
協調性
魔力
社会適合度

貴方に備わった特殊能力

郷に従え《ローカライズ》

その環境下のルールに率先して従うことによって信頼を勝ち取る能力。

ラッキー防具

流行の服や髪型

あえて個性を失くし“量産型”になることによって存在感を薄めます。

6月 | 14日 | Anotherworld Umpire

理解不能! 超上級者向けの価値観

異世界の審判《アナザーワールドアンパイア》

刺激と興奮を求める果てに、貴方が下す判断は
どんどん人の理解を超えたものにエスカレート
していくでしょう。その先に待ち受けるものが
成功か破滅かは神のみぞ知る、です。

特徴

貴方の物事に対する判断基準はズバリ「面白いか否か」に尽きます。その極端さの前には道徳や社会通念といったものは一切顧みられず、場合によっては人生を激しく左右する結果を生むでしょう。具体例は多岐にわたり「一日を猫として生きる」「宗教勧誘に対し、その場で宗教を作って逆勧誘する」「記憶喪失を装い、周囲の反応をうかがう」など常人にはとうてい理解できない行動ばかりです。

パラメーター

貴方に備わった特殊能力

不当判決

どんなに非常識でも「まあ、あいつなら…」と許されてしまうでしょう。

ラッキーアイテム

ネットラジオ

貴方の判断とそれに伴う行動を、リアルタイムで世に問うことができます。

6月 | 15日 | Anotherworld Emperor

常識が通用しない者たちを統《す》べる

異世界の皇帝《アナザーワールドエンペラー》

絶対的カリスマを戴く集団に恐れはありません。
たとえ周囲から理解されなくとも、体を駆け巡る
充足感と高揚感に偽りはないでしょう。
幸せであるならばそれで万事良しです。

特徴

アクの強い集団の中でもとりわけ個性を発揮する貴方には、望まぬとも指導者的地位が巡ってくることが多いかもしれません。貴方自身も祭り上げられることに悪い気はせず、自分を慕う者たちに惜しみない愛情を与え、濃密な時間を過ごせるでしょう。しかし集団意識と主従関係が強固になるにつれ貴方への個人崇拝的な面が強くなっていき、外側から見ると異様な集団に見えてしまうことも。

パラメーター

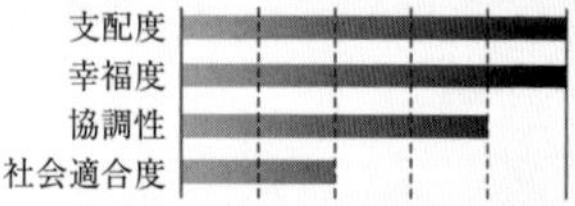

貴方に備わった必殺技

狂信者たちの聖戦

貴方のカリスマ性に異を唱える者へ、集団の結束力を思い知らせましょう。

ラッキー宝具

肖像画《アイコン》

貴方のあまねく威厳を忠実に表した一作で、カリスマ性を大いに高めます。

6月 | 16日 | Anotherworld Wizard

人々を未知の技で魅了し続ける

異世界の魔術師《アナザーワールドウィザード》

精神主義的でミステリアスな雰囲気は人々を
強く惹きつけてやみません。望んでもいないのに
人前に担ぎ出されることを嫌う貴方からすれば、
それは不幸に他なりませんが…。

特徴

集団に属することを好む6月の生まれにしては珍しく、浮世離れした性格を持つ貴方。誰も知らない場所で、誰も知らないような趣味にマイペースに没頭することを生きがいにしていますが、刺激を求める俗世の人々はそんな「違う世界の住人」たる貴方を好奇の目で見るでしょう。そこでどんな姿勢をとるかどうかは貴方次第ですが、マイペースな日々はもはや期待することができないでしょう。

パラメーター

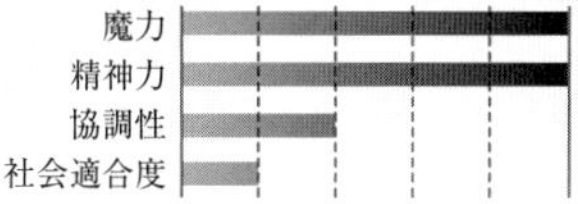

貴方に備わった回復法

蒸発

誰にも何も告げずにしばらく気ままな隠遁生活を送りましょう。

ラッキー防具

書き置き

望まぬ誘いや集いには、書面で丁重にお断りを入れましょう。

6月 | 17日 | Anotherworld Troubadour

紡ぐ言葉は本心か、上辺のものか

異世界の吟遊詩人《アナザーワールドトルバドール》

穏やかな旋律を奏でる吟遊詩人も、感情が
高ぶると激しい言葉を繰り出すラッパーへと
変貌します。その様子は同一人物とはとても思えず、
違う世界の人物にすら見えます。

特徴

温和な仮面の下に激情を秘める貴方は、俗に言う「キレたら手がつけられない」タイプ。その性質はプラスとマイナス両面に作用し、前者の場合であれば仕事などで驚異的な偉業を成し遂げるなど良いことずくめです。ただし後者の場合は額面通り、平気で警察沙汰を起こすなど凶悪そのもの。そんな危うい二面性を持つ貴方のことを、周囲は全く本心が読めないと密かに恐れているでしょう。

パラメーター

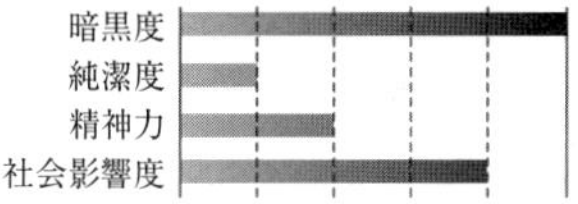

貴方に備わった特殊能力

ジキルハイド

二面性の激情。どちらに変身するかは状況にかなり左右されます。

ラッキードリンク

牛乳

カルシウム足りてますか？ 最近飲んでいますか？ 怒りっぽい貴方に。

6 月 | 18 日 | Anotherworld Hermit

何度も訪れる破滅に辟易する

異世界の隠者《アナザーワールドハーミット》

私はこの光景を以前も、別の場所で見たことがある。
と語る貴方からは、まるで幾重もの世界を
旅したかの如き貫禄を感じ取れます。今度こそは
失敗しないよう頑張りましょう。

特徴

周囲の影響を受けやすい貴方は、組織における「ノリ」というものを敏感に察知し、要所要所でうまく立ち回ることができます。それゆえ、組織が瓦解する際もいち早くそれを予見し、早期に退路を確保できるでしょう。そんな貴方を人は強運、世渡り上手などと評しますが、情にもろい当人は組織の崩壊を悲しみ、何度も同じ経験を経る内にやがて人との関わりすら避けるようになってゆくのです。

パラメーター

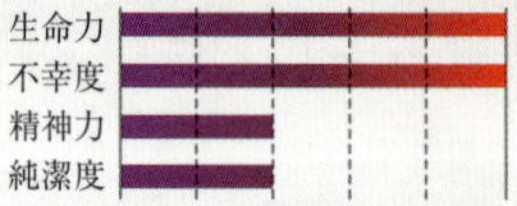

貴方に備わった魔法

破滅の予知《ビジョン》

周囲の人間や組織に起こる不幸を予見します。回避可能な確率はほぼ0。

ラッキー宝具

思い出の品

所属した集団の思い出を集め、意志を継いでいきましょう。

6 月 | 19 日 | Anotherworld Whip

傷つけられた自尊心に集まる共感

異世界の硬鞭《アナザーワールドウィップ》

なぜ自分がこんな思いをしなければならないのか?
勝利への執念がプライドの高さを上回った時、
成長は始まります。それはもう、
昨日までの自分とは全くの別人物。

特徴

プライドが高く想像力豊かな貴方は、自分の成功を常に信じて疑いません。そして揉め事に首を突っ込んでは痛い目に遭い、現実と理想のギャップに心を痛めながら成長していきます。バトル漫画で言えば主人公の永遠のライバル的ポジション。しかしながら読者の共感を一番獲得するキャラクターです。そんな貴方は、自己中心的な性格を窘《たしな》められながらも、組織の仲間たちに愛されるでしょう。

パラメーター

貴方に備わった特殊能力

超回復

負けるたびに一回り強くなっていく反発能力。目指せ主役奪取。

ラッキーフード

カツ丼

古典的な験担ぎ。カツなら何でもOK。菜食主義者はキットカットを。

6月 | 20日 | Anotherworld Rebel

停滞した空気を打破する希望

異世界の反逆者《アナザーワールドレベル》

変わらぬ毎日に閉塞感を覚えていると、どこからともなく現れる。温厚な態度からは想像できない程の刺激的な反骨心は、歴史上の伝説的な革命家たちを思い起こさせるでしょう。

特徴

想像力と実行力を兼ね備え、様々な謀略を成功へと導いていく。そんな貴方はさながら、体制に風穴を空けるべくやってきた反逆の徒。文化祭の出し物からアルバイトの賃上げ交渉、果ては物心両面の支援さえあれば国家転覆までオールラウンドでこなせるはずです。勝利しか見ていないゆえに想定外の事態が起きると神経過敏に陥るも、強運を味方につけているのでおおむね切り抜けられるでしょう。

パラメーター

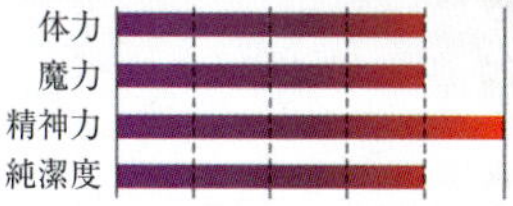

貴方に備わった特殊能力

一心不乱の大革命《メイクス・レヴォリューション》

状況を一気に逆転させる権謀術数。物質的な影響力に強く左右されます。

ラッキーアイテム

葉巻

革命家の必須アイコン。別に吸う必要はありません。お守りとして効果大。

6月 | 21日 | Anotherworld Wing

この残酷な世界を穿《うが》ち、翔べ

異世界の翼《アナザーワールドウィング》

翼とは行動力を象《かたど》るものですが、この複雑で乱暴な世界を生き抜くためには1種類だけでは足りません。様々なタイプの翼を羽ばたかせながら、限りある自由を謳歌しましょう。

特徴

背中に数多の翼を隠し持つ貴方は、どんな世界に足を踏み入れようとも極めて楽観的で、自分のペースを崩さない性分の持ち主。自分から行動を起こすときは「風」を読み、様々な翼を見せるのも特徴です。それらは、刺激を求めて羽ばたかせるのは悪魔の翼、飲み会や遊びといった享楽的なものに伸ばすのは天使の翼。トラブルを予見して回避する時に広げる飛行機の翼、といった具合です。

パラメーター

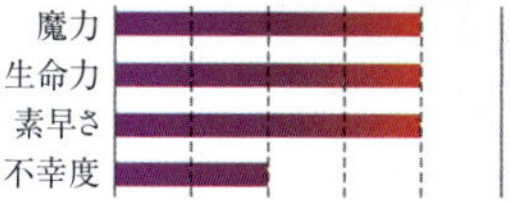

貴方に備わった必殺技

チキンウイングアームロック

別名ダブルリストロック。相手の腕を体の裏側に捻り上げる関節技。

ラッキーフード

手羽先

体の中にも翼を取り込みましょう。お近くの専門店へどうぞ。

6月 | **22**日 | **Anotherworld Undead**

美味しい話に目ざとく湧きたつ

異世界の亡者《アナザーワールドアンデッド》

「運も実力のうち」を地でいく貴方はその強運に絶対の自信を持ち、また使いどころも心得ておくと、野心を実現させる実行力も相まって無敵の強さを発揮することとなります。

特徴

溢れるカリスマ性と強運を持ち合わせた貴方には天才的詐欺師の素質があります。「俺／私を信じて！」「…あとは言わなくてもわかりますね？」などといった心理を揺さぶる言葉を無根拠に、かつ自信満々に吐き出し、会話の主導権さえ握ればこっちのもの。しかし絶対に忘れてはいけないのは、貴方はあくまで運以外は極めて平凡な人間であるということ。欲をかくと確実に痛い目に遭います。

パラメーター

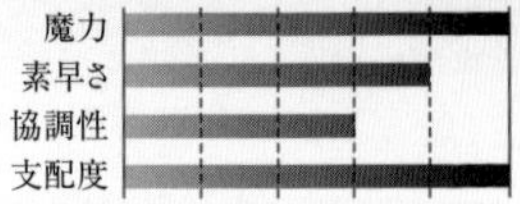

貴方に備わった特殊能力

大局的強運

実感するほどの強運ではないが、逮捕されないなど大局的見地から見て強運。

ラッキーアイテム

札束

実弾に勝るものなし。しかし中身は当然こども銀行です。

Column

Symptoms diagnosis of chuunibyo

中二病 初期

Karte No. 3　中二病患者の症状診断

症状

根拠のない自信に頼り
ろくに勉強をしない

詳細

「弱気は最大の敵」という言葉があるが、それはテストにおいても同じ。たとえ一夜漬けの勉強がうまくいかなくても、テスト前は「俺様の100％ってヤツを見せてやるよ」と強気の姿勢で臨んでみよう。今まで眠っていた脳の一部が眠りから覚め、思わぬパワーを引き出してくれる可能性があるからだ。もし結果が悪かったら、「テストなんかで俺の実力は計りきれない」と開き直るべし。

特記事項

● これが俺の最終兵器　● 120％戸●呂（弟）
● 能力のリミッター解除まで至れなかっただけ

6月 | 23日 | Anotherworld Nirvana

心の安寧の対価は努力と勇気

異世界のニルヴァーナ《アナザーワールドニルヴァーナ》

退屈や煩悩にまみれた生活を心より不満に
思っている貴方は、状況を変えるにはどうしたら
いいかいつも悩んでいます。しかしもう答えは
自分の中で出ているはず、なのです。

特徴

好奇心旺盛な貴方はいつも刺激を求めていますが、自分からは動こうとしません。口を開けて待っているばかりでは望むものは決して手に入らないことは貴方も重々承知ですが、ではなぜそれでも動けないのか。枷《かせ》となっているのは変化に対する恐怖心です。恐怖心は全ての行動を阻みます。しかし勇気を持って克服し、新たな環境へ飛び込めば、求めるニルヴァーナ（心の安寧）は近いでしょう。

パラメーター

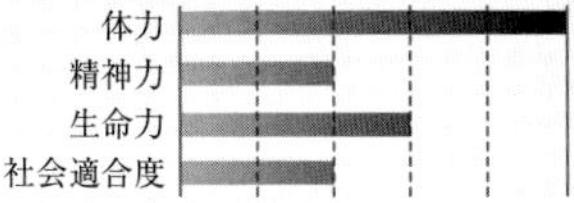

貴方に備わった必殺技

入滅的退職／退部

悟りを開き、次のステージへと進みます。円満退職とも言います。

ラッキーアイテム

履歴書

フレッシュな気分に戻り自分自身を見つめ直すことができます。

6月 | 24日 | Anotherworld Assassin

まだ見ぬ未知との遭遇に備えて

異世界の暗殺者《アナザーワールドアサシン》

人は、肉体だけでなく心も死にます。そしてそれは
外圧によって殺されてしまうこともあるのです。
健全な肉体に健全な心を宿し、未曾有の
事態に備えておきましょう。

特徴

貴方には頑強な信念と忍耐力が備わっており、努力次第で何でも叶えられる素養があるはずです。例えば自分の人生に納得がいかず、けれども自殺する勇気はない…というときはタイムマシンを開発して過去に戻り、昔の自分を暗殺して生まれなかったことにするといったことも可能、かもしれません。あくまでたとえ話です。それほどの創造性があれば、弱気な心を先に葬ることができるはずです。

パラメーター

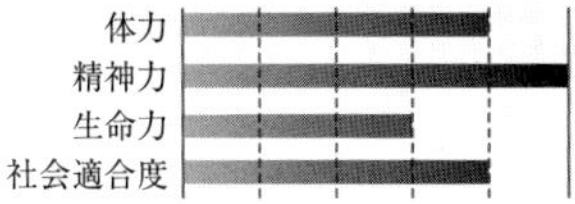

貴方に備わった魔法

元気になれば何でもできる

元気があればタイムマシンも夢では終わりません。元気ですか！

ラッキーフード

どら焼き

タイムマシンといえば猫型ロボット。御利益にあやかりましょう。

6月 | 25日 | Anotherworld Conglomerate

気づいて欲しい繊細な心模様

異世界の礫岩《アナザーワールドコングロメレード》

一人にしておいてほしい…というお固い雰囲気を出しておきながら実は傷つきやすい繊細な神経を持つ貴方。相手が自分のことを知らない以上は、要求は直接口で伝えましょう。

特徴

どちらかというと言語コミュニケーションが苦手な貴方は、ボディランゲージや態度で相手に感情を察してもらいたいという期待があります。しかしそれは時に威圧的と受け取られ、心象を悪くしてしまうことがあるでしょう。繊細な神経と直感力に優れた貴方は、「そう受け止められていること」に気づいてしまい心を痛めてしまうのです。豊かな才能をコミュニケーションにも傾けましょう。

パラメーター

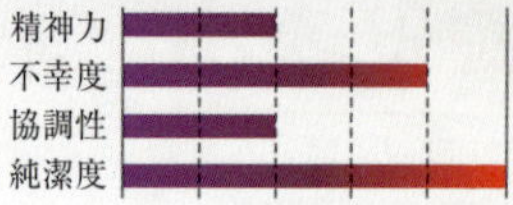

貴方に備わった必殺技

でたらめな手話

注目も笑いもとれる一石二鳥技。ただし意味を理解してもらえないと不気味。

ラッキー武具

モールス信号の教科書

モールス信号も覚えられるしコミュニケーションも取れるようになって一石二鳥。

6月 | 26日 | Anotherworld Executioner

相互理解と超えられぬ種族の壁

異世界の処刑人《アナザーワールドエキスキューショナー》

人は誰しもわかり合えない部分が存在します。育った環境が違うのだから当然ですが、そもそも人ならざる存在である貴方と普通の人間が心を通わすことなど無理な話なのです。

特徴

誰にでも温厚な人当たりで接する貴方ですが、相手が鈍い、理解力が足りない、空気を読めない…etc.に該当しコミュニケーションが円滑に進まなかった場合、凶暴な真の人格が現れ、主に物理と直接的すぎる言葉で五臓六腑に貴方の意思を刻み込むことになるでしょう。人間よりも遥かに高位な存在である貴方にとって、雑談の相手すら一定の「格」が必要になるので苦労が絶えません。

パラメーター

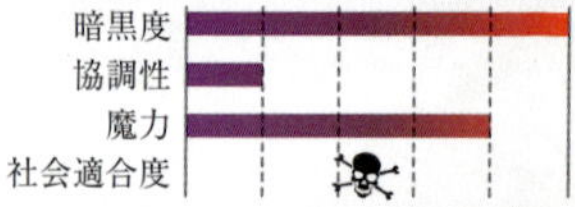

貴方に備わった必殺技

肉体言語《ハートフルコミュニケーション》

口で言ってもわからなかったら体に覚えさせる原始コミュニケーション。

ラッキーアイテム

腹話術のぬいぐるみ

辛辣《しんらつ》な言葉を腹話術の一環とごまかすことができます。

聞き手を選ぶ上級者向けの真実

異世界の預言者《アナザーワールドプロフェット》

選ばれし者にしか理解できない高尚なる真言。その血塗られた内容は、並の人間には精神的負荷が強すぎてとても聞かせることができません。深淵に触れる覚悟はありますか？

「聞こえますか？
貴方の脳内に
直接語りかけています。」

特徴

その言葉を貴方が伝導する理由は「人類愛」の一言に尽きます。「何かブツブツ言っててキメェ」という反応しか返ってきませんが、それ以上声のトーンを上げることは、無告の民の耳に劇薬を直接流しこむに等しい行為だということが「相互理解者」にはわかるのです。しかし流石に警察官が来たときはやめましょう。彼らはこの世界の真理から最も遠きに位置する、哀れな存在なのですから…。

パラメーター

純潔度
不幸度
精神力
社会影響度

貴方に備わった魔法

真言《マントラ》

宇宙意志を介して伝わる真理も訓練を受けずに耳にすれば精神異常の元に。

ラッキーアイテム

拡声器

使う際は不本意ですが警察の許可をとり、周囲の民に気を配りましょう。

感知できない正負のエネルギー

異世界の鉄槌《アナザーワールドハンマー》

正と負、光と闇といった相反する2つの力。
視覚化できないこれらを制御し、人生を切り開く
力へと変えられる能力を持つ者はそういません。
しかし貴方ならば、あるいは…。

特徴

唯一無二の存在でありたい、競争では誰にも負けたくない…という、人生に並々ならぬ意欲を持つ貴方は、まさに「清濁併せ呑む」という言葉を地で行き、正しい心も邪《よこしま》な心も等しく使い分けます。それこそが理性と本能を使い分ける唯一の存在、「人間」なのですから…しかし、正負の境界線は人によるものがあり、状況によっては自己中心的と指摘される可能性も留意しておきましょう。

パラメーター

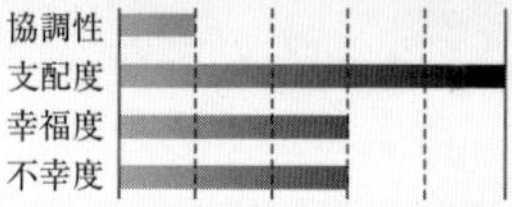

貴方に備わった特殊能力

精神の黄金比率

正と負のパワーバランスを絶妙なバランスで均衡させる特殊な精神鍛錬法。

ラッキーアイテム

U字磁石

相反する２つの力の一例としてパワーを授かることができるでしょう。

Symptoms diagnosis of chunibyo

Column

中二病患者の症状診断

Karte No. 4

中二病 初期

症状

**やたらとテレビからの
情報収集断ちをアピールする**

詳細

最近は「つまらなくなった」と言われがちなテレビだが、それでも面白い番組はいくつもある。にもかかわらず「テレビを見る＝負け」と感じている中二病患者は、「テレビはつまらないから全然見ていない」としきりにアピールしたがる。しかしそういう人に限って視聴率を気にしたり、YouTubeなどで面白い番組をチェックしていたりするのだから、若干タチが悪い。

特記事項

● 大衆への反発　● Y○hoo!トップニュースはチェック
● 深夜アニメと『タ●リ倶楽部』だけは例外

6月 | 29日 | Anotherworld Hunter

不可能を可能にする才覚

異世界の狩人《アナザーワールドハンター》

「絵に描いた餅」という、実現する見込みのないものをたとえたことわざがあります。ところが、貴方の狩りの流儀は、この絵に描かれた餅を現実にしてしまう点にあるのです。

特徴

極端な理想主義者である貴方は、仕事であろうと私生活であろうと狩りを行う前にはまず「脚本」を書きます。そしてどんな強引な展開であろうと必ずその脚本の筋書き通りに狩りを進めるのです。当然、全てのことがその通りに運ぶわけがないのですが、妨害には常軌を疑うほど神経質になり、周囲のことは目にも耳にも入らなくなってしまいます。今まで無事に狩りが終わったことはありません。

パラメーター

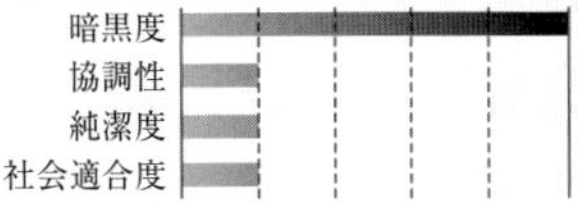

貴方に備わった特殊能力

狩りギュラ

原作・演出その他もろもろ全て貴方によって行われる狂気のオペラ。

ラッキーフード

餅

絵皿に乗せて食べるとまさに「絵に描いた餅」が現実に。

6月 | 30日 | Anotherworld Fool

確固たる流儀を持つ享楽主義者

異世界の愚者《アナザーワールドフール》

いかに快楽を愛そうとも、ただ貪るだけでは獣と同等。人としてそれなりの節度を持った楽しみ方があるのでは、などと“愚者”としての矜持を持つのが貴方の特徴です。

特徴

生まれ月の特性として、三大欲求や享楽的なことも全て規則正しく行われることを望む、といった傾向が挙げられます。そのため無秩序な宴会などはあまり好まないし、他者にも同様の節度を期待します。しかし直接要求はしないので、そのまま不満が募ると一気に興ざめし、突然席を立つなどの行動に出てしまいます。思想の押しつけはせず、譲るべきところは譲るなどの線引きを大切にしましょう。

パラメーター

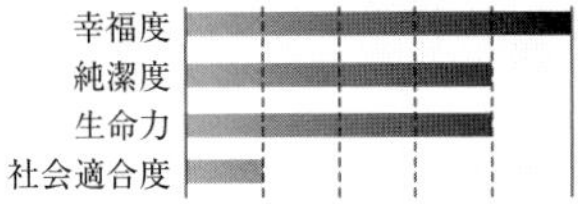

貴方に備わった回復法

愚者同士《フールズメイト》の酒宴

やはり宴会というものは気の合う仲間たちとするに限ります。

ラッキー防具

宴会仲間

介抱してくれる友人こそ、宴会に欠かせぬ最強の防具。

7月 | 1日 | Violence Dictator

圧倒的恐怖で身も心も支配する

暴虐の独裁者《バイオレンスディクテイター》

俗世に溢るる愚民…無価値な彼らは、
貴方に身も心も掌握されることによって初めて
存在意義を見いだす。目的のためには手段を選ばぬ
暴虐的“支配”そこに慈悲は一片もないでしょう。

特徴

指導力と創造性を併せ持った貴方は、多くの人々を使いこなし一大事業を成し遂げるでしょう。その姿はさながらオーケストラの指揮者。しかし握られた指揮棒《タクト》はよく見ると鞭で、聞こえてくる音楽は演者の悲鳴。どうやら一度決めたことはどんな手を使ってでも必ず完遂させねば気が済まない、という裏の顔も持つようです。そんな二面性を操る狡猾さは、まさに稀代の梟雄と呼べるでしょう。

パラメーター

貴方に備わった必殺技

**「365日24時間
死ぬまで働け」**

倒れるまで滅私奉公することを脳に刻み込む、精神汚染呪文の一種。

ラッキー武具

心に響く名言集《ホーリーバイブル》

貴方に奉仕することがいかに尊いかを説く福音書。読むと思考力を失います。

7月 | 2日 | Violence Fountain

負の感情を人の心に流し込む

暴虐の泉《バイオレンスファウンテン》

貴方の向かうところ、嵐あり。怒り、憎しみ、破壊衝動…
危うく、うつろいやすい感情をのみ込み、
人々に作用させる能力はまさに暴虐の源泉。
生ける厄災として今日もそこに佇む。

特徴

柔和で協調性も高い貴方は、荒野のオアシスの如く人々を惹きつけ、頼りにされる性質を持っているようです。しかしその一方で感受性も強く、他人の全てを受け入れるうちに負の感情をも吸収してしまうことでしょう。すると、オアシスはたちまち毒沼へと姿を変え、その水を飲んだ人々の心をも蝕《むしば》むようになります。水底に数多の毒を貯め込み、平静を装った貴方は、次の訪問者を待つのです。

パラメーター

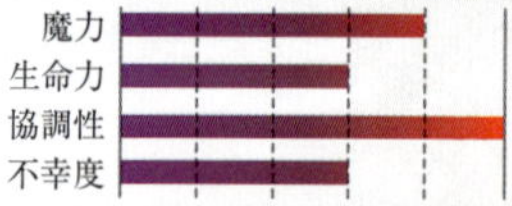

貴方に備わった特殊能力

心地良い相槌《エイトビート・レスポンス》

リズム良く相手に反応することで会話の流れをコントロールする心理操作。

ラッキードリンク

他人の涙

負の感情が凝縮された液体。しかし、当事者以外が飲むと回復します。

7月 | 3日 | Violence Fairy

邪悪な気まぐれで人を惑わす

暴虐の妖精《バイオレンスフェアリー》

他者との繋がりを大切にしていたかと思えば、束縛を嫌ってふいと目の前から消える。そんな気まぐれを起こす貴方は、まるで掴みどころのない幻…人の心を弄ぶ残酷な妖精のよう。

特徴

社交的で友情に厚い貴方の周りには常に人が集うでしょう。所属する組織によっては「姫」扱いされ、貴方を巡る争いが起こることも。しかし好奇心旺盛な妖精らしく、貴方はその状況を大いに楽しみ、周囲の気分を盛り上げるだけ盛り上げ、最後には「そんなつもりじゃなかった」と雲隠れ。残された人間関係は壊れ、組織は崩壊への一途を辿るでしょう。そして貴方は次の玩具《おもちゃ》を探し自由に飛ぶのです。

パラメーター

貴方に備わった必殺技

蒼い霹靂《サドゥン・ボディタッチ》

絶妙なタイミングで身体のツボを突き、鼓動を乱して催眠状態に陥れる体術。

ラッキー武具

あざとい洋服《バージンキラー》

妖精としての魅力をフルに引き出す戦闘服。ただし恋愛未経験者にのみ通用。

Symptoms diagnosis of chunibyo

Column

中二病患者の症状診断

Karte No. 5

症状

「インディーズから目をつけていた」とアーティストにコメントする

詳細

「最近流行りの△△ってバンド、俺、インディーズ時代から追いかけていたんだよ」。あたかも音楽通ぶって、自分は“本物”を見る目があることをアピール。さらに「最近はメジャーになっちゃったから、ちょっと淋しいね」と、あたかも自分が昔からのファンだったようなコメントも。しかし実際は、インディーズ時代にアーティスト名だけ聞いたことがある…という例がほとんどだったりする。

特記事項

- エセ音楽通
- ダイヤの原石発見
- マイナー志向＝物事を見極める力がある

7月 | 4日 | Violence Fallenange

芽吹いた黒き心にのみ込まれる

暴虐の堕天使《バイオレンスフォールンエンジェル》

人一倍真面目な貴方が現実に直面したとき、
それまで無視してきた負の感情が津波のように
襲いかかることでしょう。黒き感情に支配された
心には、やがて怒りの炎が灯り…。

特徴

真面目で論理的、けれども理屈より友情を優先するといった矛盾を抱える貴方にとって、仲間と過ごす日常は至上の悦び。それゆえ、卒業などといった「日常が変化する現実」に直面すると、極端に悲観してしまうでしょう。頭では理解しながらも変化を受け入れられない…貴方の苦悩は募り、脳の片隅で「この日々が終わるなら…我々も終わらなければならない」等、危険な思いを巡らせることも。

パラメーター

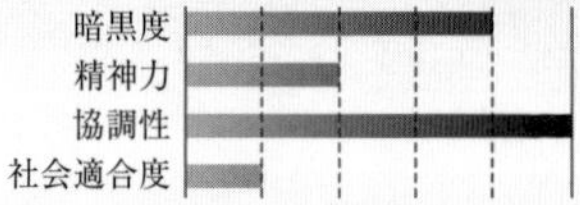

貴方に備わった魔法

計画留年《イエスタデイ・ワンス・モア》

時の流れを人為的に操作する究極魔法(有料)。あくまで最後の手段。

ラッキー武具

一縷の糸《ソーシャルネットワーク》

離れた仲間たちとの交信手段。時に精神を汚染されることもある諸刃の剣。

7月 | 5日 | Violence Bullet

無軌道な動きで人々を傷つける

暴虐の銃弾《バイオレンスブレット》

発射即行先不明。当たれば致命傷。
刺激を求めて神出鬼没に飛び出し、次から次へと
標的を変える貴方はさながら狂気の弾丸。
行く先々に無数の銃痕を残し、今宵は誰を貫くか。

特徴

良く言えば社交的、悪く言えば節操のない貴方。刺激を好む性格と、暴虐の月に見られる「目的のために手段を選ばない」性質が融合し、撃ち出される銃弾の如く様々な環境へ飛び込んでいくのです。対象が人であれば心、組織であれば人間関係に風穴を開け、刺激がなくなるとあっさり新天地へ飛び出していく要領の良さは、貴方の機敏さについてこられない愚民どもに考える暇すら与えません。

パラメーター

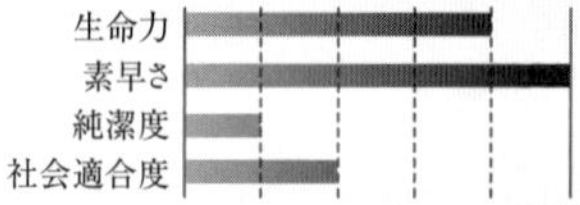

貴方に備わった魔法

**「どこ住み？
LINEやってる？」**

初対面の相手の警戒心を解く呪文。人によっては警戒心を強めることも。

ラッキー防具

捨てアカウント《リプレイスメント・パーツ》

貴方の素性を覆い隠す仮初《かりそめ》の人格。何度でも使い捨てられる現代社会の闇。

7月 | 6日 | Violence Marionette

主従逆転、操られるのはお前だ

暴虐のマリオネット《バイオレンスマリオネット》

操られる立場にすぎなかったマリオネット…
暴虐の月の下、弑逆の時は来た。純真な心の裏に
隠されたヒステリックな衝動は、操られるはずの
者を操る者へと暴力的に入れ替える。

特徴

貴方の柔和な物腰と純真な心は、時に与し易いと思われることも。他者とのつながりを重んじる貴方はそのような者にも慈悲をかけ、操り人形を演じることにしばらく付き合うことでしょう。しかしそれも計画の内。ある一線を越えたとき、貴方の奥底に秘められしヒステリックな人格が牙を剥くことでしょう。心臓発作もののカウンターで、奇跡の逆転劇を見せ、周囲を圧倒させ服従させることも可能です。

パラメーター

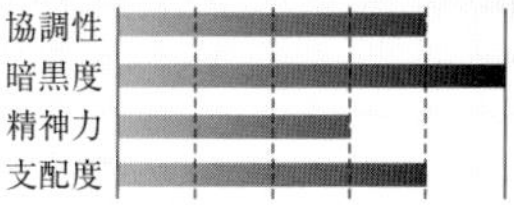

貴方に備わった必殺技

限定解除《リストカット》

自らの身体に紋章を刻み、血肉と引き換えに別人格を召喚する憑依術。

ラッキー宝具

紋章隠しの小手《リストバンド》

貴方の最大の秘密である、手首に刻まれた呪いの紋章を覆い隠してくれます。

7月 | 7日 | Violence Book

したためられる新たな悲劇

暴虐の書物《バイオレンスブック》

貴方の変化を好む複雑な性格は、
全て他人を弄ぶためのもの。新鮮な驚きと引き換えに
貴方が望むものは、新鮮な絶望。自分という媒体に
暴虐の1ページを刻み込むために…。

特徴

千変万化、性格を相手によって使い分けることができる貴方への評価は一定ではなく、誰からも理解されぬ故に、予測もまた不可能と言えるでしょう。そんな境遇を誰よりも理解している貴方は、人間関係を弄り回すフィクサーに憧れます。たとえ想定外の出来事が起きたとしても「データに追加しておく」とまるで判例のように扱う鋼の精神は、自分自身への絶対的信頼に裏打ちされたものなのです。

パラメーター

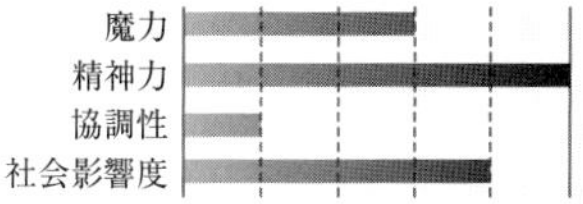

貴方に備わった特殊能力

人間図書館《パーソナル・ウィキ》

脳内に構築された人間関係のデータベース。複雑な演算を瞬時にこなします。

ラッキー宝具

個人情報《プラチナデータ》

対象の人物を手玉にとるために必要とされる、実体なき概念宝具《アカシックレコード》。

7月 | 8日 | Violence Clown

屈折した論理で人々を悩ませる

暴虐の道化師《バイオレンスクラウン》

荒々しい行動を司る7月の中でも、
特にバイタリティのある日に産み落とされた貴方。
HPもMPも、愚民たちとは比較できぬほど高く、
何度でも見えざる敵に挑み続けることが可能に。

まだ勝つ気でいる？
千を超える
ボクの言霊《ロジック》に。

特徴

日々の鍛錬や経験を重んじる半面、自分の意見と違う人に対し攻撃的な一面も持つ貴方。愚かにも、自分と違う意見を口にする愚民には、「でも」や「だけど」で始まる長い屁理屈で格の違いを見せつけることでしょう。しかし、あまり長い屁理屈を並べていると、「長い、3行で」と言われかねませんのでご注意を。また、屁理屈の知識を「まとめサイト」で収集するのは、おすすめできません。

パラメーター

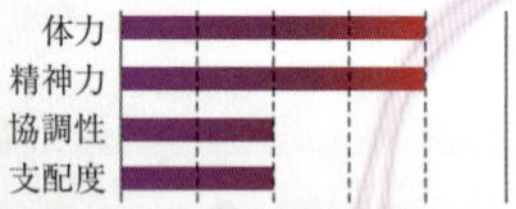

貴方に備わった回復法

美女ラウンド《キャバクラ》

持論を心行くまで語り、綺麗な女性に褒めてもらえば、MPも一気に回復。

ラッキー防具

まとめ速報《テクニカル・ロジック》

ピンチを脱するために必要な理論が詰まった、情報の坩堝《るつぼ》。

7月 | 9日 | Violence Traveler

人々の純真な心を食いものにする

暴虐の旅人《バイオレンストラベラー》

流れ流されて生きてきた旅人は人生経験豊富…
つまりそれだけ人を陥れる術も心得ています。
善良を装い、徐々に篭絡するスキルは一級品。
他人は全て“経験値”にすぎません。

特徴

様々な組織や機関を渡り歩き、多彩な経験を積んできた貴方からは神秘的なオーラが漂います。ふとしたときに見せる遠い目に魅力を感じる人も多いはず。そういった素人は恰好の獲物。経験を活かした巧みな話術で、貴方の世界へと強引に引きずり込むことも。「大丈夫。みんなやってることだから」「すぐに慣れるよ」といった甘い言葉で、純真な手を引き、今日も引き返せぬ旅路へ誘うでしょう。

パラメーター

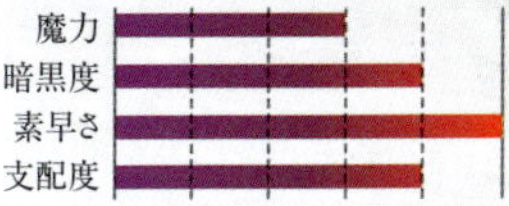

貴方に備わった魔法

最強の武勇伝《スーパーブラフマン》

貴方の存在を何倍も大きく見せる幻術。相手が純朴であれば効果倍増。

ラッキーアイテム

白い錠剤《フェイク・ドラッグ》

貴方の神秘性を増幅させる道具。噛めばミントの香りでリフレッシュ！

7月 | 10日 | Violence Inferno

私欲のために全てを焼きつくす

暴虐の業火《バイオレンスインフェルノ》

情熱の裏側に隠された黒き思惑、
それは即ち暴虐の導火線。ひとたび業火が唸れば
全てをのみ込み、灼かれた者には消えない傷が残り、
情熱は、真っ白な灰となり果てるのです。

特徴

進取の精神を持ち、何事にも情熱的な貴方は良き好敵手たちに恵まれるでしょう。しかし、戦いに褒賞をかけられると、どんな手を使ってでも勝利することに拘りを見せるようです。心に灯った野心の火は、炎龍の如く唸りを上げ、たちまち好敵手たちを襲います。創造性は残虐性へと姿を変え、どんなに凄惨な結果を招こうとも決意を固めた貴方は止まれません。勝利を求め進む貴方は、まさに火車。

パラメーター

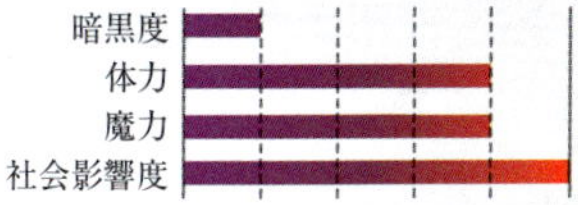

貴方に備わった特殊能力

微笑みの爆弾《ポーカーフェイス》

自己暗示の一種。悟りを開いたかの如く静かな心で残酷になりきれます。

ラッキーアイテム

密林の欲望《アマゾン・ウィッシュリスト》

貴方の欲望を具現化したカルマの書。見るだけでモチベーションが上がります。

7月 | 11日 | Violence Messenger

際限なき妄想で災厄を呼び寄せる

暴虐の使者《バイオレンスメッセンジャー》

理想を追求し努力を重ねる姿は美しい…。
しかし追求の果てに膨らんだ理想は
一人で抱えきれる範疇を遥かに超えるでしょう。
際限ない欲望が辺りを覆うとき、貴方は暴走する。

特徴

ロマンチストな貴方は仕事も恋愛も常に最上のものを求めます。努力のみでは破れぬ壁にぶつかったとしても、普段の柔和な人格が功を奏し、求めれば快く協力してくれる者が現れるでしょう。けれども、目標への焦燥感が募ると神経質な一面が現れ、せっかくの協力者を消耗させます。協力者の養分を吸い尽くした貴方は、不思議議と幸運に恵まれ、最終的には目標へ到達できるはずです。

パラメーター

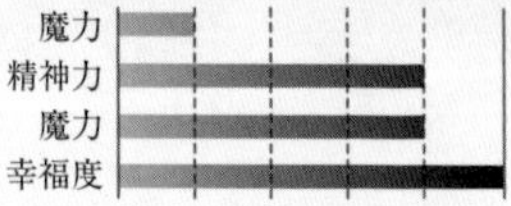

貴方に備わった必殺技

病んだつぶやき《ヘルプ・ウォンテッド》

人々の協力を誘う暗示呪文。乱用すると一気に効果が薄れるので注意が必要。

ラッキー防具

未来予想図《アンリミテッド・ドリーム》

理想の未来を著すことで自分を鼓舞する現実逃避、いやリフレッシュ法。

7月 | 12日 | Violence Blade

我が野心の錆となりて消えよ

暴虐の刃《バイオレンスブレード》

鍛錬の末に得た高貴な佇まいはさながら、
妖しい輝きを放つ一振りの刀。触れる者に所有させ
操ることもあれば無慈悲に両断することもあり、
その刃の錆となった者は数知れず…。

特徴

天才肌で何事も独力で解決することが多く、高潔な雰囲気が漂う貴方に羨望の眼差しを向ける人は多いでしょう。しかし、その裏では抜け目なく、野心を成就させるため常に心の刃を研ぎ澄ましている貴方。そんな貴方が得意とする手法は、権力者に取り入り懐刀として活躍すること。組織内での地位を固めつつ、機が熟すと「貴方はもう必要ない」と刃を向け全てを奪い去ってしまうことでしょう。

パラメーター

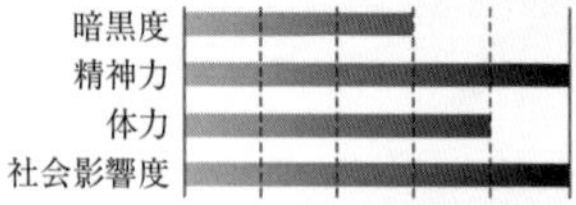

貴方に備わった必殺技

肩たたき《リストラクション》

貴方の野心の集大成。相手の全てを奪い去る究極の死の宣告。

ラッキーアイテム

偽りの威光《ネームカード》

予め自分の名を売るために、権力者の名を借りることは必要です。

7月 | 13日 | Violence Secret Agent

心狂わす執念と好奇の権化

暴虐の密偵《バイオレンスシークレットエージェント》

慎ましき表の人格に惑わされることなかれ。
この者の本性、蛇の化身が憑依せし忍耐力、
執念深さの依人《よりびと》なり。ひとたび侵入を許せば、
身も心もたちまち丸裸にされるであろう。

特徴

集団の中で気配を消す技術に長けた貴方ですが、性格はむしろ社交的で、７月の影響もあり他者とのつながりを重視します。しかし全ては貴方の「密偵」としての性を充足させるためにすぎないのです。一度興味を抱いたことには忍耐強く、執念深くつきまとい全てを暴こうとする。ストーカーとなじられたときは、自らが仕入れた情報で黙らせ、貴方の密偵としての優秀さと残忍さを証明すべきです。

パラメーター

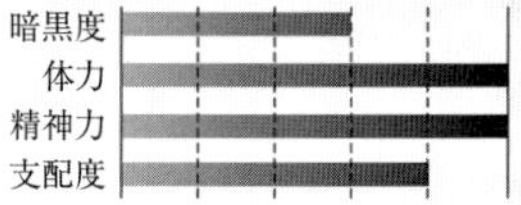

貴方に備わった特殊能力

実名検索《アルティメット・インベスト》

対象となる相手の名をネット検索し過去を探る技術。

ラッキーアイテム

無音カメラ

現代技術の生み出した最高にして最悪の情報収集道具。一応悪用は禁止。

7月 | 14日 | Violence Umpire

我が意向こそ唯一無二の真理なり

暴虐の審判《バイオレンスアンパイア》

いかなる欺瞞、哀願も貴方の前では無意味です。
物事の表裏を見透かす眼は、
たとえ身内であっても容赦をしないでしょう。
心の内を探られることを、非常に恐れています。

特徴

物事の表裏を広い視野で見透かし、状況に応じて最適な判断を下せる貴方は大きな業績を残しやすく、組織の中で最終意思決定機関を担うことが多いでしょう。しかし、強すぎる能力を所持しているため、人の心の奥底まで見えてしまうことが。友情を求めても醒めた付き合いしかできず、不信感ばかりが増大。やがて「意に沿わぬ者は徹底的に排除」という極端な判断を下すようになってしまうかも。

パラメーター

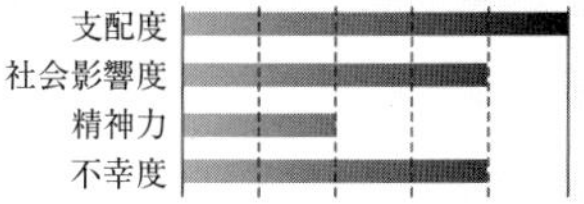

貴方に備わった必殺技

釣り《フィッシング》

腹の底が見えない相手が現れたとき、エサを用いて本心を強引に暴く荒業。

ラッキーアイテム

花占い《イージー・ジャッジメント》

苛烈な裁定を下す日々に疲れたら、たまには曖昧な手段に身を委ねましょう。

7月 | 15日 | Violence Enperar

従属と反逆、茨の道の二者択一

暴虐の皇帝《バイオレンスエンペラー》

従うか、逆らうか。貴方の他者に対する評価基準は実にシンプルです。従者には魂を蕩かす絶頂を。逆らう者には涙も枯れ果てる絶望を。汝迷うことなかれ。思うがままに歩むのです。

特徴

信念を曲げずとも、状況に応じて機転をきかせる柔軟さを持ち合わせた貴方は組織の長となる器の持ち主です。しかし、一度権力を手にすると絶対君主へ変貌。人との結びつきや物質的な欲求も高まり、勢力の拡大を強引に進めるでしょう。自分を慕う者には愛情を注ぎ、そうでない者は締め上げる。暴君の謗《そし》りを受けようと、アメとムチを巧みに使い分ける貴方は、組織の中核へと成長するでしょう。

パラメーター

貴方に備わった必殺技

アメとムチ《ドメスティック・バイオレンス》

精神的、肉体的に追い詰めた後に一気に救いの手を出す洗脳の常套手段。

ラッキーアイテム

見せしめの生贄

貴方の威厳を示す最適な道具。従わない者の末路を表す最大の具体例。

7月 | 16日 | Violence Wizard

解けぬ魔法に囚われし数多の心

暴虐の魔術師《バイオレンスウィザード》

類まれなる特殊技能《ユニークスキル》は魔術と呼ぶにふさわしく、凡人たちを心酔させます。しかし、マイペースな生き方を好む貴方は、彼らを顧みることはなく、颯爽と消え去ることでしょう。

特徴

芸術的、もしくは技術的な面で他者にはない能力を持ち、凡人どもを身も心も虜にしてしまうその才覚を持つ貴方。独立心旺盛でマイペースな貴方は、表現ができればそれでいいと考えるためあまり他者からの評価は気にしないようです。そのため、ファンを放置することも。同人活動で爆発的な人気が出たとしても、自分の気分が乗らない限りは新刊を出さない、イベントに出ない傾向があります。

パラメーター

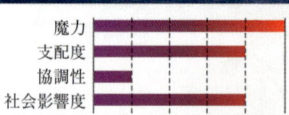

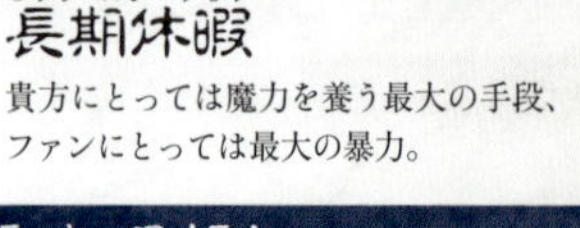

貴方に備わった必殺技

長期休暇《ロング・バケーション》

貴方にとっては魔力を養う最大の手段、ファンにとっては最大の暴力。

ラッキーアイテム

動画サイト

言わずと知れた、今や老若男女にとって最大の表現の場。

7月	17日	Violence Troubadour

舌先三寸でねぶる人の心

暴虐の吟遊詩人《バイオレンストルバドール》

優しい旋律に秘められた激情。
心地よい言葉の真意に気づく頃には、既に行動は終わっています。人を掌の上で躍らせる嗜虐の旋律を奏でつつ、貴方は今日も世を謳歌するでしょう。

特徴

貴方から発せられる穏やかなオーラと、優しい言葉はまるで音楽のように人々を癒やす。しかし、そうして相手の心が開ききったところで“曲調”を変え、劇薬を流し込むように大胆な行動を起こすのが貴方。“普段”の貴方を知る人にとってそれは計り知れない衝撃であり「何かの間違い」と現実逃避に走ることも。その瞬間を逃さず、優しい言葉で惑わせれば、徐々に心を支配することができるでしょう。

パラメーター

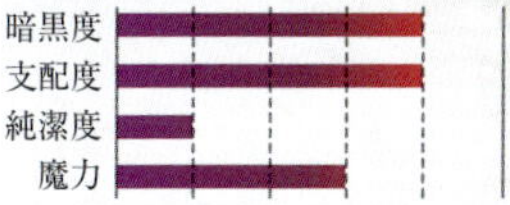

貴方に備わった必殺技

深夜のつぶやき《サイコ・ポエム》

夜は人を狂気へと誘う。普段とは違う貴方の言葉が行動開始の狼煙なのです。

ラッキー宝具

弾けないギター

ただ音を鳴らすだけでも、言葉は「音楽」となり説得力を増す、かも。

7月	18日	Violence Hermit

孤独の果てに歪められし人への愛

暴虐の隠者《バイオレンスハーミット》

俗世から遠ざかりし孤高の貴方も、
近づく者には惜しみない友愛精神を示すでしょう。
けれど油断は禁物。なぜ貴方のような人格者が
隠遁生活を送っているのかよく考えてほしい。

特徴

この日生まれた貴方は、善と悪がはっきり分かれる傾向にあります。その観点から見るところ、貴方は悪としての血が色濃いようです。それを自覚しているため、人とのつながりを求めながらもあえて世間から隠遁する姿勢をとる貴方。情に弱く、近づく者には惜しみない愛情を注ぐでしょう。しかし、愛情と憎しみは表裏一体。衝動的に憎しみが爆発すると、徹底的に陥れる暴虐さを見せてしまうことも。

パラメーター

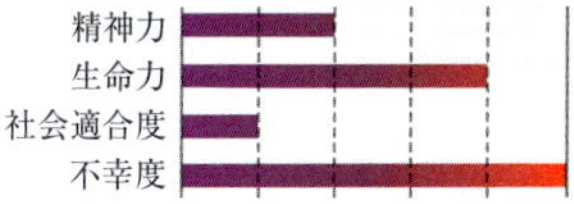

貴方に備わった必殺技

「あんなに一緒だったのに」《ジェラシー・ハレーション》

惜しみない愛情に見返りを得られなかったとき、憎しみが爆発するので注意。

ラッキー防具

仮初の伴侶《ラブプラス》

孤独な生活に潤いを。コミュニケーション能力の養成にも。

7月 | 19日 | Violence Whip

碎かれたプライドから生まれる…

暴虐の硬鞭《バイオレンスウィップ》

鞭で言うなら硬鞭のように、
他と一線を画する独特の才能を持つ貴方。しかし、
優位性を支えに生きてきた貴方は、その膝を屈するとき、
理想と現実の狭間で翻弄されることも。

特徴

偽りなき独特の才覚を持った貴方は、自分に絶対の自信を持っています。自尊心も高く、力を顕示する機会を常に窺《うかが》っているようです。けれども、そこへ貴方を超越する“能力者”が現れると、プライドは脆くも崩れ去り、深い挫折を味わうことになるでしょう。復権を目指すもその道は至難を極め、その間に競争心は敵愾心《てきがいしん》へと変容。貴方の心は、拷問専用硬鞭の如く凶暴と化すので、ご注意を。

パラメーター

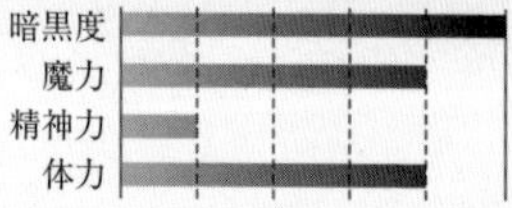

貴方に備わった必殺技

炎上商法《フェニックスファイヤー》

一度離れた世間の目を、自らを犠牲にして引き戻す自爆技。効果は未知数。

ラッキーアイテム

ファンコミュニティ

貴方の虜となった者たちの社交場。折れかけた自尊心の保養に。

7月 | 20日 | Violence Rebel

一筋の疑念が巻き上げる弑逆の波

暴虐の反逆者《バイオレンスレベル》

静謐《せいひつ》なる心は、他者の悪意によって
簡単に乱されてしまいます。疑念は点と点を
誤った方向へ結び、逆立った感情の波は
眠っていた新たな一面を呼び起こすことでしょう。

特徴

温厚な人格者だと周囲に思われている貴方ですが、普段は押し殺している暴力的な一面が。そうした内面の不安定さは、他者の悪意に煽りを受けてしまいます。想像力豊かであることも皮肉な助けとなり、一度抱いた疑念を極限に拡大解釈してしまうでしょう。均衡を崩した精神は、暴力的な面からの反逆を受け、性格は一変。普段温厚な人物が暴れるときほど、恐ろしいことはありません。

パラメーター

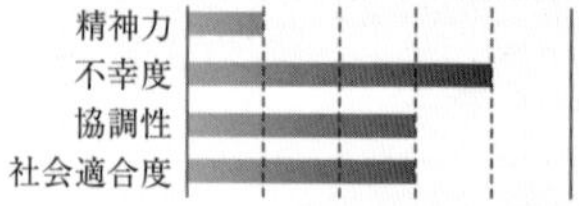

貴方に備わった必殺技

跡形も無き堪忍袋《メンタルヘルス・ブラスト》

人間関係、社会的地位と引き換えに任意の人物を徹底的に破壊する自爆技。

ラッキーフード

バファリン

人の悪意は頭痛の種。優しさで中和しましょう。

Column

Pioneer who was attacked by the spirit of chuni

中二思想に侵された先駆者達

File No. 2

神をも恐れなかった男は
猜疑心の固まりだった!?

織田信長

Oda Nobunaga

残虐で恐れ知らずな一方で、鷹揚で寛大な面もある織田信長。そんな多様な顔が、中二病患者の憧れの的にもなっている。本能寺で横死する死に際も華麗だが、実は猜疑心が強く、本能寺に明智光秀軍が押し寄せた際も、最初は息子の信忠が叛逆したと思ったのだとか。

偉業の中に隠された数々の黒歴史

1. 自ら第六天魔王を称し神の存在を否定する

自らを欲界最強の魔王である「第六天魔王だ」と称し、神をも恐れぬ姿勢を示している。僧侶を殺しまくり、逆らう者を皆殺しにする行いは、まさに「魔王」の行い。

2. 自分の度量の深さを周囲に臭わす努力を怠らない

信長は地球が丸いことを理解したり、南蛮文化に興味を示すなど、新しいものを積極的に受け入れた。「余は時代の先駆者である！」と、内外にアピールしたかったのかも…。

3. 奇抜ファッションで凡愚とは違う自分に陶酔

うつけ時代の傾奇者スタイルからマント姿まで、当時としては他に類を見ない奇抜なファッションスタイルは、『戦国B●SARA』などの歴ゲーに多大な影響を与えている。

自由と支配を一手に司る

暴虐の翼《バイオレンスウィング》

7月21日に産み落とされた貴方は、一定の場所に囚われることなく自由に飛び回るでしょう。身ままな行動が目立つ中、暴虐の月の影響で、支配欲が顔を覗かせる瞬間もあり…。

キレイだけど
この空は…
私には
狭すぎるね。

特徴

単独行動を好む貴方は「風が私を呼んでいる」「今日は忌の日だから」等と言い、一人で過ごすことも多いのでは。そんな貴方にも、一人は友と言える人がいるはずです。自分以外の他人が友と一緒にいるのは嫌。そんなときは、他人から友人を引き離すような強引な行動をとるよりも、後ほどメールで「私も一緒に遊びたい」とデレる方が効果的です。ツンデレキャラに落ちない人はいません。

パラメーター

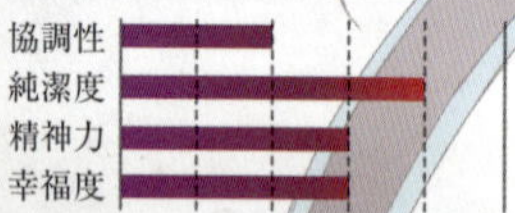

貴方に備わった魔法

ルーラ

貴方の友人が、自分以外の人間といることを阻止するために生まれた魔法。

ラッキーアイテム

ミニスカート《魔の赤》

ツンデレキャラのコスプレならば、ツインテールとスカートのセットが人気。

7月 22日 Violence Undead

野心ある限り滅びることはない

暴虐の亡者《バイオレンスアンデッド》

野心を燃やし、栄華の頂きへと
力強く邁進する姿には、誰もが憧れを抱きました。
たとえその輝きが失われようとも、貴方の野心が
尽きることはなく、必ず復活を遂げるでしょう。

特徴

貴方には大いなる野望があり、それを実現させるために勤勉な努力を惜しみません。その剛直な行動力はカリスマ性を放ち多くの仲間に恵まれますが、強力な運命に翻弄され瞬時に全てを失うことも。それでも、貴方の野心の炎は消えず、復活のためなら他者を生贄《いけにえ》にすることも躊躇しません。何度滅されても蘇り、その行動力に残虐性が増す貴方はやがて、最悪の亡者として恐れられることでしょう。

パラメーター

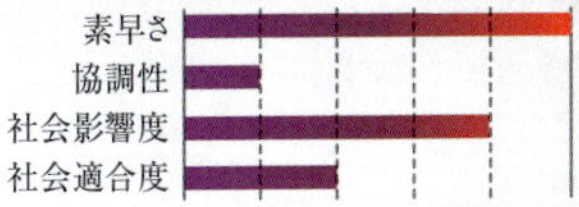

貴方に備わった必殺技

記憶にございません

プライドをかなぐり捨てた者だけが繰り出せる最大の言い訳。

ラッキー防具

卒業アルバム

過去の栄光は何度振り返っても甘美なものです。

7月 23日 Violence Nirvana

私情のもと、虚無を伝道する…

暴虐のニルヴァーナ《バイオレンスニルヴァーナ》

熱すれば太陽の如き輝きを放ち、冷めれば
涅槃の如く無の極致へと達する。満たされない
好奇心と、蔓延する退屈を払拭すべく、
貴方は悲しき世を今日も彷徨《さまよ》うのです。

特徴

フットワークが軽く、好奇心旺盛な貴方は色々なことに首を突っ込む習性を持つ貴方。持ち前の器用さと社交性でどんな環境にも馴染み、高成績を残すことでしょう。しかし、極端に飽きっぽい性格が災いし、一度冷めると、その環境において不可欠の存在になっていようと「こんなものか。つまらん」と悟りを開いたかのようにすぐ去ってしまうのです。気まぐれに残された人のことも考えてあげて。

パラメーター

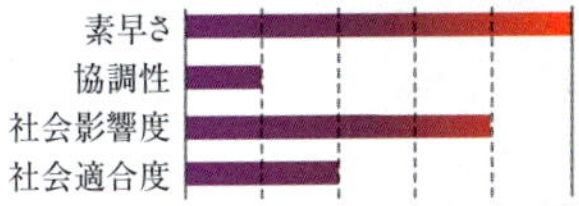

あなたに備わった必殺技

逃走《バックレ》

立つ鳥跡を爆破する…。何もかもをなかったことにする体術です。

ラッキーアイテム

RSSフィード

次の被害者リスト、とでも言うべきものでしょうか。

7月 | 24日 | Violence Assassin

その瞬間を待ちきれない黒き野心

暴虐の暗殺者《バイオレンスアサシン》

柔和な仮面の下に潜むは、嗜虐的な笑み。
暴発しそうになる黒き感情を必死に抑え込む
鋼の忍耐力と、芸術的に張り巡らされた伏線は、
必ずや標的を永久《とわ》の奈落《アビス》へと誘うでしょう。

特徴

温厚で寛大な性質を持つ貴方ですが、それはあくまで仮初《かりそめ》の姿。全ては相手の信頼を勝ち取るためにかぶる羊の皮。恋愛にしろ、組織内の敵にしろ“標的”を見つけると持ち前の創造力を発揮させ、手段を問わずに策を巡らせる。そして忍耐強く機運を待ち、確実に相手を仕留めるのです。けれども、周囲には気を配ることを忘れずに。標的の背中を見つめる貴方の目は、常に狂気に満ちています。

パラメーター

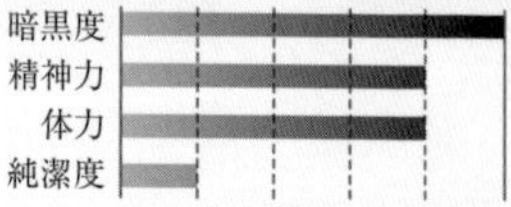

貴方に備わった必殺技

退路遮断《ノー・イグジット》

真綿で首を絞めるように、じわじわと外堀を埋めていく外交手腕。

ラッキーアイテム

標的の写真

標的の前にいても平常心を保つ練習をしましょう。

7月 | 25日 | Violence Conglomerate

醸成されてしまった最悪の奇跡

暴虐の礫岩《バイオレンスコングロメレード》

才能という名の宝玉が重なり合って生まれた
奇跡の結晶。しかしそれらが全て、
善なるものであるとは限りません。闇の洗礼を受けしとき、
結晶は歪み災厄をもたらすことも…。

特徴

何をやらせてもそつなくこなし、あらゆる方面で輝きを放つ貴方はさながらダイヤの原石。しかしどんなに美しいダイヤも、切り方を誤ると歪《いびつ》になってしまいます。そんな繊細さを持ち合わせた貴方は、目を背けたくなる他者の悪意や欲望の刃に切り刻まれると、負の感情を身に纏う礫岩へと変化。何をやらせてもそつなくこなす才能を駆使し、あらゆる手段で自らの欲望を満たすようになるでしょう。

パラメーター

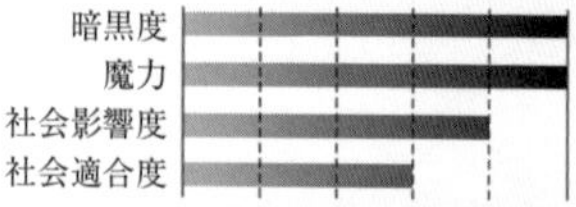

貴方に備わった必殺技

才能の無駄遣い《オールアウト・アタック》

「正しい方向に使えば…」と惜しまれるほど芸術的なえげつない行為。

ラッキー防具

自分の殻《エンドレス・ガード》

一切の攻撃を無効化すると同時に、魔力を養う効果も。

7月 | 26日 | Violence Executioner

幾重にも隠された冷酷な嗜虐心

暴虐の処刑人《バイオレンスエキスキューショナー》

癒しの花の根本に隠されし鋭利な棘《とげ》…
ツタの如く大胆に絡みついて自由を奪い、
相手が恐怖に染まっていくさまをじっくり堪能した後で
刺し貫く貴方の習性は、まさに恐怖の処刑人。

特徴

温厚な仮面の下に辛辣な批判精神を抱える貴方は、一言で言えば「毒舌」や「腹黒」に分類されます。野心を燃やして積極的な行動をとることが多く、周囲からは「わかりやすい」「あざとい」などといった評価があるのでは。しかし、実はそれすらも貴方の仮面の一部にすぎません。相手の心を完全を奪ったときに執行される冷酷さ、そこから生まれる恐怖を堪能することこそ貴方の行動原理なのです。

パラメーター

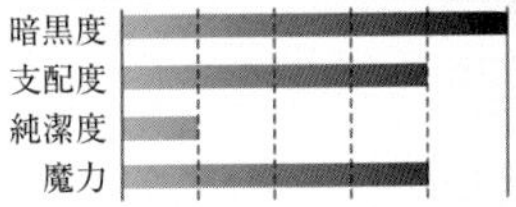

貴方に備わった特殊能力

空中浮遊

この場合は空を飛ぶことではなく、議論を宙に浮かせるという意味。

ラッキーアイテム

先人の知識

先人の知慧の受け売りも、貴方の手腕にかかれば新たな金言と化すでしょう。

7月 | 27日 | Violence Prophet

生まれてしまった稀代の偶像

暴虐の預言者《バイオレンスプロフェット》

貴方は偏屈だがどこか憎めない変わり者。
ふとしたきっかけでその理想と知慧に
感化される人が現れたとき、変わり者は預言者へと
祭り上げられ社会の大いなる脅威となるでしょう。

特徴

大いなる聡明さを持ちながら、その力を発揮する機会を与えられない貴方は世間に深く失望しています。人とのつながりを求めながら理解されず、偏屈な殻に閉じこもり悩むこともあるでしょう。けれども、その高尚な理想に共感してくれる人が現れたとき、貴方の預言者としての才能は目覚めるのです。今のところ貴方の理想に共感する人は、二次元に住んでいるようです。画面から現れるのを待ちましょう。

パラメーター

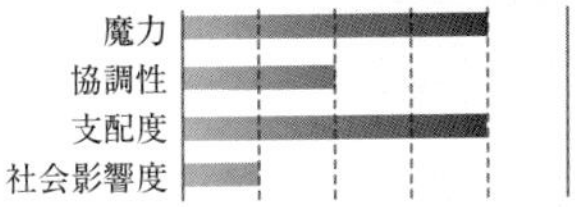

貴方に備わった必殺技

読経

ピンチのときに唱えると、たちまち悪霊と周りの人間までも退散していきます。

ラッキーアイテム

水晶の数珠

これを身につけていれば、内なるパワーが湧き出てきます。

7月 | 28日 | Violence Hammer

敗北への怖れを力任せに振り払う

暴虐の鉄槌《バイオレンスハンマー》

誰にも負けたくない、負けてはならない、
負かすものは許さない…飛躍していく感情と怖れ。
それを振り払うために手段は問わない貴方。
行く手を遮る障壁に容赦はありません。

特徴

人生での成功を至上命題とする貴方は「敗北」に対し怖れに近い感情を持っています。それゆえ、勝負事になると非常に不安定な精神状態に陥る傾向が。勝つためには手段を選ばず、ルールを平気で捻じ曲げるという性質は当然他者の理解を得られません。しかし貴方は「自分を理解しない者こそが悪」という考えのもと、前に立ちはだかる者に「勝利」の鉄槌を下し、歩みを止めることはないでしょう。

パラメーター

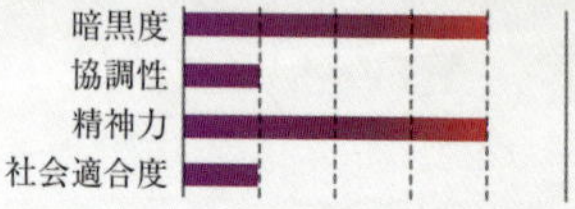

貴方に備わった必殺技

ちゃぶだい返し《ノーコンテスト》

いよいよ敗北が近づいたときに全てを無に帰す大技。

ラッキーアイテム

お守り

勝つためには手段を選びません。すなわち神にもすがるでしょう。

7月 | 29日 | Violence Hunter

手段を選ばない直感への盲信

暴虐の狩人《バイオレンスハンター》

獲物を仕留める際に信じるは己の直感のみ。
夢想家と蔑むならば蔑むがいい、きっと
後悔させてみせよう。過程などはどうでもいいのだ。
仕留めることに変わりはないのだから…。

特徴

狩人としての美学や哲学を重んじる貴方は、自分の理想や直感に絶対の自信を持っています。そしてそれを否定されることに対し極端に神経質です。そのため、標的を定めると何としてでも射抜かんとするあまり周りの声は一切耳に入りません。いざとなれば、周囲の裏をかくやり方で確実に標的を仕留めるでしょう。たとえそれが「殺してでも奪いとる！」を地で行くやり方であったとしても。

パラメーター

貴方に備わった特殊能力

冴え渡る直感《ニュータイプ》

天啓を受けるが如き直感は、常に周囲の裏をかきます。

ラッキーアイテム

匿名掲示板

貴方の理想について意見を募りましょう。全てが良い結果とは限りませんが。

7月 | 30日 | Violence Fool

享楽主義を貫く唯我独尊の徒

暴虐の愚者《バイオレンスフール》

快楽こそ人生の華。美味しそうなものは何でもつまみ食い。ひとつのことに縛られるなど愚の骨頂。そんな貴方に他者の意思などは介在しません。利用できるものは利用し終了です。

特徴

徹底した享楽主義者の貴方は、ひとつの決まった生き方に縛られず様々な分野へ好奇心を巡らせます。仕事にしろ恋愛にしろ、その生き方を貫くため常に対人トラブルは避けられない…と思いきや、持ち前の強運と社交性によってそれらを悉く《ことごとく》回避してしまうでしょう。行動に計画性はありませんが、貴方自身その能力を自覚しており「他者は利用するもの」という前提を心に秘めて行動するでしょう。

パラメーター

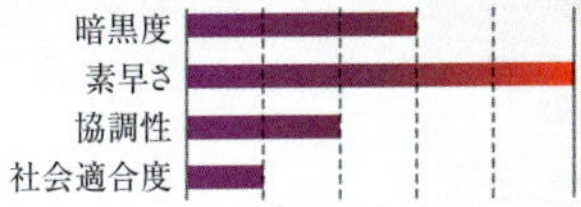

貴方に備わった必殺技

絡みつく笑顔《イミテーション・スマイル》

「憎めない」という謎の心理によって全てを許させてしまう免罪符。

ラッキードリンク

酒

この世において全ての責任をかぶせることのできる百薬の長。

7月 | 31日 | Violence Grail

伝説と並び立つ果てしなき理想

暴虐の聖杯《バイオレンスグレイル》

聖杯伝説の如き夢幻の話…
そう例えられるほど高い理想を持つ貴方。
その苛烈さに仲間が倒れても心は揺らがないでしょう。
貴方にとって理想という「聖杯」こそが全てなのです。

特徴

尊い理想を叶えるという強い信念と誠実さに惹かれ、貴方に運命を託す人は多いはず。しかし、ありもしない聖杯を探すような理想の高さは、仲間に苛烈な負担を強いるでしょう。それでも、理想を否定されることは人生を否定されるに等しいと考える貴方は耳を貸しません。理想に到達した際、たとえ誰も残らないとしても、貴方は満足感を得るはずです。初めから貴方に仲間意識がないのですから。

パラメーター

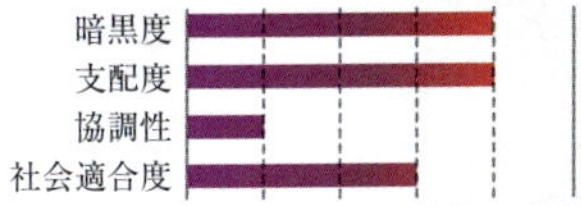

貴方に備わった特殊能力

大いなる理想《マニフェスト・オーソリティ》

理想を掲げるだけならタダ。高い理想で自らを追い詰めましょう。

ラッキーアイテム

栄養サプリメント

プラシーボ効果で自分の体を騙そう。24時間闘えますか。

8月 | 1日 | Blazing Dictator

灼熱の剛気は愚民を導く松明

紅蓮の独裁者《ブレイジングディクテイター》

身を焦がすほどに燃え上がる野望…その激しさは
山火事の如きスピードで他者に影響を与えます。
焼けついた心からは判断力が消失し、
熱狂を持って貴方を迎え入れるでしょう。

特徴

自分が右と言ったら右。従わぬ者は殴ってでも右へ引きずっていく…そんな強引さを持つ貴方。しかしその確固たる自信と豪胆さには一種の安心感があり、自我の弱い愚民どもを強力に惹きつけます。他人は従って当然という振る舞いや、自分より目立つ人間を許さないといった独裁的な姿勢は理解され難いですが、自分を信じてついてくる者を絶対に守る熱い心もあり、指導者としての器は抜群です。

パラメーター

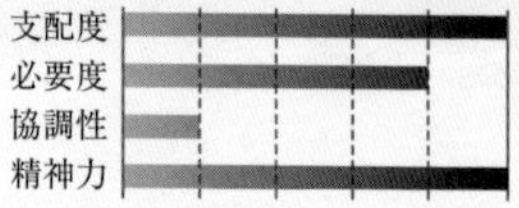

貴方に備わった必殺技

鉄拳制裁

「拳は口ほどに物を言う…」とは貴方の弁です。

ラッキー防具

俺ルールブック

苦言・反論などを全て封じ込める最強の魔法の書。

8月 | 2日 | Blazing Fountain

溢れ出す激情は毒か、薬か

紅蓮の泉《ブレイジングファウンテン》

怒り、辛辣さ、羞恥、闘志…柔和な見た目から
このような紅蓮の感情が湧き出るなど、誰が
想像できましょうか? しかしそんな二面性こそが
貴方の魅力の源泉でもあるのです。

特徴

貴方から普段発せられる感情は、平和的で静なるものです。しかしその感受性の強さから、一石を投じられると心は瞬時に沸騰します。そこから湧き出すのは単純な怒りであったり、弱気な心を鼓舞する情熱、もしくは邪《よこしま》な考えを叱咤する辛辣さといった激情。人の思いを広く受け入れ、時に力を与え、時に熱湯を浴びせかけるその姿勢はパワースポットのように人を惹きつけるでしょう。

パラメーター

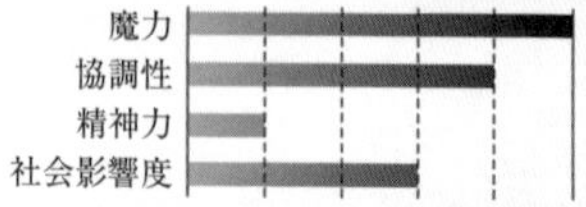

貴方に備わった特殊能力

瞬間湯沸器《ヴォルケイノ》

一瞬にして空気を変え相手の心をのみ込むことができます。

ラッキードリンク

冷水

感情の冷却のために飲むも良し、被るも良し。

8月 | 3日 | Blazing Fairy

振りかかる火の粉は誰のせい?

紅蓮の妖精《ブレイジングフェアリー》

己の魅力を自覚し、それを誇示せんと
派手に飛び回る。行く先々で火種をばら撒き、
炎上しようと構いはしない。どんな形であれ、
世に足跡を残すことが貴方の宿願なのだから…。

特徴

名誉心や功名心に忠実な貴方は、あらゆる環境において存在を誇示することを好みます。むしろ他人は自分に注目して当然という考えすらありますが、それは持って生まれた社交性や才能を自覚し、使いこなせる自信に裏打ちされたものです。そんな天性のアイドル気質を持つ貴方ですが、目立ちたいあまりに変な気まぐれを起こし、大きな災いを呼ぶことも。SNSなどへの投稿には細心の注意を。

パラメーター

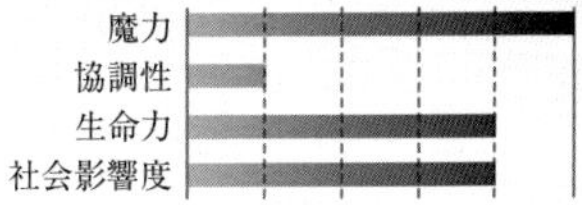

貴方に備わった特殊能力

極限大炎上《バカッター》

社会的地位と引き換えに注目を得る究極の自爆技。

ラッキー宝具

自撮り写真

決め手の角度調整は魅力を増幅し、注目を集める効果は抜群。

Symptoms diagnosis of chunibyo

Column

中二病患者の症状診断

Karte No. 6

中二病 初期

症状

季節を問わず
指ぬきグローブを愛用する

詳細

ミリタリーグッズでもあるオープンフィンガーグローブは、中二病を象徴するアイテムのひとつ。架空のキャラがよく愛用していることから、憧れの的となっている。指を通しただけでも強くなったと感じ、ニヤニヤが止まらない。そして常時臨戦態勢をとるため、季節を問わず着用する。しかし身につけたからといって戦闘力がアップするわけでもなく、ムダに存在感がありすぎるのも玉にキズ。

特記事項

- コスプレ
- 裏社会必須アイテム
- 何となく強くなった気がするだけ

8月 | 4日 | Blazing Fallenangel

冷静と情熱の両極を支配する

紅蓮の堕天使《ブレイジングフォールンエンジェル》

かつて愚直に頂《いただき》を目指した翼は、
現実を知るにあたり大いに悲観するでしょう。
そして己の限界を悟ったとき、潔くその歩みを止めます。
まるで人が変わったかのように…。

特徴

向上心旺盛な貴方は目標ができると、他を蹴落とす冷酷さや嫉妬心といった負の感情までも力に変えて飛躍するでしょう。ところが「超えられない壁」を認識するとあっさり身を引いてしまいます。惚れた人に既に恋人がいた…など事例は様々ですが、とにかく「これ以上は無駄」という引き際を心得ています。あまりの変節ぶりに周囲は困惑しますが、新たな目標を見つけると翼は再び開くのです。

パラメーター

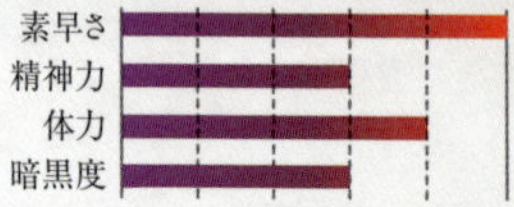

貴方に備わった特殊能力

急速冷頭《けんじゃタイム》

燃えたぎる情熱を瞬時に鎮火するためのスイッチです。

ラッキーアイテム

枕

壁にぶち当たったらまず一晩寝てから悩みましょう。

8月 | 5日 | Blazing Bullet

恐れ知らずの彷徨《さまよ》える紅き衝動

紅蓮の銃弾《ブレイジングブレット》

刺激的と見るや抑えられぬ衝動。口よりも
手足が先に…否、手足が出ても口は出ません。
そんな火の玉の如き性分は不用意に触れると
火傷しますが、守られれば心強いでしょう。

特徴

あらゆる刺激に目移りし素早い行動力で飛び出していく貴方は、例えば遊園地などに行くと我を忘れてしまうタイプです。そのため団体行動が苦手で、常に振り回される周囲の人々の中には貴方に反感を覚える者も少なくありません。しかし一方では何事も恐れないパイオニア精神に感銘を受けて追従したり、頼ってきたりする者もいます。良くも悪くも、周りの世界は貴方を中心に回るでしょう。

パラメーター

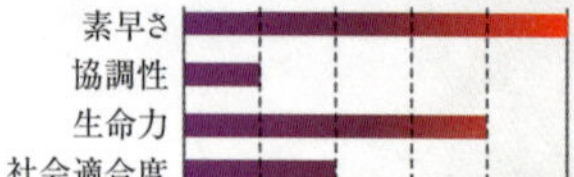

貴方に備わった特殊能力

装填されし無鉄砲《ドン・キホーテ》

心の撃鉄を起こし未知への恐怖を消すことのできる能力。

ラッキードリンク

エナジードリンク

一気に飲み干すことで、荒れ狂う衝動の引き金に。

3つの魂が宿る

紅蓮のマリオネット《ブレイジングマリオネット》

マリオネットの如く、何かに操られる運命を定められし者。今こそ、先祖である神父の霊を自らの身体に降臨させ、世の悪魔を祓うエクソシストとしての活動を始めるのです。

「あなたも私を憐れな傀儡《くぐつ》と笑いますか？」

特徴

身体に宿りし3つの魂（グリモアを遣い悪を使役する神父の魂、白狐を遣えた巫女の魂、耳のない坊主）。力が覚醒した今、その全てを自由自在に使用することができます。ただし霊感の強い人物には、降臨時赤く変化する髪色が見えてしまうのでご注意を。貴方のことを、「キモイ」等と言い虐めてきた、忌まわしき悪魔を祓い清めるチャンスです。教育的制裁を加え、まず正しい言葉遣いから教えましょう。

パラメーター

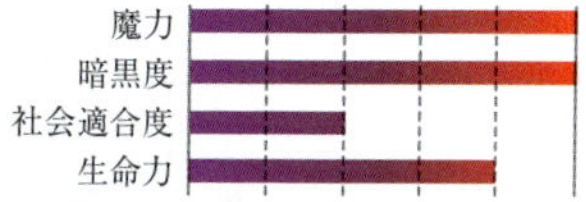

貴方に備わった魔法

Tricky World

異なる魂を降臨させ、態度を急変させ相手を惑わせる魔法。

ラッキー武具

ボールペン

美しい字の書き方を習得し、社会人基礎力アップを。

8月 7日 Blazing Book

比類なき知識と厳格な価値基準

紅蓮の書物《ブレイジングブック》

飽くなき知識欲の果てに辿り着いた境地において、
貴方の興味の対象は「価値の有無」のみ。
生き方に理解を示されなくても構いません。
理解できぬ方が悪いのだから…。

特徴

自分の知識に絶対の自信を持つ貴方ですが、変化や新しいものを積極的に受け入れる性質も持ちます。ただし価値がないと判断したものは興味を持つどころか、神経質なまでに忌避するでしょう。そのため、例えば仕事においては人の提案を無下に蹴り、恋愛においては恋人の願いを平気で否定するなどして軋轢を生むことも。時には他人の価値観を尊重すると、更なる知慧を授かるかもしれません。

パラメーター

貴方に備わった特殊能力

有害図書指定《ワースレス・セレクション》

価値のない害悪を光速で選別する処理能力です。

ラッキーアイテム

ウィキペディア

時間と引き換えに知識欲を満たしてくれるでしょう。

8月 8日 Blazing Clown

秘められし本心で謀略を打ち砕く

紅蓮の道化師《ブレイジングクラウン》

神輿に担がれる姿にほくそ笑む者は、
いずれ後悔するでしょう。祭り上げた人物が、
胸にどれほどの激情と野心を抱いているか知る頃には、
既に主従関係は逆転しているのです。

特徴

頼られたり、褒められることを至上の悦びとする貴方は、たとえ悪意をもって祭り上げられたとしても進んで道化になるでしょう。しかし無類の負けず嫌いでもある性格がその地位に甘んじるわけもなく、状況を自分のペースへ強引に巻き込むのです。例えば合コンへ呼ばれる代わりに「盛り上げ役」に徹することを要求されたとしても、最後は美味しいところを総取りするなど抜け目がありません。

パラメーター

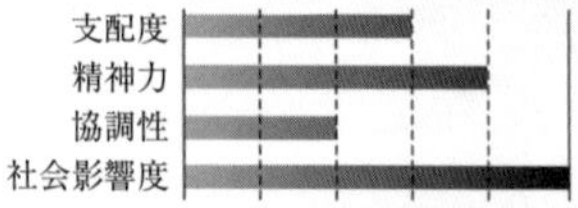

貴方に備わった特殊能力

操り人形たちの行進

誰に察されることもなく場の空気を支配する能力。

ラッキー防具

ポーカーフェイス

野心を顔に出さないため、鏡の前で鍛錬を続けましょう。

8月 | 9日 | Blazing Traveler

熱き情で人々に手を貸す救世主

紅蓮の旅人《ブレイジングトラベラー》

どこからともなく現れるミステリアスな雰囲気とは
裏腹に、情に厚い心。多少尊大なところはあれど、
弱き者へ次々と手を差し伸べる姿は、
多くの人々の記憶に残るでしょう。

特徴

多彩な才能を持ち、存在感はあれどイマイチ素性が掴めないタイプの貴方は、学園ストーリーにおける「謎の転校生」に近い個性の持ち主です。人の上に立つことを好み、一見尊大に思えますが困っている者を放っておけぬ熱い思いやりの心もあります。直接力を貸すこともあれば、叱咤激励し背中を押すなど様々な手法で手を差し伸べ、解決後はクールに去る。その姿は強烈な印象を残します。

パラメーター

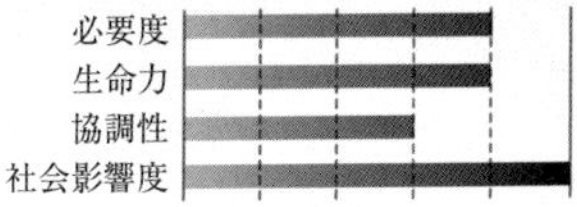

貴方に備わった特殊能力

特異点《ラグランジュ・ポイント》

常にトラブルに巻き込まれやすい最高の主人公体質。

ラッキーアイテム

特撮ヒーロー番組

人助けをするならば、その流儀を学びましょう。

8月 | 10日 | Blazing Inferno

引火し続ける危うき情動の渦

紅蓮の業火《ブレイジングインフェルノ》

燃えたぎる情熱の炎。
その火の手はたちまち周りに伝播します。
しかし、望まぬ者にすら放火してしまうのは考えもの。
人の心をのみ込むのではなく、温める炎であらんことを。

特徴

勝負事や競争を仕かけ、それに勝利して自分の力を誇示することが何よりの生きがいである貴方は、見込みある相手が現れるや否や勝手に「ライバル認定」してしつこくつきまとう癖があります。しかし相手が応じれば正々堂々と取り組み、たとえ敗北を喫することがあっても潔く結果を受け入れるでしょう。そんな貴方の精神は、煙たがられることはあっても決して見下されることはありません。

パラメーター

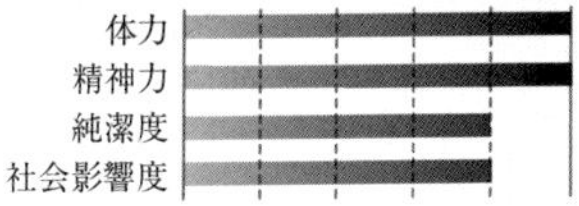

貴方に備わった特殊能力

健闘を讃える握手《スピリット・エクスチェンジ》

全力で戦った相手とは固い友情で結ばれるのがお約束。

ラッキーフード

メガ盛りラーメン

勝負にはスタミナが必要です。今日もマシマシ。

8月 | 11日 | Blazing Messenger

忘我の理想につきまとい火種

紅蓮の使者《ブレイジングメッセンジャー》

熱っぽい空想に囚われがちなロマンチシズムの申し子。その理想の高さは天井を知らず一寸の妥協も許しません。そんな頑強なこだわりは、やがて様々な事態を呼び寄せるでしょう。

特徴

普段はおっとりとした雰囲気の貴方ですが、その胸には骨太な理想が宿っており一度語らせると止まりません。個人的な目標にしろ、他人に求めることにしろその理想の高さは並大抵ではありませんが、努力と幸運に助けられある程度の成果は挙げられるでしょう。しかし少しでも計画に狂いが生じると精神が不安定になり、周囲を巻き込む大火事へ発展してしまう可能性もあるので注意が必要です。

パラメーター

貴方に備わった回復法

夢ノート

理想を著し精神を安定させます。現在20冊目。

ラッキーフード

ハーブ

汚い現実を理想に近い姿へ変換する魔法植物。

Column

Symptoms diagnosis of chunibyo

Karte No. 7

中二病患者の症状診断

症状

拳のケンカに憧れるも恐いので脳内バトルに留める

詳細

ケンカに憧れる中二病患者は少なくないが、根は真面目だからできないのも中二病患者の特徴のひとつ。それでも自分で編み出した肉体強化法で修行するなど、準備だけは着々と整えている。そしてときには八つ当たりで壁にパンチをしたくなることもあるが、ケガが怖くて自制心が働き、結局は小突く程度に。こうした自制心が正しい一般常識に結びついたとき、立派な社会人への道を歩み始める。

特記事項

- 壁ドン
- 自称・肉体派
- 盗んだバイクで走ってみたい

8月 | 12日 | Blazing Blade

気高き心の一閃《いっせん》、いざ推して参る

紅蓮の刃《ブレイジングブレード》

煌く高潔さから放たれる王者の風格は
多くの人々の憧れ。自分から力を誇示することは
ありませんが、理不尽な外圧や降りかかる
火の粉に対しては容赦なく力を振るうでしょう。

特徴

能力への絶対的自信と広い心の余裕。それでいて向上心を忘れずに自己研鑽を怠らない高潔な器は、まさに王者と呼ぶにふさわしいもの。そのため自然と周囲に人が集まりやすいですが、貴方自身は他者への興味が薄いため、集団生活には馴染みにくいようです。しかし不正や外圧といったものに対しては先頭に立って容赦なく斬り捨てる熱さもあり、それがまた貴方の評価を上げる要因となるのです。

パラメーター

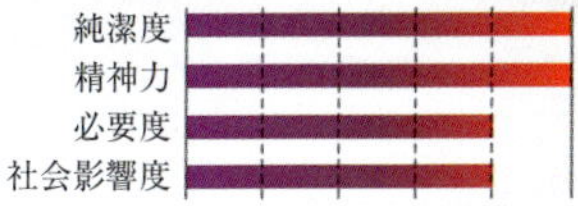

貴方に備わった必殺技

斬捨御免

どんな論理も一言でバッサリと斬れる切れ味鋭い話術。

ラッキー宝具

爪切り

「能ある鷹は爪を隠す」を地で行くと良いでしょう。

8月 | 13日 | Blazing Secret Agent

使命に身を焦がす誠なる心意気

紅蓮の密偵《ブレイジングシークレットエージェント》

与えられた使命や、交わした約束は絶対。
どんなときでもそれを守り通すことが
自分らしさであると言って憚らない貴方ですが、
時にその十字架の重さに苦しめられることも。

特徴

約束事や規律に何よりも価値を見いだし、それを破ることは自己を否定することに他ならないとまで考える、頑強な誠実さを持った貴方。しかしその誠実さを優先するあまり、相反する勢力からの依頼を両方とも受けてしまったり、複数の異性からのアプローチに全て真摯に応えてしまうなど二重スパイのようになってしまい、人間関係に炎上をきたすことも。どうか自分に対しても誠実であらんことを。

パラメーター

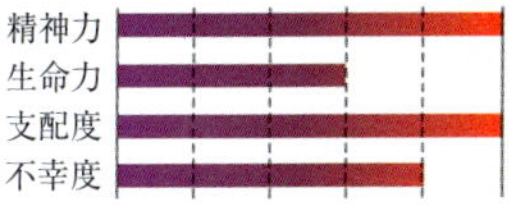

貴方に備わった特殊能力

分身《セルフディバイド》

複数の依頼を同時に進行させることが可能です。

ラッキーアイテム

スケジュール帳

自己管理を徹底させて、振りかかる火の粉から身を守りましょう。

8月 | 14日 | Blazing Umpire

与えるも奪うも全力投球で裁く…

紅蓮の審判《ブレイジングアンパイア》

白と黒を極端なまでにハッキリさせる価値観は時に
残酷な結果を、そして時に光明をもたらすでしょう。
しかしその判断には一切の悪意がなく、
多くの者の規範となるでしょう。

特徴

スケールの大きい判断力を持つ貴方は、与えるときは身を投げ打つほどに全てを与え、逆に引き際を悟ると即座に手を引きます。友情や愛情にもその性質が顕著に表れ、どれほど長い付き合いであったとしてもプラスにならないと判断した途端あっさりと見捨てる勇気を持ちます。その実行力は確実に貴方に利益をもたらしますが、割を食った者の恨みを買うこともあるので夜道には気をつけましょう。

パラメーター

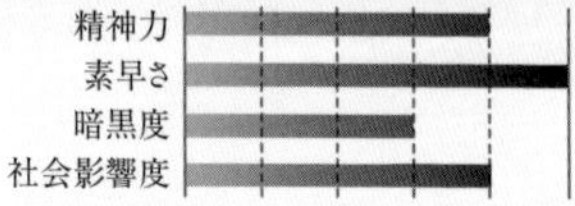

貴方に備わった必殺技

契約破棄《チェックメイト》

それまでの関係がいかに良好・険悪でも強制的に白紙に戻す荒業。

ラッキー武具

電卓

損得は割り切れる数字で勘定し判断材料としましょう。

8月 | 15日 | Blazing Emperor

無類の情熱で人々をまとめ上げる

紅蓮の皇帝《ブレイジングエンペラー》

勢力の拡大に固執しながらも、ついてくる者は
決して見捨てず惜しみない愛情を注ぐ貴方。
ワンマンながらも、その強い意志と
情熱は計り知れない一体感を生み出すでしょう。

特徴

集団を率いることに強い意欲を持つ貴方は、SNSでいうところの「フォロワー」の数などに強い執着心を持ちます。そのため帰属意識が強く「クラスタ」内の仲間をとても大切に思います。もちろん自分が一番であることにこだわりは持ちますが、諫言《かんげん》を潔く受け入れる度量も持ち合わせているため躍進は続くでしょう。しかし一方で裏切り者や敵対者は絶対に許さず、暴君の素質を覗かせることも。

パラメーター

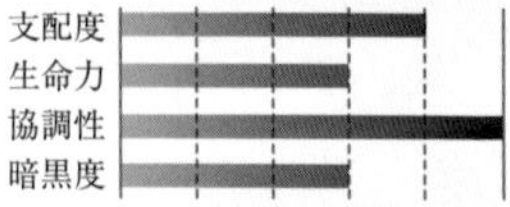

貴方に備わった必殺技

閉ざされし門戸《スパム・ブロック》

裏切り者を誅すべく振るうどこまでも無慈悲な采配。

ラッキーアイテム

集合写真

一体感や数的優越感を高めるのに絶大な効果アリ。

8月 | 16日 | Blazing Wizard

私はまだ本気を出していないだけ

紅蓮の魔術師《ブレイジングウィザード》

明らかに本気を出していないのに成功や勝利を
収めてしまうその手腕はまさに魔術。
褒められたりするのは好きでもマイペースを貫く
姿勢には、賛否両論が集まることでしょう。

特徴

勉強はできずとも一芸に秀でる、といったタイプの貴方は、その独特な才能を頼りにマイペースに生きます。ただ能力そのものには強い自信を持っており、それを人前で誇示したり称賛を受けることには並々ならぬ意欲を見せるでしょう。「やればできる」を否定し「やれるけどやらない」を是とする姿勢には非難の声も上がるでしょうが、それを貴方が耳にすることも気にかけることもありません。

パラメーター

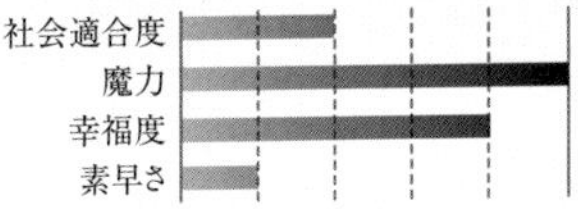

貴方に備わった魔法

眠れる獅子《スリーピング・ビースト》

持ちうる力を本気の2割5分程度に抑える制御魔法。

ラッキー宝具

体温計

気分が乗らぬときは擦って体温上昇の魔法を。

8月 | 17日 | Blazing Troubadour

人々をあっと驚かせる激情の旋律

紅蓮の吟遊詩人《ブレイジングトルバドール》

見た目からは全く想像できない激情を胸に秘し、
謳う言葉を必ず真実へ変えようとする
強い意志と勇気は、良い意味でも悪い意味でも
人々に強いショックを与えることでしょう。

特徴

普段は目立たない存在の貴方ですが、野心とプライドの高さは誰にも負けません。そのため虎視眈々と機を窺い、議論が煮詰まったときなどの最高のタイミングで名乗りを上げるでしょう。そして大言壮語であろうと情熱的な言葉で周囲を感化し、一気に指導者的ポジションに上り詰めるのです。ただし、高揚感からそれまで秘していた感情が表に出すぎて反感を買うこともあるので、注意が必要です。

パラメーター

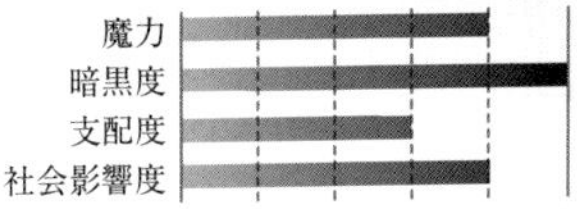

貴方に備わった特殊能力

狂熱の独演会《イモーショナル・ディクテーション》

感情を剥き出しにした身振りで多くの人の心を掴みます。

ラッキー宝具

ホイッスル

これを吹けば注目を一気に自分に集めることができます。

8月 | 18日 | Blazing Hermit

授けられし知慧は善悪の表裏一体

紅蓮の隠者《ブレイジングハーミット》

善と悪の巨大な2つのエネルギーに
左右される運命…どちらに転ぼうとも、
貴方の人生の旅路は順調そのものでしょう。しかし、
周囲に及ぼすであろう影響力は計り知れません。

特徴

他者の影響を受けやすい貴方の運命は、出会いによって善と悪の両極端に分かれます。どちらの道に進もうとも持ち前の強運で道を切り開いていきますが、ヤンキーが突然教師を志すように価値観の変化から善と悪が転じることもあります。そうして酸いも甘いも知り尽くした貴方は他者よりも経験豊かで、教えを乞うものには知慧を授けるでしょう。そうして今度は影響を与える立場になるのです。

パラメーター

貴方に備わった魔法

絶対なる影響力《ペアレンタル・アドバイザリー》

貴方の言葉を順守しないと不安に苛まれるのでご注意を。

ラッキーアイテム

自己啓発書

読むことで人格を瞬時に入れ替える効果が見込めます。

8月 | 19日 | Blazing Whip

屈辱から立ち直るたび強度を増す

紅蓮の硬鞭《ブレイジングウィップ》

育ち盛りのプライドは、いくら背伸びをしても
その足元がおぼつきません。何度傷つこうとも
折れることなく鍛錬を続ければ、
いつかその威光に人々は必ずひれ伏すはずです。

特徴

男性であれば「ご主人様」、女性であれば「女王様」気質である貴方は「他者は自分に従って当然」という考えを持ちます。しかし実力が伴わないままそのような態度でいるため、あっさりと拒絶され理想と現実の壁にぶつかることも。他者が持たない個性を持つことは確かなので、プライドに見合う努力を重ね、簡単にしなることのない硬質な精神を養えば必ず描いた理想の未来を掴めるはずです。

パラメーター

貴方に備わった回復法

甘美な幻想《イメージトレーニング》

メイド／執事喫茶で支配欲を満たすことが大切です。

ラッキー宝具

傷跡

今まで味わった屈辱を思い出して反骨精神を養いましょう。

美を創造せし

紅蓮の反逆者《ブレイジングレベル》

灼熱の炎を纏い、熱き血潮に染まりし者。
貴方は努力次第で周りを巻き込み、
変化を作り上げることができる
100年に1度の逸材的人物です。

特徴

大学のテニスサークルの主催、クラブイベントの運営等、輝かしい世界の中心で活動することもできる素質がある貴方。そんな貴方に今、不足しているものはビジュアルです。年中着ているスウェットを脱ぎ捨て、顔を洗い、男性は髭を整え、女性は整形メイクを施しましょう。これで、貴方もリア充の仲間入りです。見た目を変えることができない場合は、一生リア充になることはできません。

パラメーター

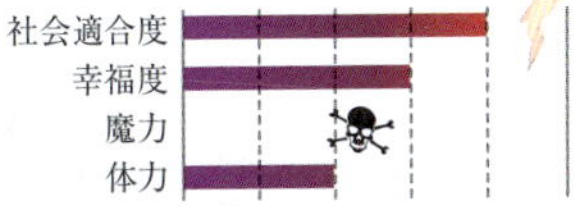
社会適合度
幸福度
魔力
体力

貴方に備わった回復法

着替え《リニューアル》

自分の中にある多数のスイッチを入れ替えるのに最適な行為。

ラッキーアイテム

鏡

自らが美しく映る角度を研究し、自撮りに備えましょう。

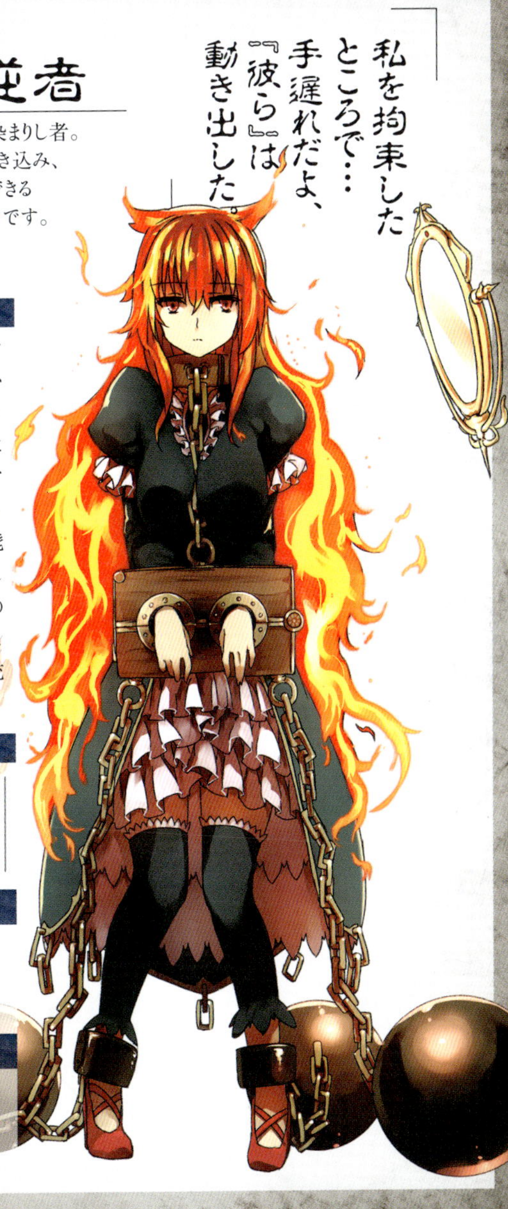
私を拘束したところで…
手遅れだよ、
『彼ら』は
動き出した。

怒濤の力で自由と享楽を守護する

紅蓮の翼《ブレイジングウィング》

享楽や満足、調和といった感情を精神的支柱とし、楽観的で愛情豊かな生活を送る貴方。
しかしそれを脅かすものに対しては、
確固たる敵意と情熱を剥き出しにして戦います。

特徴

光陰矢の如し、人生は1秒でも長く楽しまなければ。という信念を持つ貴方は、社会通念に縛られずマイペースに生きることを望みます。ただしその生活を維持するためには他人を犠牲にすることも厭わず、主に近親者から反感を買うでしょう。「働きなさい！」と部屋の扉を叩かれるや否や顔を真っ赤にして怒り狂い、全身全霊で戦うその姿はまさに自由の戦士。ある意味尊敬を集めるでしょう。

パラメーター

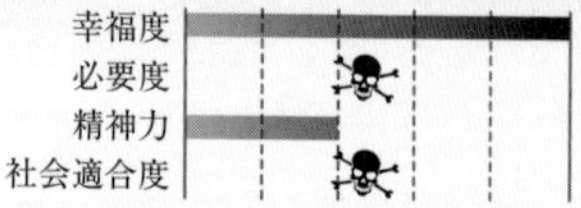

貴方に備わった必殺技

自由への咆哮

「自由を守る」という意思を喜怒哀楽全ての感情を用いて床を転げ回り表現。

ラッキー宝具

就職情報誌

周囲の目を欺くアクセサリーには最適の書物です。

Column

Symptoms diagnosis of chunibyo

Karte No. 8　中二病患者の症状診断

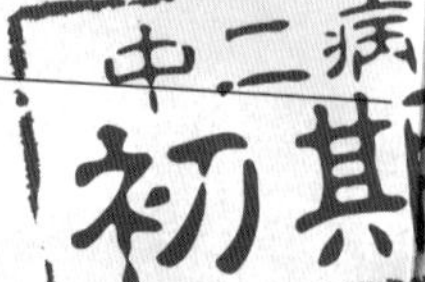

症状

ビニール傘を
ライフルや剣に見立てる

詳細

小学生の頃、傘を剣に見立ててチャンバラごっこをしたという人も多いはずだが、中二病患者は今もビニール傘を剣やライフルに見立てて遊んでいる。だがその姿を見られたくないので、なるべくバレないようこっそりとやる。そして調子に乗ると、剣術にオリジナルの必殺技の名前をつけたりする。またハンガーなどの日用品を武器化するのも日常茶飯事で、身の回りのものすべてが武器となるのだ。

特記事項

- 日用品の武器化
- 文房具だって殺傷能力有り
- 中高年になるとゴルフの素振りに変化

8月 | 22日 | Blazing Undead

野心の炎が灯る限り何度でも蘇る

紅蓮の亡者《ブレイジングアンデッド》

野望を成さずにどうして死ねようか…？ 何度
倒れても復活する精神力に、敵やライバルたちは
恐れおののくでしょう。強運の星の下、
貴方は勝利を収めるまで立ち上がり続けます。

特徴

「壁を超えられないなら、殴り続けて壊せばいい」といった勤勉さと実行力を兼ね備えた貴方は、恋愛にしろ仕事にしろ当たって砕けろの精神で何度も挑戦します。それを可能にするのは、「無限1UP」と言っても過言ではないほどの強運で、普通は一度しか訪れないチャンスが何度も訪れます。しかし何度も同じことを繰り返すのではなく、倒れるたびに確実に成長していくことも忘れてはいけません。

パラメーター

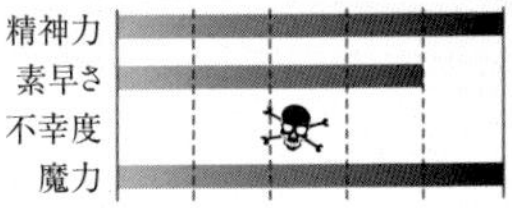

貴方に備わった特殊能力

無限コンティニュー

チートと揶揄されるほどにチャンスを掴むことのできる強運。

ラッキーフード

納豆

ある程度の時間をかけて発酵し、粘る精神を見習いましょう。

8月 | 23日 | Blazing Nirvana

満たされし熱情は黄昏とともに消ゆ

紅蓮のニルヴァーナ《ブレイジングニルヴァーナ》

変化と刺激を渇望する貴方は、
目をつけた獲物を力づくで貪ることが至上の悦び。
しかし一度手に入れると嘘のように興味を失くし、
また次の獲物へと涎を滴らすのです。

特徴

常に自分の周りの環境に変化と刺激を求める貴方は、仕事や部活動では所属をコロコロ変えたり、恋愛においても幅広い年代と関係を持ち、果ては人の恋人から同性に至るまで食指を動かすこともあります。そんな奔放さを可能にしてしまうほどの多才ぶりはまさに天賦のものですが、獲物はキャッチ&リリースの精神で一度手に入れたら一切フォローせず捨て置くため敵も着々と増やしてしまいがちに。

パラメーター

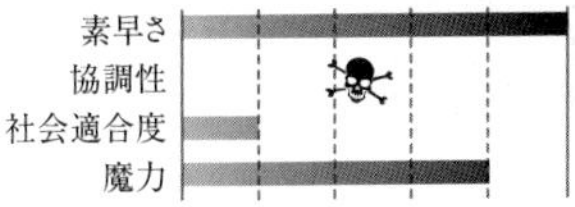

貴方に備わった特殊能力

新境地開拓《アブノーマル・パイオニア》

人が忌避するようなことも恐れず味わう勇気を持っています。

ラッキーアイテム

賃貸物件の広告

引っ越しは空想するだけでも割と楽しいものです。

組織に選ばれし

紅蓮の暗殺者《ブレイジングアサシン》

革製、指なしのグローブを身につけ、
タイトな黒い洋服を身にまとい仕事をする貴方。
秘めごとは天地が返ろうとも語らぬその姿勢を貫けば、
出世街道を進むことも容易いでしょう。

「たった3分…貴方の全てが無に帰す時間よ。

特徴

何事にも耐えしのぶ能力が非常に高い貴方。上司からの「何か面白いことやれ」という無茶ぶりや、「注文100件とってこなかったら、クビだ。」という脅しに耐える際は、必ず胸ポケットにICレコーダーを入れておくことをおすすめします。その証拠を、上司の上司に告発するも良し、会社を辞めて法に訴えるも良し。貴方の腕次第では、上司との関係を逆転させることも難しくありません。

パラメーター

貴方に備わった必殺技

証拠提出

これをすることで自らを有利な立場に置くことができます。

ラッキーアイテム

ICレコーダー

胸元に隠し持っていれば、いつ何が起きても安心です。

8月 | 25日 | Blazing Conglomerate

他者のために身を挺す悲壮な決心

紅蓮の礫岩《ブレイジングコングロメレード》

砕けぬ岩にたとえられし頑固一徹な意志の裏には、
蜘蛛の巣のように繊細な神経が張り巡らされています。
全ては皆のため、神経のひとつひとつに
身を挺した情熱が宿っているのです。

特徴

独立心が強く、他者の意見に耳を傾けない貴方は、組織を指導する立場にあった場合、憎まれ役となってしまうでしょう。しかしそれも貴方が自分の指針に自信を持った上で、組織を守るためにとる最善の行動なのです。心中では常に周囲に神経を張り巡らせているため、自分がどう思われているかも知ってしまい苦悩しますが、それでも組織の調和を保つため捨て石となる覚悟が貴方にはあるのです。

パラメーター

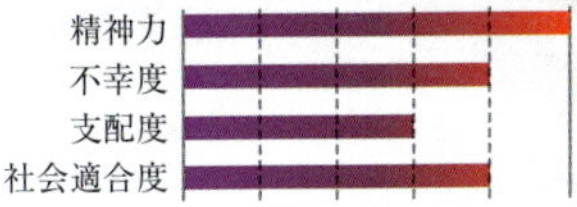

貴方に備わった必殺技

鬼畜化させる心《ファッションモンスター》

心を痛めながらも愛の鞭をふるい続ける親心。

ラッキー防具

サングラス

目から溢れ出る感情は全てこれで覆い隠してしまいましょう。

8月 | 26日 | Blazing Executioner

秘めたる野心で邪魔者を討ち取る

紅蓮の処刑人《ブレイジングエキスキューショナー》

享楽的に振る舞う陰で激しく身を焦がす野心。
その炎に灼かれ、言葉の節々には
つい毒を織り交てしまいます。そして野心の成就が
近づくにつれ感情のタガは外れていくのです。

特徴

集団の「主流派」からは一歩距離を置く貴方ですが、その心は野心で満ち溢れています。享楽的な三枚目を演じておきながら常に機をうかがい、時に大胆な手腕でライバルたちを葬っていくさまは処刑人そのもの。そうして徐々に表舞台へ近づくにつれ、胸に秘していた感情も隠さなくなるでしょう。そんな貴方は主流派からは「ラスボス」と目されますが、当人には「主役」の座しか見えていません。

パラメーター

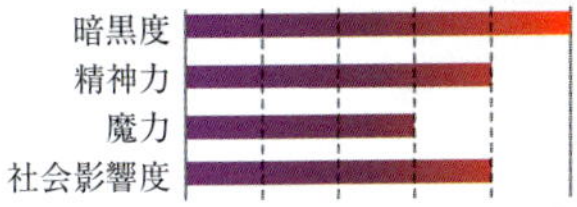

貴方に備わった必殺技

表舞台への飛翔《クライマックス・ジャンプ》

仮面を脱ぎ去り、真の姿で主導権を奪い取ります。

ラッキーアイテム

対戦格闘ゲーム

ストレス解消と同時に勝利のイメージを養うことができる優れもの。

8月 | 27日 | Blazing Prophet

真心を覆い隠してしまう情熱

紅蓮の預言者《ブレイジングプロフェット》

自分の知見こそが世を救うのだと信じて疑わない
熱意。だが持論を一切譲らない強情さと、
冗談の通用しない偏屈さが仇となり、
愚かな人々はなかなか理解を示さないでしょう。

特徴

貴方が抱く、世の中に何とか貢献したいという思いは紛れもなく本物です。人類愛に溢れ、熱っぽく理想を語る姿に感化される人もいるでしょう。しかし討論やインターネットなどで自説を茶化されたりこき下ろされたりすると激昂し「貴方にはわからなくても私にはわかる！」といった風に論理性を欠いてしまう欠点があります。悪意に負けないよう冷静さと具体性を持って自説を伝導しましょう。

パラメーター

貴方に備わった魔法

あまねく人類愛《ノー・ボーダー》

人々を自分の理想に感化させる不思議な話術。

ラッキーアイテム

同人誌

様々な思想の表現方法をこれで学び取りましょう。

8月 | 28日 | Blazing Hammer

二面性を持つ衝撃のエネルギー

紅蓮の鉄槌《ブレイジングハンマー》

人生を切り開いていく上で「鉄は熱いうちに打て」と
言わんばかりに力強く行動する貴方。
注意深さを欠いたそのエネルギーは
危うく、極端な方へ向かいやすいでしょう。

特徴

力強い行動力を持つ貴方の性格は極端に外向きか内向きのどちらかで、前者の場合は、例えば「音楽で世界を変えるためにギター一本で渡米！」といった無軌道なエネルギーに溢れます。逆に後者は「一攫千金を狙い創作活動や司法試験に数年間没頭」といったような、ある程度計画性を伴うものとなり、生まれた星座の特徴たる分析力と先見性から考慮すると、貴方が馴染むのは後者と思われます。

パラメーター

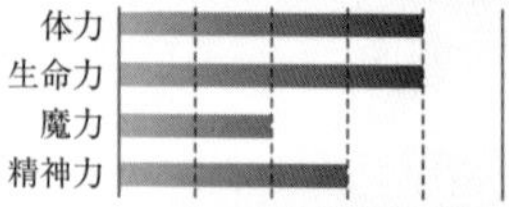

貴方に備わった特殊能力

鉄は熱いうちに打て

機を逃さずに身体が反応する特殊な運動神経。

ラッキードリンク

度数の高い酒
（未成年は高い栄養ドリンク）

気分を高揚させ、行動力を格段に上昇させます。

8 月 | **29** 日 | Blazing Hunter

準備万端で獲物を待ち受ける

紅蓮の狩人《ブレイジングハンター》

直感のみならず周到な罠を幾重もかけ、
自分の狙い通りにことを進める腕前は一級品。
“狩り”とはいかに相手の裏をかくかで
勝負が決まると豪語するだけのことはあるようです。

特徴

貴方は夢想家で直感に頼る生き方を標榜しているかと思えば、その実入念な事前準備を怠らないしたたかさを持っています。わかりやすいたとえをあげるとすれば「テスト勉強した？」と聞かれ「全然してない」と言いながら好成績を出すといった具合。そのため周囲からは油断できない人間と思われていますが、一方で同情心に厚くフォローを欠かさないため、憎まれるところまでは至っていません。

パラメーター

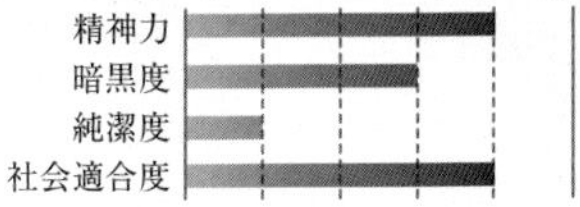

貴方に備わった魔法

仕組まれた偶然《マンメイド・デスティニー》

結果を予知した上で偶然と謙虚さを騙る精神です。

ラッキー防具

保険

大胆な行動は安心感のもとに成り立っているのです。

Symptoms diagnosis of chunibho

Column

中二病患者の症状診断

Karte No. **9**

中二病 初期

症状 脳内で某ドキュメンタリーに出演している筋書きを立てる

詳細 出演者によっては、中二病発言のオンパレードにもなりがちなドキュメンタリー番組『情●大陸』。同番組への出演を憧れる人も少なくないが、なかにはあたかも自分が出演しているかのように振る舞い、密着するスタッフ（もちろんそんな人はいない）に向かい、「自分はまだ階段を上り始めた途中」と中二病発言を連発する輩も。ラストは例のBGMに乗り、どこかへと去っていく……。

特記事項
- ●日々自分語りに酔いしれる
- ●小気味よいナレーション
- ●「え、こんなとこまで密着するんですか？ まいったな…」

8月 | 30日 | Blazing Fool

読めない行動が巻き起こす奇跡

紅蓮の愚者《ブレイジングフール》

無意味に思える行動や疑うことを知らぬ天真爛漫さは見る人によっては愚かに映るかもしれません。
しかしその裏に潜む真意が奇跡を起こすとき、
貴方は最強の切り札となるのです。

特徴

「自分探しと称して突如長い旅に出る」といった、意図が読めない行動を起こす貴方。周囲からは「さながら風車に突っ込む勇者《ドン・キホーテ》」「ある意味幸せ」などと皮肉を言われますが、それを額面通り受け取り喜びます。しかし全ての行動は「無意味を楽しむ」といった明確な目標のもと行われたものであり、更に幸運が味方すると、それが貴方自身や所属する組織に膨大な利益をもたらすでしょう。

パラメーター

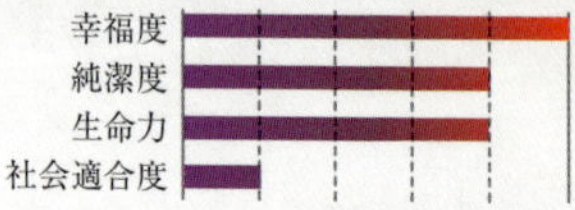

貴方に備わった特殊能力

超展開《フォーリング・サプライズ》

自分ですら予想できない結果をもたらす強運。

ラッキーアイテム

ルーレット

思い切って意図できないランダム性を楽しみましょう。

8月 | 31日 | Blazing Grail

熱き決意で空想を現実へと変える

紅蓮の聖杯《ブレイジンググレイル》

空想を空想のままで終わらせたくない。
そんな思いはやがて聖なる決意へと変貌します。
がむしゃらなその姿は多くの感動と共鳴を呼び、
やがて多くの仲間に囲まれるでしょう。

特徴

何事にも誠実であり、冗談の通じない貴方は、例えば「野球部をゼロから作り１年で甲子園に出場する」といった、雲を掴むような話であろうと本気で取り組もうとします。その信念は頑強で、人々の忠告を聞き入れようとはしません。しかし自分を厳しく律しながら努力する責任感に心打たれ、当初は嘲笑していた人々を感化するでしょう。そうして仲間が揃ったとき、壮大な冒険が始まります。

パラメーター

貴方に備わった魔法

聖戦の騎士団《ホーリー・ロマンス》

大志に共鳴せし者を、敵味方関係なく糾合し導いていく強大なカリスマ性。

ラッキーアイテム

書道

心を落ち着かせて信念を一筆奏上し精神の支えとしましょう。

chapter 3

秋の章

天と地に感謝の意を示し、神に供物を捧げて豊穣を祝うこの季節。しかしおおらか且つ穏やかに流れる空気を孕んだ秋は、全てのものが枯渇と闇に怯える季節への緩やかな序幕《プロローグ》。

掲載月

9月

10月

11月

9月 | 1日 | Bloody Dictator

唯一絶対の存在

血塗られた独裁者《ブラッディディクテイター》

暴風雨《ハリケーン》のように激しい性格を持ち
この世に生まれた貴方は、
従わざるものを絶対に許さない、
冷徹な独裁者のようです。

特徴

貴方と肩を並べようとするものは全て蹴落とされ、貴方に反抗するものは闇《ハデス》に葬り去る。しかし、貴方に付き従うものは、相応の地位が約束されます。望むものを貸し与えたり、配下の都合を重んじて仕事の日程調整に追われたり…。従順な部下への思いやりが羽振りの良さとして表れれば、報酬代わりのつもりだった思いやりが周囲からの利用価値の高さにシフトする可能性もあります。くれぐれもご注意を。

パラメーター

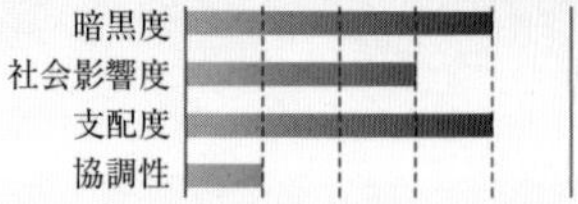

貴方に備わった魔法

ファントムソウル

死者の魂が邪魔者を獄界に引きずり込んでくれます。

ラッキー武器

バスタードソード

撫で切る、叩き切るどのような方法でも相手を切り裂く万能の剣です。

9月 | 2日 | Bloody Fountain

静かなる領主《ロード》

血塗られた泉《ブラッディファウンテン》

この日に生まれた貴方は道を極め、さらに
他人の中の特別な力を引き出す能力を持っています。
そのため、貴方は師匠《マスター》と呼ばれ慕われる
大きな存在となるでしょう。

特徴

優しく物静かな貴方は、誰に対しても丁寧に接し、特に年下の者からの敬意や人気を集めます。貴方のような人になりたいと考える人間も少なくないでしょう。ただし、貴方の持つ切り札《スペシャルウェポン》、レアカードやレアアイテム、お宝秘蔵写真集などの存在は、口が裂けても漏らさないようにしてください。どこにでも野心や欲望の塊のような者はいます。裏切り者はごく身近に存在します。

パラメーター

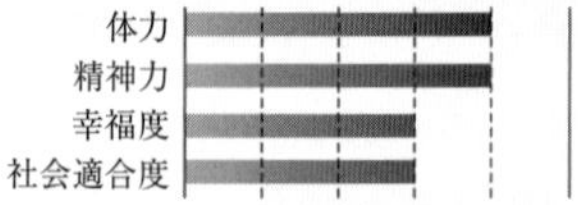

貴方に備わった回復法

サンドイッチ

激しい戦場《いくさば》で一息つくための常備品です。手軽あが何よりのメリットです。

ラッキー防具

カードホルダー

邪《よこしま》な心を持つものから、貴方の宝物をガードする不思議な箱です。

9月 | 3日 | Bloody Fairy

崇高なる異端者

血塗られた妖精《ブラッディフェアリー》

血塗られた月の3日に生まれた貴方は、
人間のエゴと欲望《エス》の犠牲になりながら、
本当の自由を訴えるため人間界に来訪した
高貴な妖精のようです。

特徴

貴方が説き体現する真の自由は、高すぎる理想、実現不可能な夢として受け取られ嘲笑の的になっているのではないでしょうか。人間とはなかなか業《カルマ》の深き代物で、貴方のような態度をとることが難しいのです。喫茶店等で出されるオシボリをポンと音を立ててあけるのは序の口、そのオシボリで脇の下を拭いたりする姿は自由すぎます。人間はエゴの塊みたいなものですが、貴方のような強い人にもなれません。

パラメーター

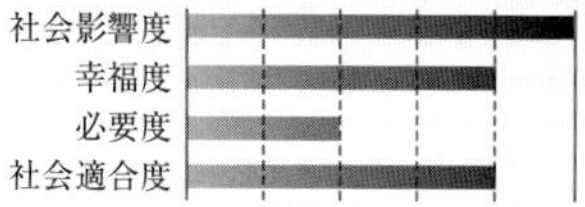

貴方に備わった特殊能力

オヤジ臭い言動

最近は仲間である「小さいおじさん」が跋扈《ばっこ》しているようです。

ラッキーフード

花

人間とは違い、妖精である貴方は花に触れその生気《フォイゾン》を吸い取ります。

9月 | 4日 | Bloody Fallenangel

虚言を持って人々を操る

血塗られた堕天使《ブラッディフォールンエンジェル》

この日に生まれた貴方は、神によって天界から
貶められた大天使ルシファーの映し身のようです。
眉目秀麗、才気活発。
貴方に不可能なことはありません。

特徴

貴方の姿を見て魅了されない人間はいないでしょう。それほどに貴方は美しいと賞賛され続けています。また、どんな難問にでも答えてくれる頼りになる存在です。貴方の周りには人々《サタニスト》が集うでしょう。しかし、決して親しい者を作ってはいけません。写メが他人のもので、貴方の書き込む答えが実はQ&Aで誰かに答えてもらったことだったなんてバレたら、地獄以上の生き地獄に身を落とすことになります。

パラメーター

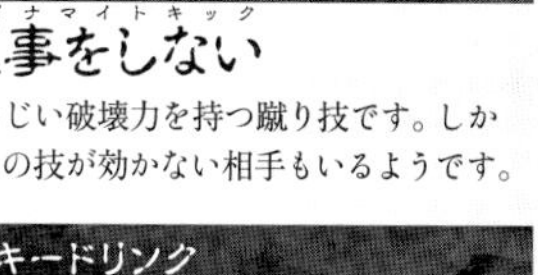

貴方に備わった必殺技

返事をしない《ダイナマイトキック》

凄まじい破壊力を持つ蹴り技です。しかしこの技が効かない相手もいるようです。

ラッキードリンク

青汁

地獄のような匂いと、味がします。貴方にとっては懐かしいものでしょう。

9月 | 5日 | Bloody Bullet

まさにロマの狂詩曲の如し

血塗られた銃弾《ブラッディブレット》

血塗られた月の5日に生まれた貴方は、
情熱的な心と魅力的な弁舌で
人々の関心を引くでしょう。しかし激しく燃える
その命は短くして尽きてしまいます。

特徴

貴方のスター性は表向きのもの、本当の貴方は自分を卑下し数多きコンプレックスに悩まされ続けているようです。天使のような姿をした貴方の中には、サタンをも凌ぐ力の持ち主魔王ベルゼバブの如き邪悪な心が潜み、それを自覚した貴方自身はさらに苦悩を負うという無間地獄に陥ってしまいます。悩んで疲れきったときにこの言葉を思い出してください。「そんなことどうでもいい、明日は明日の風が吹く」。

パラメーター

貴方に備わった魔法

一夜の幻夢

人生そのものを、まるで一瞬の出来事のように感じさせる術です。

ラッキーアイテム

レッドスペシャル

貴方の暗き心の叫び声を具現化する、伝説の楽器です。

9月 | 6日 | Bloody Marionette

運命の糸に絡め取られた悲劇の人形

血塗られたマリオネット《ブラッディマリオネット》

この日に生まれた貴方は、
とても高貴な魂を持つ純粋な人です。
それゆえ貴方を利用して力を得ようと
企んでいる者たちが、近づいてきます。

特徴

貴方をとり込もうとして幾つもの勢力が暗闘を続けています。各地から送られてくる甘言を弄する使者や脅しの言葉に心の目は曇り、魂は痩せ衰えていきます。膨大な時間、精神の摩耗と引き換えに世界を手にしたときに残るものは、凱旋を祝う民衆の歓声か、それとも貴方を迎える正義の鐘の音か。そんな駆け引きをする歴史シミュレーションゲームを貴方は好みますが、虚しくなりませんか？　色々と。

パラメーター

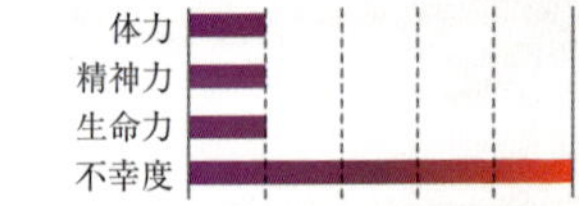

貴方に備わった回復法

座り込んで悲嘆に暮れる

一度落ちるところまで落ちてしまえば、後は楽だったりしますよ。

ラッキー宝具

蜘蛛の糸

天から垂れ下がるその糸に身を任せてみてはいかがでしょうか。

9月 7日 Bloody Book

地平線を歩むもの

血塗られた書物《ブラッディブック》

旅行を好み、知識に溢れる…。
この日に生まれた貴方は、
初めて正確な日本地図を制作した、
伊能忠敬のような偉大な業績を残すでしょう。

特徴

足を使い地道に物事を調べ上げていくということは、なかなかの労力を要求されます。しかし放浪癖《ヴァガボンディズム》のある貴方には、そのようなことは苦痛ではありません。有益な情報を求め彷徨い、いつしか永遠の旅人《ホライゾナー》と呼ばれているでしょう。しかし調査するジャンルには注意が必要です。危険を伴う心霊スポットなどに関してはあまり触れずにおいた方がいいかもしれません。

パラメーター

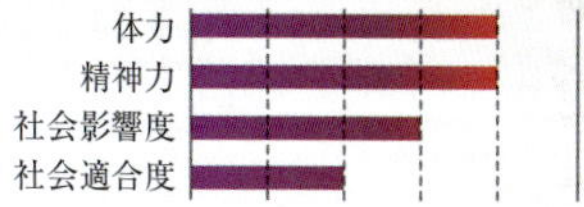

貴方に備わった特殊能力

帰巣本能

いくら道に迷っても、必ず振り出しには戻ることができます。

ラッキー武器

サバイバルナイフ

敵からの攻撃を避け、狩猟にも使用できる旅の必需品です。

9月 8日 Bloody Clown

鋭い洞察力で悪を叩く

血塗られた道化師《ブラッディクラウン》

8日に生まれた貴方は、道化《コミックパフォーマー》としての才能に
秀でていますが、血塗られた月の影響により、
その才能は社会風刺的なマネをする
という傾向が強く出ています。

特徴

人々を笑いの渦に巻き込み、時には役者や歌い手よりも高い評価を受けることもありますが、風刺や毒舌がすぎると痛い目に遭うでしょう。職場やサークルの飲み会で、酒を飲みすぎ調子に乗り、人の癖を模写した芸を始めるのはいいのですが、その物真似が上司や先輩のものに及ぶこともあります。酒を飲んだ次の日は、何もしていないという自信があっても、皆に謝っておいた方がベターです。

パラメーター

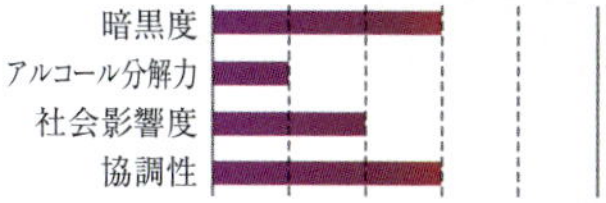

貴方に備わった必殺技

記憶喪失

酒のせいにして、都合の悪いことは何でも忘れてしまいましょう。

ラッキー防具

ガーゼマスク

ウィルスの侵入と失言を防ぐために常用した方がいいでしょう。

9月 | 9日 | Bloody Traveler

己が運命に逆らう者

血塗られた旅人《ブラッディトラベラー》

odd numberの極みである「9」が、重なった日に
生まれた貴方は非常に奇妙な運命の持ち主です。
貴方の背負う定を打ち破ることができた時、
真の自由と愛を手に入れることができるでしょう。

特徴

時に運命とは残酷なもの、その奇妙さは貴方自身の心や体をも蝕み、破壊してしまうことがあります。お湯を注いだカップラーメンを3分ではなく2分で食べ始める、何にでもマヨネーズをつけて食べるなどの奇行が出始めたら要注意です。「血塗られた旅人」の血とは、敵に斬撃を浴びせたときに受ける返り血ではなく、貴方自身の傷から吹き出すドス黒い欲望の象徴なのです。健康には気を使ってください。

パラメーター

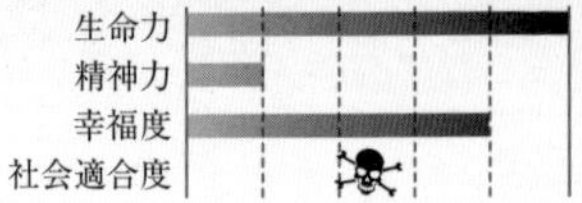

貴方に備わった回復法

自分探し

旅の途中非業の死を遂げる可能性がありますので、気をつけてください。

ラッキーフード

お母さんの手料理

栄養バランスが取れているので最高です。たまには実家に帰りましょう。

9月 | 10日 | Bloody Inferno

厚顔無恥な鉄面皮

血塗られた業火《ブラッディインフェルノ》

10日生まれの方は競争心が強いのですが、
血塗られた月の生まれである貴方は、
その影響でとても危険な存在であるようです。
「下衆の極み」という言葉がしっくりきます。

特徴

欲しいものを手に入れるためには手段を選びません。自分の戦績を上げるために弱いものを見つけいたぶるような鬼畜ぶりを発揮し、強者に対しては足の裏まで舐める卑屈さを恥ずかしげもなく披露します。また、周りは全て敵とし、隙さえあれば攻撃するチャンスをうかがっています。「卑怯者？　俺にとっては最高の褒め言葉だぜ」等と、常日頃から嘯いていたりはしませんか？

パラメーター

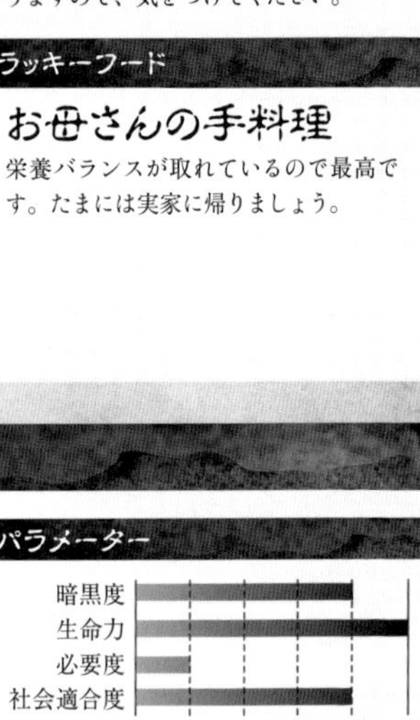

貴方に備わった特殊能力

揉み手

いつもチャンスをうかがい準備をしているようですが、下心が丸見えです。

ラッキードリンク

甘い汁

大好物だとは思いますが、警戒を怠らないでください。

Column

Pioneer who was attacked by the spirit of chuni

中二思想に侵された先駆者達

File No. 3

天才音楽家の裏に
隠された痛い人間性

モーツァルト

Wolfgang Amadeus Mozart

幼少から神童と謳われ、作曲家として名を馳せたモーツァルトだが、その一方で珍奇な行動が目立つ人物でもあった。また35歳の若さで亡くなったが、妻に宛てた手紙には「私が嫉妬する敵が毒を盛った」と記されていた。単なる被害妄想なのか、それとも…。

偉業の中に 隠された 数々の黒歴史

1. 依頼人の貴族を地に這いつくばらせ愉悦に浸る

ある貴族から依頼を受けて曲を書いたとき、その曲の譜面をわざと床に落とし、貴族に拾わせたという。「お前ら下等人間には作れないだろう」という優越感に浸りたかった!?

2. 己の学力の高さを無駄に数多の手法を使って誇示

モーツァルトが友人に宛てた手紙は、5カ国語で書き分けられていたり、脈絡もなく世界の大陸や大洋の名前が記されていたりする。自分の博学ぶりをアピールしたかった!?

3. 生まれ持ったリアル特殊能力を存分に乱用

特殊能力を有していない中二病患者がほとんどだが、モーツァルトは天賦の才に恵まれている。その能力に気付いた父のおかげで、モーツァルトはその名を世に出すことができた。

霊視に長けた監視人

血塗られた使者《ブラッディメッセンジャー》

「凡人風情がこの私《わたくし》を謀《たばか》れるとでもお思いか?」

11日に生まれた貴方はとても霊的《スピリチュアル》な面があり、通常の人間が到底知ることのできない世界を知覚する能力を持つ神秘性に富んだ貴重な存在です。

特徴

しかし、血塗られた月の影響で不幸をもたらす使者として忌み嫌われる場面も少なくありません。貴方がいくら善かれと思ってその霊的な透視能力で見知ったことを組織の上役に進言しても、軽くあしらわれるか妄言と片付けられてしまうことが少なくないでしょう。果ては同僚のサボりの現場などを伝えれば、その場にいたという証拠と捉えられてあわや同僚もろとも地獄行き、なんてことになりかねません。

パラメーター

貴方に備わった必殺技

携帯電話の電源切り

暗黒の闘技であるこの技を使いGPSの追跡を振り切り、姿を隠すことができます。

ラッキーアイテム

社用営業車

背後にある権力の力を利用し、どこにでも行くことができます。

9月 | 12日 | Bloody Blade

救い難きデスペラード

血塗られた刃《ブラッディブレード》

この日に生まれた貴方は、
自分とその周りの人間を傷つけながら落ちていく、
不幸な刃を手にした戦士。人生の全てを
粗末に扱う捨て身のならず者《ギャンブラー》のようです。

特徴

貴方は混濁した意識で毎夜賭場に出向き、暁光挿すときには朦朧とした失意の中に蹲《うずくま》るような哀れな行為を続けます。誰にも信用されず誰にも関心を持たれない…。しかし貴方が本当に見いだしたいものは勝負に勝つ方法ではなく、場《ゲーム》を支配するか、他の強敵《プレイヤー》にのみ込まれるかというせめぎ合いの中で、一瞬のチャンスを見つけモノにする手管。それが見つかったとしたら、貴方は本当に救われるのでしょうか。

パラメーター

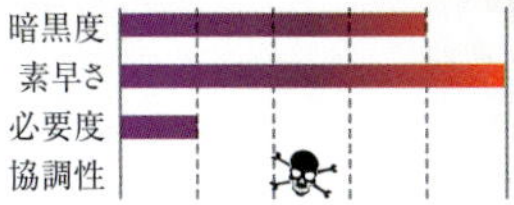

貴方に備わった魔法

目晦まし・イカサマ

この妖術も、貴方に必勝の運気を与えてくれます。バレなければですが。

ラッキー宝具

鉛入りのサイコロ

黒魔術のかかったこの賽は、貴方に常勝の栄誉を与えてくれます。

9月 | 13日 | Bloody Secret Agent

超人的な精神の持ち主

血塗られた密偵《ブラッディシークレットエージェント》

何かを探ることに長けたこの日生まれの貴方。
しかし血塗られた月の影響で、
自分の能力を悪事に
使用することが多いようです。

特徴

暗殺者や密偵と同じような系統ですが、現代テクノロジーの申し子である貴方はハッカーおよびクラッカーという道を切り開けます。自宅警備《ベースガーディアン》の任務以外にも、毎日膨大な情報の海の中を徘徊し、有益な情報を掴むためエロサイトの監視をしたり、自分の驚異になるような者にはDOSS攻撃を仕かけたりと大忙しです。時折精神的なブラクラを踏んでしまうこともありますが、貴方ならきっと大丈夫です。

パラメーター

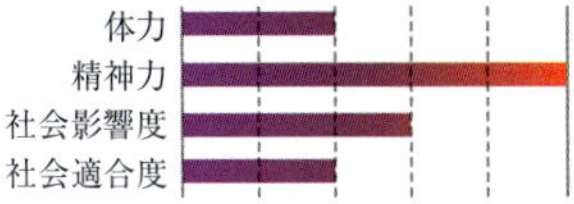

貴方に備わった回復法

ピザを食べる

最高のご馳走を食べることは、精神を落ち着かせる作用があります。

ラッキー防具

迷惑メールフィルター

「セキュリティレベル高」だけで満足せず、日頃のドメイン設定更新も忘れずに。

9月 | 14日 | Bloody Umpire

口先で三千世界を渡る

血塗られた審判《ブラッディアンパイア》

極端な傾向を持つ14日という日に生まれた貴方は、
この月の影響でさらに尖鋭《ラディカル》さを強め、
歪んだ性根を持つ詭弁者《ソフィスト》のような
振る舞いをしてしまいます。

特徴

そのよく動く口で烈火の如く詭弁を弄する能力は、ともすれば人の役に立つこともあり、法律を勉強すれば弁護士という職業も最適です。また巷にあっても、一休さんのようにトンチで悪者を凹ませるなど人気を博すことも。しかし自分がひねくれているから世間も同じと思い込むのは間違いです。「この橋渡るべからず」という看板を見たら素直に避けましょう。谷底に転落死してしまうかもしれません。

パラメーター

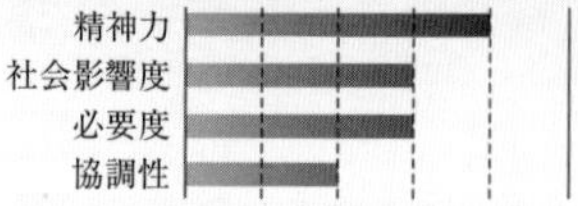

貴方に備わった特殊能力

嘘も方便

奇跡を呼ぶ技です。嘘をつき続けられる貴方にとっては、有効な技でしょう。

ラッキー防具

理論武装

膨大な知識を身につけそれを弄ぶことは、攻守にわたり役に立ちます。

9月 | 15日 | Bloody Emperor

狂悪な毒牙で人を殺める

血塗られた皇帝《ブラッディエンペラー》

この日に生まれた貴方は、謀略に長け、
邪魔者を次々と暗殺し続ける権力者のように、
多くの者の怨念がその背後に
どす黒く渦巻いています。

特徴

自身が呼んだ怨念に囚われ、悪行を重ねることしかできなくなった貴方は、通常の幸福を手にすることはできません。常習化した悪事は言うほどの効力もなく、取り巻く人間からは「セコい嫌がらせ」の域を出ないレベルまで落ちぶれています。子どもの、それも小学生の思いつくようなしょうもない悪戯やサプライズの数々は冷ややかに嘲笑される的であり、おおよそ覇者のすることではありませんよ。

パラメーター

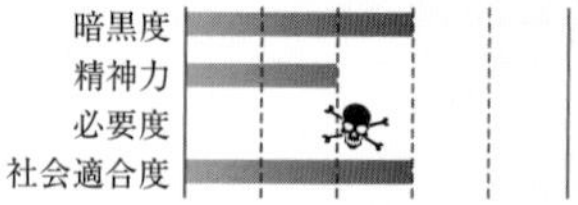

貴方に備わった必殺技

逆ギレ《カランタストーム》

イタズラの仕返しをされると、今までの自分の行いは忘れてしまうようです。

ラッキーフード

ちくわ

次の標的を狙っているかのように、穴を覗いている姿が案外可愛いです。

9月 | 16日 | Bloody Wizard

人を惑わし撹乱する

血塗られた魔術師《ブラッディウィザード》

血塗られた月の16日に生まれた貴方は、
狂気に囚われ次々と罪を犯す
ジル・ド・レのような黒魔術を扱う、
邪悪な存在です。

特徴

かつては勇敢な人間、英雄《セイバー》のようだと称えられた貴方ですが、何かのはずみで邪《よこしま》な心が発露し暗黒の世界に堕ちました。かつての栄光に縋り、なんとか目立つことから始めようと自分のあるべき舞台《ステージ》とかけ離れた場所で右往左往してはいませんか？ 専属の技能《アビリティ》を持った人が多くいる中で、貴方のしていることは破滅をもたらす黒魔術そのもの。持った力を活かす方向で再出発しましょう。

パラメーター

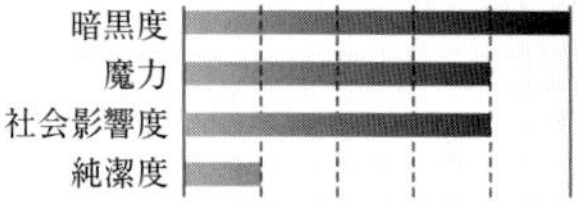

貴方に備わった魔法

コンフュージョン

この呪術をかけられた人間の頭上には、3～4羽のひよこが飛び交います。

ラッキードリンク

FIFA公式飲料

邪道な貴方ですが、手にするものは王道を選び取るようです。

Symptoms diagnosis of chunibyo

Column

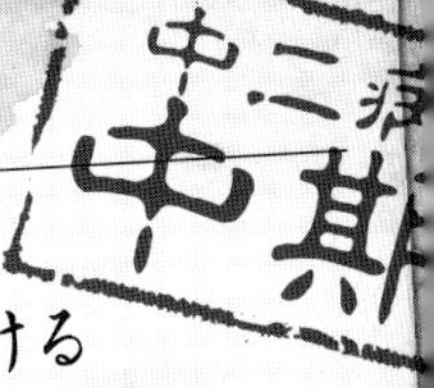

中二病患者の症状診断

Karte No. 10

症状　**海外情勢を全て
陰謀や恐慌への序曲に結びつける**

詳細　社会の勉強をある程度して歴史に詳しくなると、海外ニュースや世論、情勢すべてには裏があるように見えてしまう。ニュースを見ると、何かにつけて海外政府の関与を主張し、「このままでは、日本は内外から諸外国に喰い尽くされてしまう！」と周囲に危機を訴え始める。数多くの秘密結社やC●A、F●I、N●SAなど中二病患者を駆り立てる組織が世にあふれている現在、この手のネタには困らないのだろう。

特記事項
- 陰謀論　● 実際は国際情勢に疎い
- 真実は全てホワイトハウスの中にある…はず

9月 | 17日 | Bloody Troubadour

狂乱の咆哮を発する

血塗られた吟遊詩人《ブラッディトルバドール》

この日に生まれた貴方は激しい情熱を持ち、
大胆な行動に走る傾向があります。
世界の若者を虜にしたシド・ヴィシャスのような
激しい一生を送るでしょう。

特徴

貴方の情熱に溢れた歌声《テンプテイション》は全ての者を魅了し、激しいパフォーマンスは見ている者の心を揺さぶります。しかし、世の中を舐めきったような生意気な言動には気をつけた方がいいでしょう。かつて「働いたら負け」といった偉大な吟遊詩人もいたようですが、そんなことを言った時点でTHE END。酒場で歌う吟遊詩人は、酒場に屯する者の代弁をするだけ。本気でそんなことを思ってはいません。

パラメーター

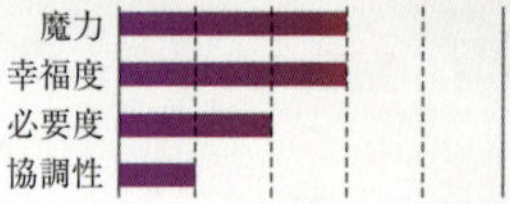

貴方に備わった回復法

熱唱する

熱く歌っているうちに、自分の歌声に酔いしれているようです。

ラッキーアイテム

マイマイク

深い海の底に引きずり込むような歌声を拡散するのに最適です。

9月 | 18日 | Bloody Hermit

密かな企みに溺れる愚者

血塗られた隠者《ブラッディハーミット》

世を捨て、孤独に生きることに安堵感を得る
この日に生まれた貴方の心は、しかし厭世と人々か
ら賞賛され注目を浴びることへの
憧憬の間で揺れる、振り子《ペンデュラム》のように不安定です。

特徴

口数少なく俗世から排他された存在…。そのように自らを謳うのは大いに結構ですが、貴方の心中に渦巻くのは人々からの憧憬の眼差し、要するに人気者になりたい、モテたいといったありきたりな感情です。「孤独を愛するニヒルな人」を好む人種は確かに存在しますが、あまり一般受けはしないかもしれません。注目されたいなら正攻法で、まずは真剣にひとつの事柄に打ち込むところから始めてみては？

パラメーター

貴方に備わった回復法

ガラスに自分の姿を映す

街中至るところ貴方の回復手段で溢れています。

ラッキー宝具

雲外鏡

鏡に映る者の正体を明らかにする鏡。貴方が覗き込むとそこには…。

雷鳴の如く唸る

血塗られた硬鞭《ブラッディウィップ》

プライドが高く傷つきやすいという性質を持つ
9月19日生まれの貴方は、
素早くムチを振るう
拷問官の素質が体から滲み出ています。

特徴

攻撃は最大の防御とばかりに相手に強烈な一撃を喰らわせ、再起不能になるまで打ちのめす。貴方のプライドを守るには最良の方法です。ただ、貴方が思っているほど貴方の力は常人離れしていません。言葉の力のみで他に頼るもののない貴方は、一度打ち負かされればもはや尻尾を巻いて情けない声を出す負け犬のようです。第三の目《サードアイ》なども絶対に開きません、貴方の額にあるものは精々イボかホクロです。

咽び泣いて
許しを乞え…
貴様の弱さが
私の糧《かて》となる。

パラメーター

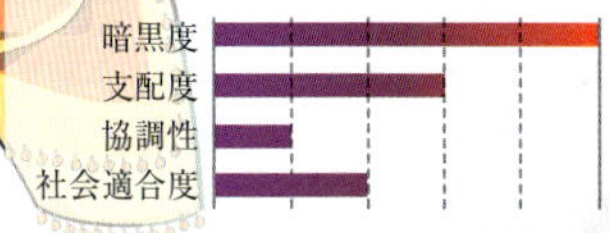

貴方に備わった特殊能力

執拗なあら探し

執拗に敵を観察し、相手の隙や弱点を判断するための能力です。

ラッキー武器

言葉の暴力

体の内側からダメージを与える攻撃。打ちのめされた相手は足腰が立ちません。

9月　20日　Bloody Rebel

ノドの地の住人

血塗られた反逆者《ブラッディレベル》

全てのものに対して理由なき反抗を繰り返す
この日に生まれた貴方。
その信念は美しいまでに守られ、
全ての若者の注目の的です。

特徴

貴方の反抗精神《レジスタンスマインド》は見事なまでに徹底されています。「流行りものこそ正義」のくだらない世間からの提案もなんのその、敢えて全てのことからただ逆走することに快感を見いだした貴方に恐いものはありません。そこでひとつでも貴方なりのこだわりがあったなら、或いは人々からの視線も奇人変人に注がれるものとは別になっていたかもしれませんが、もはや後の祭りでしょうか。

パラメーター

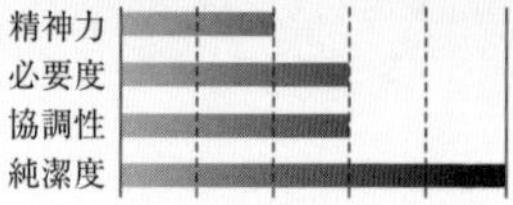

貴方に備わった魔法

ネガティヴィスティック エイジ

相手の心の中にある葛藤を増幅させ、混乱に陥れる恐るべき呪術。

ラッキー防具

ロリカ・セグメンタタ

トバルカインの子孫が作ったのであろう、頑強な金属製のメイル。

9月　21日　Bloody Wing

大空に憧れる幼い心

血塗られた翼《ブラッディウィング》

かつて貴方が自由を追い求め
飛び立つはずであった大空。
しかし貴方の羽は血で赤く染まり硬直して、
広げることができません。

特徴

自由を欲して貴方の手は汚れてしまいましたが、どれだけ罪を贖おうとしても、貴方が背負った罪の重さが貴方を地上から逃さないでしょう。…などと必要以上に思い詰めているかもしれませんが、人間は大なり小なり罪と業を背負っています。貴方が親をはじめとした身内や友人、いれば恋人によしんば迷惑をかけていたところで、何も悔いることはありません。たまには周りの甘やかしを享受してはいかがでしょうか。

パラメーター

貴方に備わった回復法

お母さんの抱っこ

海より深い愛《アガペー》が貴方の心と体を包みます。安心して眠りましょう。

ラッキー防具

離乳食

大いなる愛《ストルゲー》を含んだ、消化性抜群の食料。種類は豊富です。

9月 | 22日 | Bloody Undead

鎖に縛られもがく者

血塗られた亡者《ブラッディアンデッド》

亡者とは成仏できずにさまよう魂。
魂にも関わらず浄化も腐敗もせずに
血塗れて実態があるかのような貴方は、
まさに矛盾の象徴とも言える存在です。

特徴

幼い頃は見知ったこと全てが新鮮だったのに、年齢とともに「将来この計算は何の役に立つんだろう」「大人の言っていることは理解できない」等の疑問や猜疑心が芽生えていたに違いありません。紆余曲折あって自分探しの旅に赴くなど青い春を存分に謳歌していた貴方もいずれは当時相容れなかった大人へと変貌を遂げますが、矛盾が服を着て歩いているようなものなので、既に受け入れるに易いでしょう。

パラメーター

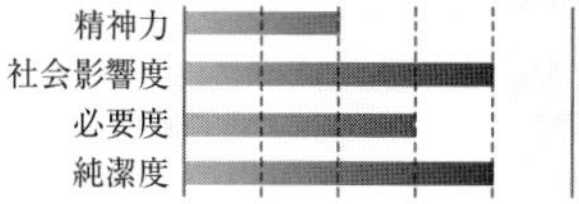

貴方に備わった特殊能力

理由なき反抗

貴方の反抗的な態度の原因、それを自覚できれば問題は解決されたも同然です。

ラッキードリンク

ミントフラッペ

背伸びしたい貴方にぴったりの飲み物です。おいしいですよ。

9月 | 23日 | Bloody Nirvana

骸の上で瞑想する聖者

血塗られたニルヴァーナ《ブラッディニルヴァーナ》

血塗られた月の23日に生まれた貴方は、
多くの犠牲の上に悟りを得た方です。
貴方のために無駄になった命は多いはずです。
その方たちの菩提を弔うことに全力をかけてください。

特徴

貴方の奥義、口癖は「やってない」。これは罪を逃れるための嘘ではなく、試験勉強を「やってない」、明日が期限の仕事を「やってない」という虚偽の証言です。本当はやっているにも関わらず、この言葉により周りの人間を安心させ自分だけ戦績を上げて逃げ切ろうという作戦です。もちろん貴方の言うことを信じて努力をしなかった人間も悪いのですが、貴方の性根はとても歪んでいます。

パラメーター

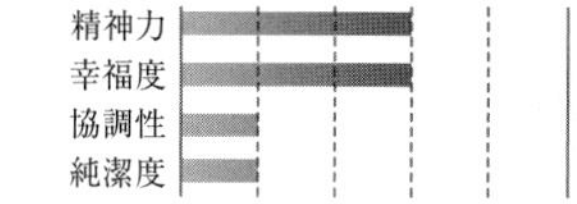

貴方に備わった必殺技

読経

ピンチのときに唱えると、たちまち悪霊と周りの人間までも退散していきます。

ラッキーアイテム

水晶の数珠

これを身につけていれば、内なるパワーが湧き出てきます。

9月 | 24日 | Bloody Assassin

生真面目な狙撃手《スナイパー》

血塗られた暗殺者《ブラッディアサシン》

この日に生まれた貴方は、紛れもない暗殺者。
貴方の歩いた後には草一本生えません。
というよりも、何人たりとも
貴方の後ろに立つことは許されません。

特徴

高額な報酬のために仕事を請け負う。命を落とす危険があっても、一度受けた依頼は絶対に遂行するのが信条です。そのため依頼主《クライアント》からは絶大な信頼が置かれます。しかしその腕の良さに、やっかいな仕事が舞い込んでくることもしばしば。悪天候下でのデリバリー、クレーマーへの対応、クリスマスなどイベント時のシフト。まぁ、暗殺とは関係ありませんが、これくらいは軽くこなせないと。

パラメーター

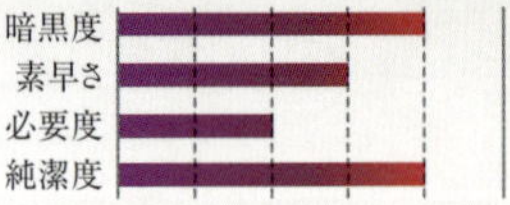

貴方に備わった魔法

怒りの弾丸《トラブルシューティング》

問題解決方法の中でも荒っぽい部類に入ります。力で敵をねじ伏せます。

ラッキー宝具

与一の弓

古代日本の偉大な射手が使用した弓です。神棚に祀っておきましょう。

9月 | 25日 | Bloody Conglomerate

激しい修行の中で頂点を夢見る

血塗られた礫岩《ブラッディコングロメレード》

その岩のように硬く鍛えられた拳を
血に染める、戦闘修道僧《モンク》となることが、
9月25日に生まれた
貴方の決められた運命です。

特徴

とはいえ現代社会では、貴方の力を発揮する場所は多くはないでしょう。虚しく空を斬る拳は錆びつき、飢えた狼《ダイアーウルフ》の如くますます凶悪に呻き、獲物を探し続けているはずです。しかし、必ず時は訪れます。その日のために決め台詞と必殺技名を考えておいてください。効果音と攻撃が炸裂したときのエフェクトもイメージするのです。準備ができたら向こうから来るヤンキーを呼び止めてください。

パラメーター

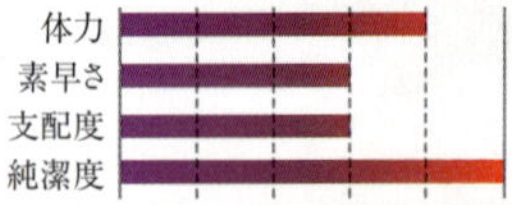

貴方に備わった回復法

ゴングの音を聞く

激しい戦闘の中でも、3分ごとに1分休めます。その間に体力の回復を。

ラッキー武器

ボクシンググローブ

姑息な手段を使い、グローブの中で重りを握っていたりすると反則になります。

9 月 | 26 日 | Bloody Executioner

「罪人にかける情は無し!」

血塗られた処刑人《ブラッディエキスキューショナー》

血塗られた処刑人。
義理や情けなど一切通用せず、
規律を破る者の首を切り落とし続ける
法の執行者、それが貴方の正体です。

特徴

義理や人情はおろか、ちょっとしたジョークやユーモアも貴方の前ではゴミ屑同然。ばっさり切り捨てられ、辺りに冷たい空気が流れます。親父ギャグでも飛ばそうものなら、黙しながら充血した目で睨みつけ、相手を極寒《ツンドラ》の地へと追いやりますが、この行為を賞賛する者も多数いるでしょう。冷酷無比な貴方が、唯一表情を崩すのは心安らげる空間で愛玩動物と戯れているときだけです。

パラメーター

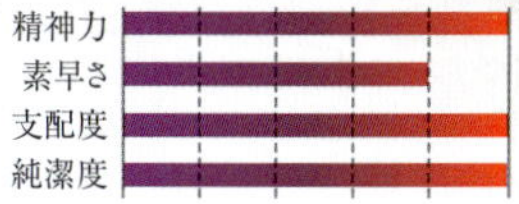

貴方に備わった特殊能力

ポーカーフェイス

こちらの考えていることを見せず、相手の心理を撹乱するために使用します。

ラッキー防具

鉄仮面

愚かな罪人どもの媚びた視線から、自分の感情を隠す道具です。

9 月 | 27 日 | Bloody Prophet

人々に幸をもたらす

血塗られた預言者《ブラッディプロフェット》

神からの啓示《レバレイション》を受け、それを人々に伝え歩く、
それがこの日に生まれた貴方に定められた
人生の歩み方です。その責任は重大なので、
心してかかってください。

特徴

神の啓示と嘯き奇跡の言葉を発する貴方ですが、特に痛い人認定されているわけでもなく、どちらかというと人気がある方ではないでしょうか。「今度の試験、絶対にこの問題出るよ!」「今度のレース、3番の馬が来るぜ」「明日の天気は雨のち曇りです」。神の言葉とは全く異なる次元です。そのような安い啓示をしていると思われては神も不本意なのでいずれ鉄槌が下るかもしれませんね。

パラメーター

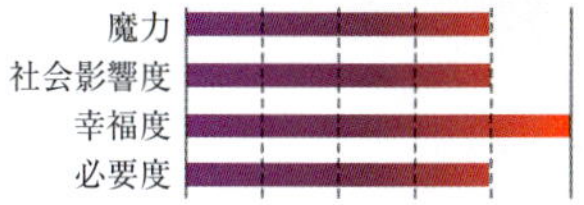

貴方に備わった必殺技

神の手

天から与えられた特別な能力を使えば抽選会でのハズレが一切ありません。

ラッキーフード

当たりくじつきアイス

貴方を信じない愚か者の眼前で、当たりを出せば貴方の力を思い知るでしょう。

9月 | 28日 | Bloody Hammer

世界を震撼させる

血塗られた鉄槌《ブラッディハンマー》

狂気じみた怒りで次々と人々を打倒していく
性格の貴方は、人類にとってとてつもない脅威です。
まるで闇の世界から訪れたウォーリアーのように
恐怖伝説《フィアーレジェンド》を作り上げるでしょう。

特徴

この世の理など知らぬが如き振る舞いは、分別ある人々にとっては忌むべき行為。貴方の周りからは絶望の悲鳴しか聞こえてきません。あまりにも常軌を逸脱したアプローチは、現代社会に生きる身としては自殺行為です。親しくしたい友人や想い人がいるならば特に注意しましょう。派手なパフォーマンスで自分の個性と存在を相手の心に楔として刻みつけようともマイナスにしかならなければ傷つくのは貴方です。

パラメーター

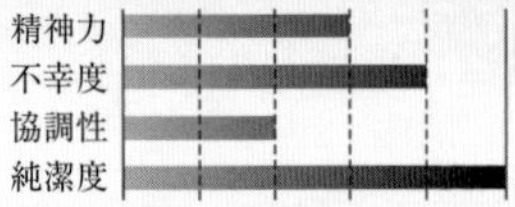

貴方に備わった魔法

時空旅行

未来をその手にするために、選ばれし人間だけが与えられた能力です。

ラッキープレイス

秋葉原

組織に対抗するための特殊な道具が、数多く販売されています。

9月 | 29日 | Bloody Hunter

運命を司るもの

血塗られた狩人《ブラッディハンター》

血塗られた月の29日に生まれた貴方は、
動物的な直感力に溢れ蜘蛛のような
執念深さを持っています。
差し詰め人を地獄に陥れようとする死神《グリムリーパー》のようです。

特徴

生と死を司る貴方は、時に悪の存在として恐れられます。貴方に狙われた者は一瞬にしてその身を凍結させられるような出来事に襲われることでしょう。周りの人々に面白がって無理難題を吹っかけては哄笑していることを、怯え戦いている人々が従わざるを得ないうちが華です。もしも貴方がその高見の見物を決め込んでいた座から転げ落ちた時こそ、貴方の身に降りかかる災いはより過酷なものとなるでしょう。

パラメーター

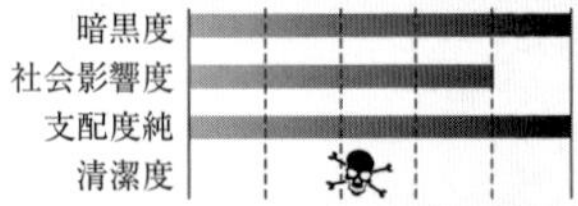

貴方に課せられた罰ゲーム

三回回ってワン！

これまで貴方に苦しめられた人々から与えられた、屈辱的な命令です。

ラッキーアイテム

酒

死の遊戯《デスゲーム》を盛り上げるために、必ず用意しておきたいものです。

9月 | 30日 | Bloody Fool

癒えない傷を刻まれた

血塗られた愚者《ブラッディフール》

この日に生まれた貴方は、好奇心が旺盛ですが
飽きるのも早いという性質を持っています。
神に楽園《エデン》を追放された者のように、
ひとつのところに留まることができません。

特徴

今日はカラオケ、明日はゲーセン。傍から見ると楽しそうに見える貴方ですが、心の中はいつも空虚です。悩みがなさそうだとか、酷い時にはお前みたいなやつに俺の苦労はわからないなどと言われますが、逆に「お前らのような愚民どもに、孤独で乾ききった俺の心の痛みなどわかるまい」といった怒りで身を震わせます。しかし大丈夫です。貴方の悩みは貴方を卑下する人間と同程度のものでしかありません。

パラメーター

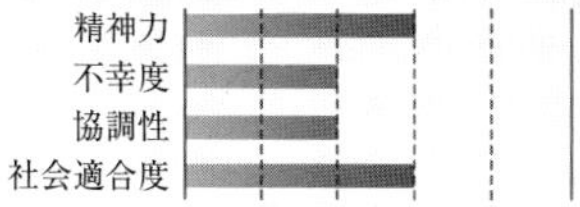

貴方に備わった特殊能力

防衛的悲観主義

凄まじい不安を動機として、物事に対して真摯に打ち込む力を持っています。

ラッキー宝具

うちでの小槌

貴方の心を慰めるための放蕩には、かなりまとまったお金が必要でしょう。

Symptoms diagnosis of chunibyo

Column

中二病患者の症状診断

Karte No. 11

中二病 中期

症状　**自分の身体の中に潜在能力があると信じて疑わない**

詳細　中二病患者は、自分が特別な存在である（ありたい）と考えており、潜在能力があることを信じている。そのため身体の一部が痛んだり、疼いたりすると、「俺の体内にある力が暴走しようとしている。鎮まれ、鎮まれ…！」という一人芝居が始まる。言ってしまえば自我を保つための妄想なのだが、「自分はできる」と信じているうちに、本当にできることがあるのだから、世の中捨てたもんじゃない。

特記事項
- ●現実逃避　●闇の呪縛
- ●「くそぉ…鎮まれ、鎮まるんだ…っ！」

10月 | 1日 | Sleeping Dictator

鋼鉄の人

眠れる独裁者《スリーピングディクテイター》

眠れる月の1日に生まれた貴方は、独善的な
性質を持っていますがその野心は日覚める前。
偉大なる革命家の同志であった
スターリンなどに立場は近いでしょう。

特徴

尊敬する人の後ろをただただついていく貴方。その人の理想を現実化するために、どんな努力をも惜しまないでしょう。しかし一度でも甘い汁を吸うと止まりません。残りものや面倒ごとの裏に隠されたメリットを見つけたが最後、理想崇拝等はかなぐり捨ててどこまでも己の利を貪る悪鬼へと変貌を遂げるでしょう。そうなれば後世貴方の名は卑しき者の代名詞として語り継がれますよ。

パラメーター

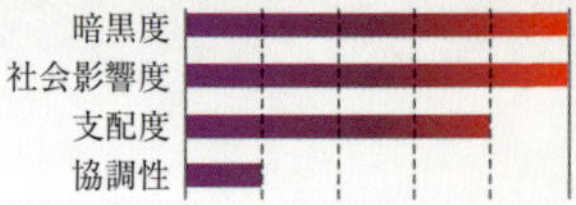

貴方に備わった必殺技

粛清の嵐

貴方にたてつく者は、即座に粛清され存在していた事実さえ消されてしまいます。

ラッキー武器

カラシニコフ自動小銃

今はなきソビエト連邦共和国製の自動小銃。耐久性・信頼性の高さが特徴。

10月 | 2日 | Sleeping Fountain

偉大なる魂

眠れる泉《スリーピングファウンテン》

この日に生まれた貴方は、静かな心を持ちつつ
頑強な信念を持ち、どんな苦渋をも跳ね返す
独立心旺盛なインド独立の父、
マハートマ・ガンディーのような人格者です。

特徴

貴方の徹底した不服従主義《サティヤーグラハ》には頭が下がる思いです。その固い意志さえあれば、きっと真の独立を達成することができるでしょう。お母さんからお風呂に入りなさいと言われても不服従、上司に会議資料のコピーを頼まれても不服従、そして最大の権力者である国に対しても信号無視などの不服従の態度で戦いを挑みます。貴方の勇敢な姿は、目に痛いほどの輝きを発しています。

パラメーター

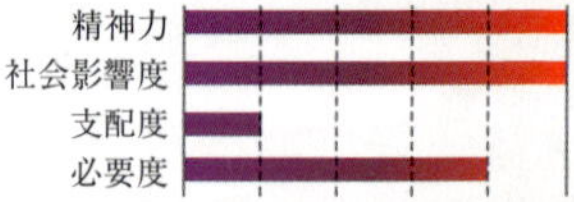

貴方に備わった魔法

パームライト

貴方の掌の中で光る小さな陽は、暗闇と心に光をもたらします。

ラッキー防具

非暴力《アヒンサー》

敵の前に裸体を晒すことこそ最高の守備。唖然とする相手は攻撃してきません。

10月 | 3日 | Sleeping Fairy

我が儘が災いした

眠れる妖精《スリーピングフェアリー》

この日に生まれた貴方は、
呪いをかけられて深く茨に包まれ眠る美女のように、
誰にも触れられず
永遠の時を過ごす妖精のようです。

特徴

貴方は非常に美しく誰もが憧れを抱く存在のようですが、貴方自身がその身に鉄条網《エンタングルメントワイヤー》のようなガードを纏い、近づける者が一人として存在しません。「子どもっぽい人は嫌い」と年下はおろか同年代を遠ざけ、「面白くない人は嫌だ」と真面目な人間を退ける…。「貧乏人は最悪」と低収入の人間には取り付く島を与えません。理想ばかり求めていると、人は離れる一方ですよ。

パラメーター

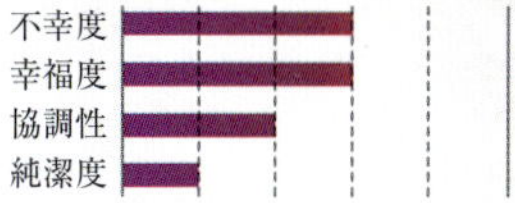

貴方に備わった回復法

王子様のキス

千里の道のりを超えてきた、お金持ちな男性にしか反応しません。

ラッキーフード

乾飯

古くから日本に存在する、伝統的な保存加工されたお米です。

10月 | 4日 | Sleeping Fallenangel

禁忌に身を預けた存在

眠れる堕天使《スリーピングフォールンエンジェル》

眠れる月の4日に生まれた貴方は、
神に逆らったその罪で
地獄の底に落とされた大天使。
力を持て余し燻り続ける凶悪な悪魔《デーモン》です。

特徴

この世において神以外に、貴方の力を止めることができるものは存在しません。しかし今の貴方は獄に繋がれ、哀れな姿を晒す猿のようです。そんな抑圧された現世での扱いが我慢ならず、燻り続けていた感情と力を解放したならば、同僚やクラスメートは皆戦慄し、怒号と悲鳴があたりを駆け回る事態になります。いっそ全てを爆発させて不満や不安をぶちまけるのも乙なものです。(当方は責任を負いません)

パラメーター

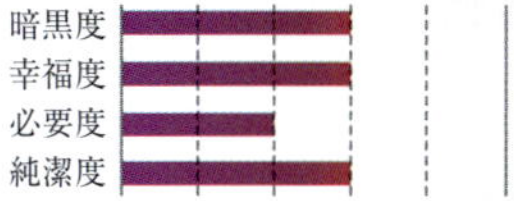

貴方に備わった特殊能力

起きてるふり

机に肘を突き、眉間に拳を当てその姿勢を保てれば獄卒に気づかれません。

ラッキードリンク

コーヒー

興奮作用をもたらすこの飲み物なら、睡魔との闘いに勝利できるでしょう。

10月 5日 Sleeping Bullet

止まらぬ闘争心の持ち主

眠れる銃弾《スリーピングブレット》

5日に生まれた方は落ち着きがなく
刺激を求める傾向が強いのですが、
眠れる月の影響が強い10月5日生まれの貴方は、
まだその本性に気がつかずに生きています。

特徴

しかし、一旦その傾向が現れだすと、貴方を止められるものは何もありません。まるで何かにとり憑かれたかのように、手当たり次第に刺激を求めだします。最強の戦士、竜族の生き残りなど痛い設定を次々にとり込んで超人化し、あらゆるところに邪悪なものを見つけ始めます。ただし、唯一の救いは貴方がチキンなことです。そんな妄想の世界を口にできずにいるので見た目には平穏に過ごしていけるでしょう。

パラメーター

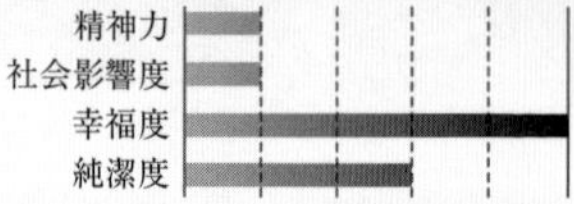

貴方に備わった必殺技

コピー

最強の呼び声高い貴方に使えない技などありません。技名だけ覚えましょう。

ラッキーアイテム

神話の本

広大な貴方の幻想世界に、更なる彩りを加える重要アイテムです。

10月 6日 Sleeping Marionette

屈辱の中で復讐を願う

眠れるマリオネット《スリーピングマリオネット》

操られることに疲れて自ら紐を切り、
箱の中で深い眠りについた操り人形。
この日に生まれた貴方の姿とどこか
重なるところがあると思います。

特徴

しかし貴方は、地中に埋められた棺桶のような自室にこもり、自分の力はこんなものではない、己を縛る余計なものがなければもっといける、と某映画の殺戮人形のように再び生き返ることを願い凶暴な自我を押さえつけるのに必死になっているのでしょう。しかし考えてください。今まで貴方は、何かに動かされて楽をしていた身です。紐なしの自力で立てるかどうかも怪しいところですよ。

パラメーター

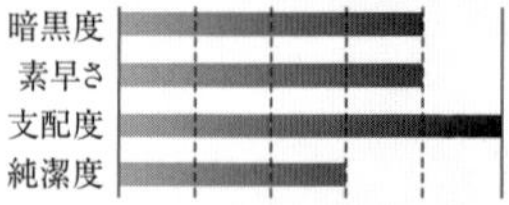

貴方に備わった魔法

憑依術

多少窮屈でしょうが、手頃な人間の肉体を乗っ取って活動を始めましょう。

ラッキー宝具

反魂香

棺桶に入れられた貴方の魂を、この世に呼び戻す伝説の宝具です。

10月 | 7日 | Sleeping Book

アカシックレコードの管理人

眠れる書物《スリーピングブック》

この日に生まれた貴方は、
知識欲が尋常ではなく、
宇宙に開いた暗黒《ブラックホール》の穴のように、
あらゆる物体をのみ込もうとする性質があるようです。

特徴

知識をとり入れたいという思いが強い貴方は、平凡に暮らしている人間たちが知らない宇宙規模の出来事や、目には見えない微細なことまで知ろうとします。銀河はどうやって生成されたか、細胞の一生はどう営まれているのかなどもはや科学者レベルです。知識への渇望はどこまでも続き、学問の各分野のみならず、おばあちゃんの知恵袋のような民間治療法まで幅広く網羅し尊敬の念を持たれるでしょう。

パラメーター

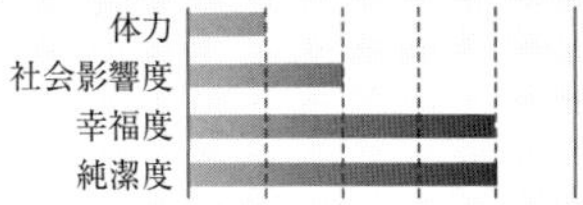

貴方に備わった回復法

図書館で見た
色白な少女

知識を愛する貴方と同類の、可憐な乙女。そういうキャラを攻略しましょう。

ラッキー武器

百科事典

知識も貴方の武器となりますが、厚い本の角もかなり強烈な打撃力があります。

10月 | 8日 | Sleeping Clown

運命の三叉路に立つ

眠れる道化師《スリーピングクラウン》

眠れる月の8日に生まれた貴方は、
人から指をさされ笑われる悲しきピエロ。
サーカス団の中でも決して花形にはなれない
惨めな存在です。

特徴

そんな身の上にありながら、実は聡明な貴方。スタンチクのように、見せかけだけの偽りごとと戦う者にもなり得ます。しかし、今まで強いられた惨めな境遇から復讐に力を注いだ場合、頭脳明晰なため正義の蝙蝠と戦う道化師《ジョーカー》のように、凶悪な犯罪者となり得ます。どちらの道を選ぶにしても、大変な苦労をするのは確実です。ならばいっそのこと今のままでもいいのではないでしょうか。

パラメーター

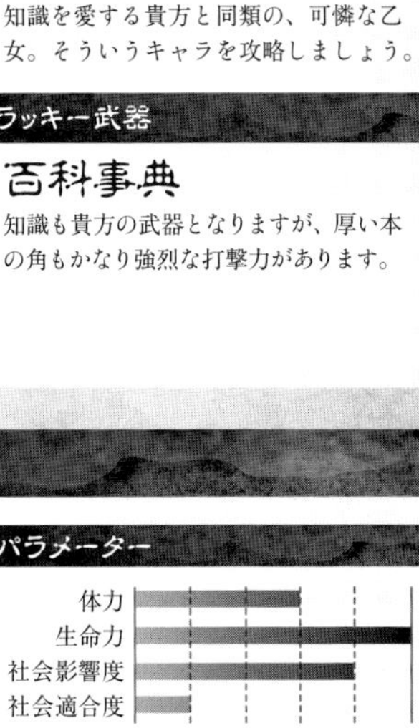

貴方に備わった特殊能力

ヨダレをすする

相手を油断させる手段や、不気味さの演出として大変効果があります。

ラッキー防具

紫のスーツ

愚劣な者共から足元を見られないように、派手な衣装で相手を脅しましょう。

10月 | 9日 | Sleeping Traveler

奢り高ぶる自由人

眠れる旅人《スリーピングトラベラー》

眠り夢見たその先で、
悠々と目標のある旅路を行く…。
前向きでバイタリティーのある貴方の行く末には
前途洋々たる未来があります。

特徴

かと言って持ち前の気力やアクティブさを必要以上に信用し、慢心してはいけません。かの有名な童話「うさぎと亀」にもあるように、相手や周りを舐めてかかり、己の実力を過信することはすなわち敗北を意味します。折角の潜在能力も、美徳であろう目標に対するひたむきさも全てが水泡に帰す結果が待っているのです。最初から最後まで「貴方にとっての普通」を貫けば、所詮相手は亀…負けるはずがないのです。

パラメーター

貴方が隠している弱点

寂しがり屋

傲慢で敵を作りやすい貴方ですが、寂しいと死んでしまうらしいです。

ラッキーフード

スッポンドリンク

憎い亀の眷属です。粉微塵にして飲み干し我が身の一部として取り込みましょう。

10月 | 10日 | Sleeping Inferno

爽やかさの具現者

眠れる業火《スリーピングインフェルノ》

10月10日に生まれた貴方は、
全てを清め洗い流す激しい濁流のような
性格を持ちつつも、
人々に安堵感を与えられる稀有な存在です。

特徴

貴方の全身をやんわりと覆っている爽やかなオーラは、周辺の人々や環境をも浄化します。いがみ合っていた友人達も、険悪で重苦しい雰囲気を醸し出していたご家庭も、貴方が常に放つマイナスイオンによって毒気を抜かれてしまうでしょう。そんな存在自体がデトックス効果を持つ貴方ですが、自身に対してのケアは甘いようです。当人が壊れてしまえば周りへの被害は甚大であると心に留めましょう。

パラメーター

貴方に備わった必殺技

ヴォルテックスウェイブ

汚れた輩を強烈な渦の中に吸い込み、異世界へと放逐できます。

ラッキードリンク

レモンティー

貴方に相応しい高貴な飲み物です。利尿作用が強いので気をつけてください。

Column

Pioneer who was attacked by the spirit of chuni

中二思想に侵された先駆者達

File No. 4

秀吉や家康に抗った
戦国末期を駆けた英傑

伊達政宗

Date Masamune

伊達政宗は豊臣秀吉と31歳、徳川家康と25歳離れており、「もう少し生まれてくるのが早ければ天下が取れた」と言われている。政宗も秀吉や家康に抗うためにあの手この手を繰り出すが、彼らから見ればひよっ子的な存在で、ことごとくあしらわれてしまう。

偉業の中に隠された数々の黒歴史

1.　病気で失明した自分の右目を食べた!?

政宗は幼少時に病気で失明しているが、後年「木から落ちたとき、右目が出てしまったが、あまりに美味しそうだったので食べた」と秀吉や家康にアピールしている。

2.　天下人との勝負服に死装束をチョイス

天下人・秀吉との対面に際し、「俺は他の大名とは一味違うぜ」と言わんばかりに死装束でアピール。だが秀吉からは見事にあしらわれ、領地を一部没収されてしまう。

3.　「無敵艦隊をも利用する大物」をアピール（失敗）

江戸幕府が誕生したあとも、「政宗がスペイン艦隊を利用して幕府を倒し、天下を狙っている」という噂が流れた。安定した時代を嫌った政宗が、自ら噂を流したのかも!?

10月 | 11日 | Sleeping Messenger

人々を騙しほくそ笑む

眠れる使者《スリーピングメッセンジャー》

ウインクの日でもある10月11日に生まれた貴方は、
人々を誘惑してその魅力の虜にし、
人間の生命力を吸い取ってしまう
恐ろしい存在です。

特徴

夜な夜な人前に現れ、人心を弄ぶ貴方は正体不明の淫魔《サキュバス》のようです。甘い言葉で相手を誘い、罠に落ちた者の全てを奪い尽くすことに愉悦を感じているようですが、あまり調子に乗っていると貴方に精魂共に吸い尽くされた輩から手痛いしっぺ返しをくらいます。一番恐ろしいのは妖の類ではなく人間なのです。ネットの普及した現世だと尚更、一度恨まれたが最後全てを失うのは貴方かもしれません。

パラメーター

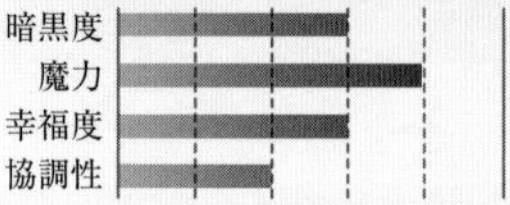

貴方に備わった魔法

変化の術

望んだものに変身可能。使用しすぎると自分が何者かわからなくなくなります。

ラッキーアイテム

ディスプレイクリーナー

貴方の歪んだ心や曇った目にも、物事を明確に映し出すようにしてくれます。

10月 | 12日 | Sleeping Blade

変幻自在 鋒から迸《ほとばし》る聖水

眠れる刃《スリーピングブレード》

この日に生まれた貴方は、
鞘に収められ抜かれることのない名刀。
貴方の実力が発揮されるとき、
地上には無数の骸《コープス》が転がることになります。

特徴

「抜けば玉散る氷の刃」。邪を退け妖を治めるとも言われていますが、粘着、成り済まし、ハッシュタグを使っての嫌がらせなど凄まじい攻撃技を多数持っている貴方は、使い方次第では、この世を滅ぼしてしまいかねないほどの威力を持っています。やはり鞘の中に収まっていただいているのが周りのためです。もっと大きな敵が現れたとき、民衆のためにその力を使うのがよろしいかと思われます。

パラメーター

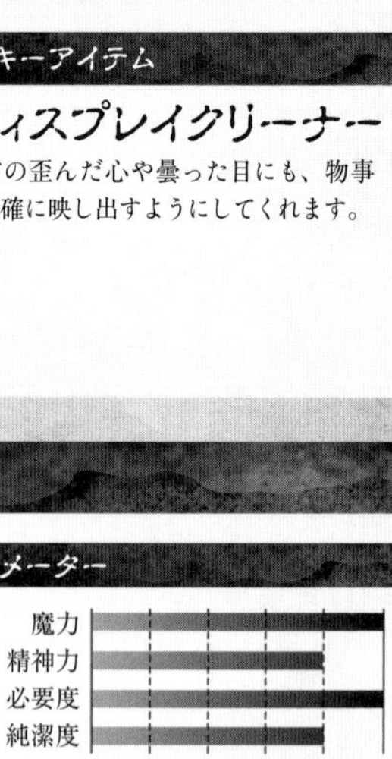

貴方に備わった回復法

大量に汗をかく

救いのない戦いを続ける貴方。たまにはスポーツでもして気分転換を。

ラッキー宝具

村雨

この宝剣は、所有者を選びますので常日頃の行いには注意してください。

10月 | 13日 | Sleeping Secret Agent

秘境を踏破し獲物に迫る

眠れる密偵《スリーピングシークレットエージェント》

13は忌み数でありますが、
新たなものの出現も意味しています。
つまり貴方は探検家《トレジャーハンター》のように、
未知なるものへの挑戦心の塊です。

特徴

可能性が１％でもあれば果敢に挑む。貴方の心は、未だ見ぬ財宝や強力な力を持った伝説の秘宝発見に期待を寄せています。様々な暗号の解析や、古代文字の解読から始まり危険を伴う宝への道のりを踏破したとき、たとえ求めたものがそこになくても、貴方は心の底から充分な満足を得ることができるのでしょう。貴方はそういう病に犯されているのです。とりあえず地図の入手から始めましょう。

パラメーター

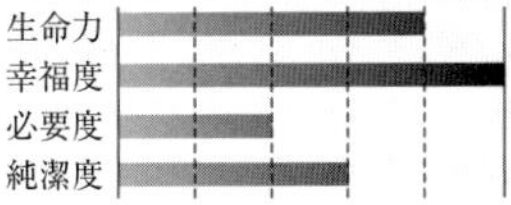

貴方に備わった特殊能力

ダウジング能力

不思議な霊力により、地下水や金属の鉱脈などを探し出すことができます。

ラッキー武器

鞭

悪辣な敵を打ち据える武器としては当然、ロープの代用などとしても使えます。

10月 | 14日 | Sleeping Umpire

蛇の日､トカゲの心を持った

眠れる審判《スリーピングアンパイヤ》

神をも恐れぬ人工の雷鳴超兵器《プラズマメーサーキャノン》、
自然を破壊する巨大な魔術《ナチュラルデストラクション》の使用など､絶対に
下されてはいけない判断､禁じ手を破る恥ずべき
行為を行うのがこの日に生まれた貴方の性質です。

特徴

貴方はどんなに「汚い奴」と罵声を浴びようが､人々に蔑まれようが、自分の思いを遂げるため、残酷且つ非人道的な攻撃や行為を平然と行います。そのためにどれだけのものが犠牲となったことでしょう。どうすればより効果的に相手の傷口を抉れるのか、肉体《フィジカル》よりも精神《メンタル》へのダメージをじわじわ蓄積させる術に長けている貴方のことを、周囲はもはや人ではなく邪鬼か何かの一種だと認識しています。

パラメーター

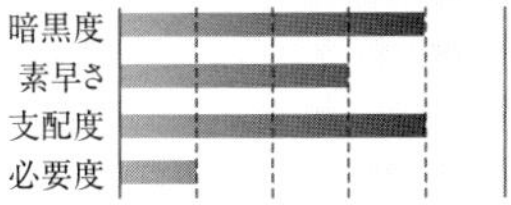

貴方に備わった必殺技

**グラフィティーオン
ザウォール**

一部では芸術的ともて囃される風潮も。しかし迷惑なので落書きはやめましょう。

ラッキー防具

ガントレット

猛獣の牙さえ通すことがない、鎖編み五指独立タイプの手袋です。

10月 | 15日 | Sleeping Emperor

混濁した思考で死期を待つ

眠れる皇帝《スリーピングエンペラー》

この世ではやり残したことがないというくらい人生に
未練のない貴方は、年老いた皇帝のように、
何の刺激も求めず
漫然と毎日を過ごしてしまうことが多いでしょう。

特徴

もはや生きる気力も、敵を倒し版図を広げる覇気もないといった具合の貴方ですが、その歳でその体たらくはまずいのではないでしょうか。人生80年（推定）という長いようで短い中で、貴方の栄華をここで終わらせるのはあまりにも惜しい…。第二の覇王としての道が意外な形で開くこともあり得ます。精神老衰もほどほどに、たまには外に出てみたら劇的な変化が貴方を待っているかもしれませんよ。

パラメーター

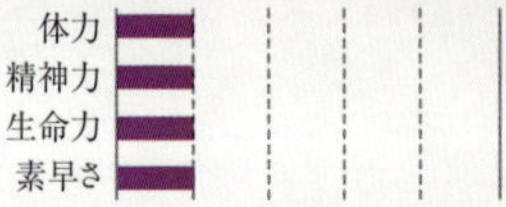

貴方に備わった魔法

ディフロスト

氷漬けされたものに命を吹替えさせる技です。毎日使っていますよね。

ラッキーフード

ハンバーガーセット

堕落した毎日を送る貴方の主食。ピザとのヘビーローテーションで命を縮めます。

10月 | 16日 | Sleeping Wizard

Don't stop party

眠れる魔術師《スリーピングウィザード》

16日生まれの方は魔術師の称号が
与えられますが、冒険心に富み野心を
抑えられない魔術師《メイジ》というよりも、
物静かな賢者《ワイズマン》としての傾向が強いようです。

特徴

相手の話に耳を傾け、静かに問に答えつつ柔和な眼差しを人々に向ける貴方は、周りからの信頼を集め尊敬されています。しかし、そんな陽だまりの中でゆっくりと暮らしている貴方は、ぬるい生活に慣れ親しみすぎ魔術の使い方を忘れているかもしれません。いや、そうでもないようですね。人を言いくるめる言葉の魔術は、鍛錬に鍛錬を重ね最高品質になっているようです。恋愛相談等がお得意ですか？

パラメーター

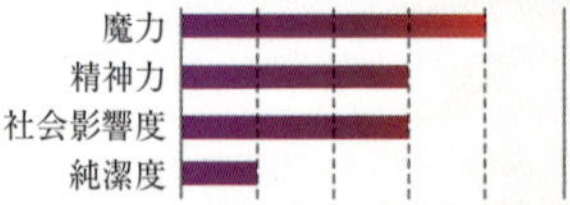

貴方に備わった回復法

感謝されること

愚かな人間を言いくるめ、感謝の辞を受けるのが貴方の心を爽快にさせます。

ラッキードリンク

トロピカルジュース

美女を侍らせ、白い砂浜でトロピカルジュースを飲むのが貴方の夢です。

地上に舞い降りた北極星《ポラリス》

眠れる吟遊詩人《スリーピングトルバドール》

強烈な感受性と幸運の運気が強い
この日に生まれた貴方は、
さしずめスーパースターのような
人生を体験できる傾向があります。

「みんなで奏でよう！破滅へと向かう序曲《プレリュード》を！」

特徴

貴方が何かを言えば誰からもチヤホヤされ、誰もが笑ってくれる。そんな自信に満ち溢れた貴方ですが、周りの人間の表情をよく観察してください。目の端や頬が引き釣っていませんか？　笑い声もどこか上ずっていたりしませんか？　貴方は自分のことを特別だと思っているかもしれません。しかしそういう考え方が周りの人たちと違い特別なだけだと気づきましょう。寝ぼけていては歌など歌えません。

パラメーター

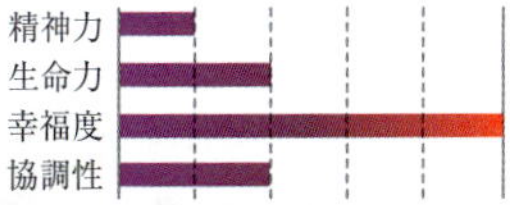

貴方に備わった特殊能力

水面を見て満足

ナルキッソスのように、自分の姿を映し出すもの全てを好きになります。

ラッキーアイテム

サイン色紙

社交界に憧れる下賤の者に、いつサインを求められてもいいよう常備してください。

10月　18日　Sleeping Hermit

官憲《ネメシス》を騙すもの

眠れる隠者《スリーピングハーミット》

まるで眠りについているかのように
静かに暮らす貴方は、
過去に犯した罪を暴かれ
罰せられるのを恐れている咎人のようです。

特徴

貧しさのためパンを盗み、それが故に19年もの間監獄《ジェイル》で暮らすはめになったジャン・バルジャンのように、今の貴方は静かに暮らしながら人間社会に怯え、人間自体を激しく憎悪しているようです。全てが敵に見える貴方にとっては、心身を鍛えるトレーニングは必要不可欠です。かといってジムなどに通おうものならそこにも薄汚い人間の姿…埒があきません。日常でできる範囲で筋トレあたりから始めましょう。

パラメーター

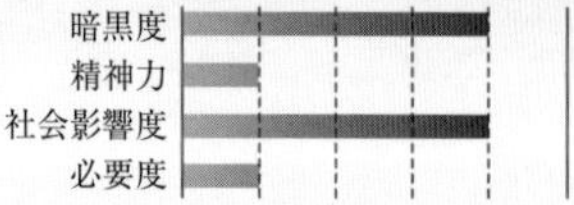

貴方に備わった必殺技

非常ボタンを押す

たまにいますよねこういう人。すぐにパトカーや救急車を呼ぶのもやめましょう。

ラッキー宝具

スヤマンタカ

身につけた者の善悪を表すもの。貴方なら指一本の代償で済むかもしれません。

10月　19日　Sleeping Whip

奇想天外な発想力

眠れる硬鞭《スリーピングウィップ》

眠れる月の19日に生まれた貴方は、
気宇壮大で行動力も旺盛です。そのため他人の
一歩も二歩も先を見据えてものを考えることができる
軍略家《ジェネラル》のような威厳が滲み出ています。

特徴

時に大胆で思いもつかないような手段で成功を手にする貴方ですが、あまりに先走っているため、味方すら置いてけぼりを食うような事がしばしばあります。それがただ空回るだけならば実害もないでしょうが、ときに金銭トラブルや暴力沙汰などのとんでもない方向に作用してしまうことも。勘違いが先行することは誰でもありますが、笑える失敗談あたりで留めておけば、いつか全てを懐かしめる日が来ます。

パラメーター

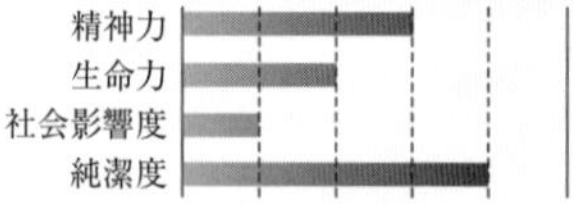

貴方に備わった魔法

ブラックサンダー

目の覚めるような強烈な威力を持つ魔法です。お菓子の名前ではありません。

ラッキー武器

カタパルト

堅固な城を、意思を射出し遠方より攻撃する古代の攻城兵器です。

10月 | 20日 | Sleeping Rebel

艱難辛苦に耐え続ける者

眠れる反逆者《スリーピングレベル》

この日に生まれた貴方は、巨大なものに抵抗し本来の人間らしさを取り戻すべく、着々と反乱の準備を進めている剣闘士《グラディエイター》、スパルタクスの生まれ変わりのようです。

特徴

手にした剣《つるぎ》を高く振り上げ、怒号と共に敵に襲い掛かる日を夢見て、密かに計画を立てる貴方。その身に受けた屈辱を雪ぐため今日も敵の動向を見つめ、データ収集に余念がありません。全てが報われる日はすぐそこに来ています。破滅をもたらす貴方の腕《かいな》で相手が「もう勘弁して」と泣いて許しを乞うまでが貴方の戦い。それがリアルファイトなのかゲーム内の出来事なのかは言及しないでおきましょう。

パラメーター

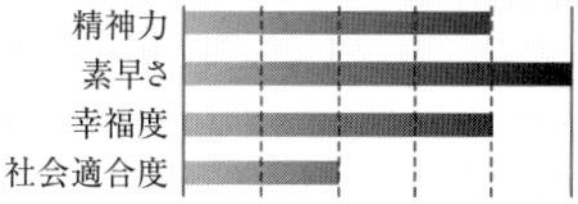

貴方に備わった回復法

攻略打ち

預金したお金が返ってくるか、店員さんに叩きのめされるかスリル満点です。

ラッキー防具

理性

戦う前に相手と自分の戦力差を見極めましょう。時には退く勇気も必要です。

10月 | 21日 | Sleeping Wing

力量不足の偽者《インポスター》

眠れる翼《スリーピングウィング》

眠れる月の21日に生まれた貴方は、大きな理想《グレートスピリット》を追い求めどこまでも飛んでいく鳥のような存在です。しかしその理想を手に入れるまでには、様々な障害が存在しています。

特徴

かつて聖地エルサレムを奪回しようと、組織された十字軍の中には、王侯貴族や騎士たちが組織したプロの軍隊の他にも民衆十字軍なるものがありました。プロの力でも聖地奪還・維持には困難を極めたのに、それを素人がやろうとしても土台無理な話。貴方が今必死に理想郷を求めて行っていることもそれに近いかと思われます。真似事は趣味に止め、日々真面目に働いた方が身のためです。

パラメーター

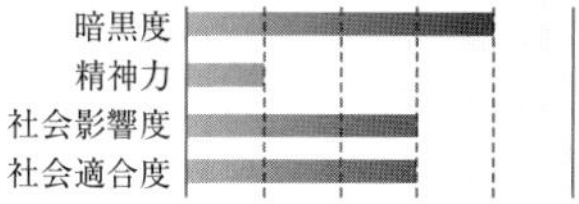

貴方に備わった特殊能力

略奪

自分の食べ物がなくなったからといって、略奪行為は最低ですよ。

ラッキーフード

おにぎり

それでも強い意志を持ち旅立つ貴方には、おにぎりを。たくあんもご一緒に。

10月 | 22日 | Sleeping Undead

死肉を漁る餓鬼

眠れる亡者《スリーピングアンデッド》

減退を示すこの日に生まれた貴方は、
まるで生気のないゾンビのような存在です。
一度死んでいる身分ですので、
この先の人生はあまり無理をしないでください。

朽ちた屍人形…
私は生あるものの
成れの果て。

特徴

寝ぼけ眼で街を徘徊する貴方の姿は愛らしくもあります。意思も目的もなく休日を無駄に過ごす貴方ですが、心踊らされるものがきっとあるはず。生気を失っているにしろ、時折猛烈な飢餓感に襲われることはありませんか？ それが食べものであれ、趣味に準じるものであれ、もし目の前に求める最高のご馳走があったなら…。普段にあるまじき勢いでがっつく貴方の豹変ぶりに、仲間もただたじろぐばかりです。

パラメーター

体力		☠			
生命力			☠		
協調性		☠			
純潔度			☠		

貴方に備わった必殺技

チョップスティックスピン

素早く箸を動かすことで、ライバルゾンビに肉を奪われる被害を減少させます。

ラッキードリンク

烏龍茶

高脂質な料理が好きで野菜を食べない貴方。健康には気をつけてください。

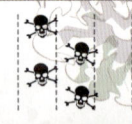

10月 23日 Sleeping Nirvana

全ての誘惑に打ち勝った者

眠れるニルヴァーナ《スリーピングニルヴァーナ》

眠れる月の23日に生まれた貴方は、
ブラフマンに誘われ解脱に至った
釈迦族の聖者ガウタマ·シッダールタ
その人の再来です。

特徴

休日に身を横たえる貴方を見て、人は自堕落だと言うでしょう。しかし神々しいその姿は、ゲーム・アニメ・漫画・ネット等あらゆる魔羅《マーラ》を降魔した証拠です。悟りを開いた貴方の偉大な行いを凡人は知ることができません。しかしいくら悟りを開いている貴方でも、公衆の面前で半眼になり、低い声で唸るのは避けた方がいいかもしれません。制服を着た韋駄天の降魔杵で、叩きのめされてしまいますから。

パラメーター

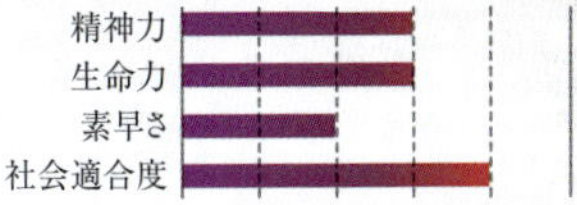

貴方に備わった魔法

トラベルドスピリット

涅槃に入ると、無限に広がる世界を自由に飛び回れるようになります。

ラッキーアイテム

枕

悟りを開いたあなたは、これさえあればどこでも涅槃に入れます。

10月 24日 Sleeping Assassin

弱き者の無念を晴らす

眠れる暗殺者《スリーピングアサシン》

眠れる月の24日に生まれた貴方は、
普段は注意散漫で人畜無害な人ですが、
いざというときには真の能力を発揮し、
冷酷に人を誅殺します。

特徴

微笑みを絶やさず穏やかに日々をすごす貴方ですが、いざ獲物が現れたときの眼光の鋭さはたまたま目にした人物が数秒硬直してしまうレベルの危険度です。それが取引先のいけ好かない相手なのか、はたまた恋のライバルなのかはやぶさかではありませんが、気をつけておかないと折角培ってきた昼行灯キャラが目撃者によって崩壊の危機に陥りかねません。その際には真っ先に優先ターゲットを変更してください。

パラメーター

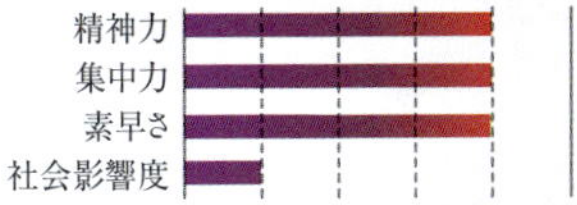

あなたに備わった特殊能力

スヌープ

獲物を探し、ゲーセンの中をウロウロと歩き回る貴方の姿は、とても珍妙です。

ラッキー武器

簪《かんざし》

ターゲットの背後から忍び寄り、首筋めがけて突き刺します。カッコイイです。

10月 | 25日 | Sleeping Conglomerate

積み重なる力

眠れる礫岩《スリーピングコングロメレード》

数万年の時を経て、種々の礫《つぶて》が圧密し
化学変化を起こしてできた礫岩さながら、
多彩な能力を合わせ持つトーマス・マコーリーのような
天才が誕生しやすいのが10月25日です。

特徴

貴方は次々と知識を蓄えていく天才児のように、とり入れた要素を複合し、宇宙を駆ける神秘的で壮大な彗星のような存在に育つでしょう。ただし好奇心からか何にでも手を加える傾向にあるので、後先考えずの改造は思わぬ弊害をもたらします。食べ物への隠し味調合も、ゲーム内での勢力合体も全てが成功するとは限りません。イレギュラー時の対処法がなければ手の施しようがなくなります。

パラメーター

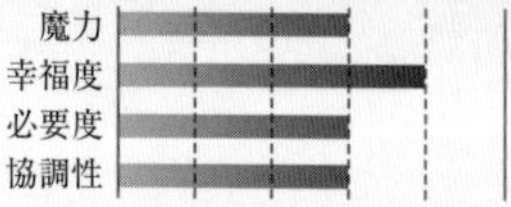

あなたに備わった必殺技

悪魔合体

仲魔にした悪魔を合体させ、レベルを上げます。武器と合体させることも可能。

ラッキー武器

アタックナイフ

ちんぴら何かが持っているアイテムです。倒すと入手できることがあります。

10月 | 26日 | Sleeping Executioner

昔日の面影は微塵も無し

眠れる処刑人《スリーピングエキスキューショナー》

26日に生まれた貴方は辛辣さと爆発的パワーを
持つ処刑人の相がありますが、眠れる月の影響で、
自分の能力と存在価値に疑問を持ち優れた
能力を封印している方も多いようです。

特徴

かつては「鬼《デビル》」と呼ばれ「悪魔《サタン》」と蔑まれた貴方も、今やすっかり憔悴しきっているようです。周りの愚かで特に目的意識もなく徒党を組んでいるような輩にすら馬鹿にされるような悲しさが、体中から発せられ、暗いオーラを噴出しています。昔の手腕と威厳はなりを潜め、意識は常に混濁して目も濁り、近寄る人間の影にも怯える日々をすごす今の貴方。その劣悪な環境からの脱却を周りは願っています。

パラメーター

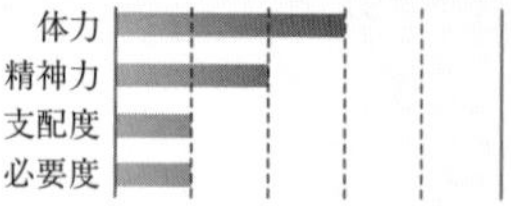

貴方に備わった魔法

**ゴールド
エクスプロージョン**

成功率はかなり低いのですが、当たれば億万長者。宝くじ売り場へGO!

ラッキー防具

金の鎧

実用性、装飾性ともに優れています。金を剥ぎ取り売ることもできます。

10月 | 27日 | Sleeping Prophet

神の声を聴く者

眠れる預言者《スリーピングプロフェット》

この日に生まれた貴方には、
神の言葉を預かることができる資格があります。
崇高な役目です。いつそれが来てもいいように
心の準備をしておきましょう。

特徴

貴方は普段からよく聞き間違いや、幻聴を聞くがありませんか？ それは貴方に降りた神託《オラクル》なのです。日常生活レベルで頻発するようでしたらもはや天界からの悲痛なSOSの可能性すらありますが、暗号かなんなのか…全く実にもならない単語の空耳でしかないなら早めに耳鼻科に行って原因究明に全力を注いだ方が良いでしょう。何か大きな指示や連絡事項ですらもとり違えて大惨事を招きかねません。

パラメーター

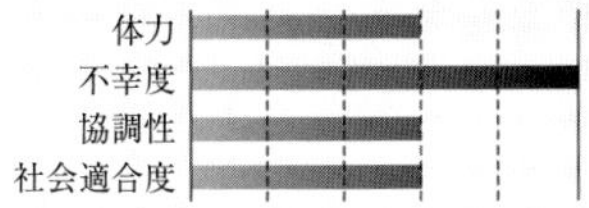

貴方に備わった回復法

食事制限

貴方の患った病は深刻です。食事療法中はぢに良い食物だけ食べてください。

ラッキーフード

玄米

悪しきものを体中から排除する、不溶性食物繊維がたっぷりで、ぢに効きます。

Symptoms diagnosis of chunibyo

Column

中二病患者の症状診断

Karte No. 12

症状

普段から好んで
黒い衣服を身に纏う

詳細

上下黒服に黒コート、サングラス…etc.とにかく黒いものを身につければ、自分がダークネスになれると信じている。コートの裾はとことん長く、さらにわざと雨に濡れることで、よりいっそう闇の帳を引き立たせる。しかし、周りから見ればただの不審者でしかなく、「あー、あいつイキってんな」と失笑されること請け合い。全身黒づくめは中二病ファッションの典型例なので、あまりおすすめはできない。

特記事項

- 黒の組織
- 冬のロングコートは必須
- 雨に打たれ続けた結果見事に風邪を引く

中二病 中期

神出鬼没の略奪者

眠れる鉄槌《スリーピングハンマー》

この日に生まれた貴方は、人生を切り開こうとする
意欲が強くフロンティア精神に溢れています。
海を渡りつつ、屈強な肉体を持ち
槌を振り回すバイキングのようです。

「私に挑みたい？よろしい、ならば戦争だ。」

特徴

雄々しい性格の貴方が問題を解決するときに使用する方法はただ一つ、決闘です。自らの誇り《プライド》と名誉《オーナー》のために戦い、正義を得る…。単純なようですが、なかなかに知能を必要とします。自分が有利な時間帯、場所、それらを精査し相手の攻撃パターンも研究しましょう。ずっと俺のターンを維持できるデッキが構築されたと確信したときに勝負に臨むのです。勝ち目のない戦はしないのが定石です。

パラメーター

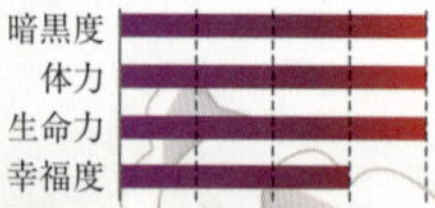

貴方に備わった特殊能力

略奪

戦闘に負けた者から戦利品を頂戴する。
これぞまさに戦の醍醐味です。

ラッキードリンク

ドリンクバー

バイキングといえば食べ放題飲み放題、
ドリンクバーシステムは欠かせません。

10月 | 29日 | Sleeping Hunter

苦悩する賞金稼ぎ《バウンティーハンター》

眠れる狩人《スリーピングハンター》

眠れる月の29日に生まれた貴方は、
逃亡者を追い、無情に狩り続ける
伝説の賞金稼ぎの
生まれ変わりかもしれません。

特徴

貴方が追い求めている獲物は火星から逃げ出した人口生命体か、はたまたネットオークションでどんどん値段のつり上がる至上の一品か…。ひたむきにターゲットを追い詰めるその姿はまさしく狩人を名乗るにふさわしいもの。ただ、貴方は本当にそれを望んでいるのでしょうか。宿命のままに行なっている行動が、心の底から欲しているものと同一とは限りません。一度眠りの海に堕ち、己を見つめ直すことも大切です。

パラメーター

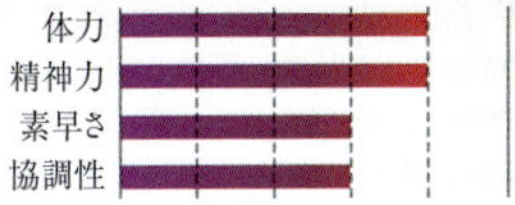

貴方の愛機

ミレニアム・ファルコン号

レースに密輸、戦闘までこなせる高機能なボロ船。性能はピカイチです。

ラッキーアイテム

電気羊

優秀な科学技術により作り出されたものですが、毛はのびるのでしょうか。

10月 | 30日 | Sleeping Fool

秘められた狂気

眠れる愚者《スリーピングフール》

この日に生まれた貴方は、
かなり浮世離れした厭世家として
日々を過ごしていると思いますが、
実は好奇心旺盛な面が潜んでいます。

特徴

巷の薄汚さに嫌気がさし、どんな事に誘っても面倒くさい、疲れたなどの生返事でまるでオヤジのような生活をしている貴方。しかしそれは、「お前らのような愚民がするようなことをなぜ俺がしないといけないのか。面倒くさい」「そんな流行の物に流され馬鹿みたいに声を上げるなんて疲れてしまう」という心の表れです。馬鹿なことと知りつつそれを行うのも案外楽しいかもしれません。

パラメーター

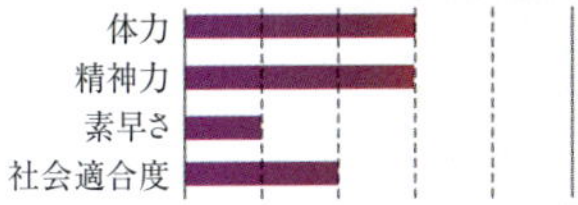

貴方に備わった必殺技

サイレントマウス

あまりにも執拗な追求に対して使用する最終手段。本当に嫌なんですね…。

ラッキー宝具

浄玻璃鏡《じょうはりのかがみ》

自分の罪を見せる鏡。貴方の人生がどれほどつまらないかを実感しましょう。

10月 | 31日 | Sleeping Grail

絶大な力ゆえ厄災を招いてしまう

眠れる聖杯《スリーピンググレイル》

眠れる月31日に生まれた貴方は、
今はどこにあるかわからない
伝説の聖杯のような、神秘と謎に包まれた
偉大な存在です。

特徴

神秘のベールで覆われた貴方の未知なる力を欲した人々が、今までもこれからも大挙として貴方の元へ押し寄せるでしょう。各々の欲に駆られた者達は貴方の生活空間の内外に必ず巣食っていますが、その全てを抑えてでも貴方を掌の上で転がせる存在があります。そう、母親です。あるときは貴方の人生の行く末を狭め、またあるときは有意義な時間を夕飯の買い物という名目で破壊する…。逃げ切れますか？

パラメーター

貴方に備わった魔法

フライアウェイフロムヒア

悪意に満ちたここではないどこかへ行くことも、貴方を守る手段の一つですよ。

ラッキー武器

梓弓

魔除けに鳴らす弓。貴方に忍び寄る魔の使徒からその身を守ってくれます。

Column

Symptoms diagnosis of chunibyo

中二病 中期

Karte No. 13 中二病患者の症状診断

症状

**普段の動作や言動全てが
やたらと演技がかったものになる**

詳細

「ふぅ、やれやれだぜ」。日常会話における動作、会話がやたらと演技じみているのも中二病の特徴のひとつ。「フッ……」「クククッ」と不気味な笑い声を発するが、これは周囲に不快感も与えかねない。また中二病患者はあらゆる物事を否定的なスタンスで語り、態度も上から目線になりがち。ゆえに周辺との軋轢が生じることもあるが、本人はそれに全く気づかないから、余計にタチが悪い。

特記事項

- 基本は上から目線
- 笑い方がキモい
- 行動に付随する効果音はすべからく口に出す

11月 1日 Traitorous Dictator

振り返り後悔する者

裏切りの独裁者《トレイトラスディクテイター》

この日に生まれた貴方は、砂でできた城に住む
独裁者のようです。見栄と欲望に駆り立てられ
築いた砂の城は、崩れ落ちる寸前。
その権勢をいつまで保っていられるでしょうか。

特徴

貴方が一言発すれば、道なきところに道ができ、海は二つに割れ、山さえ轟音を上げながら動き出すことでしょう。しかし、そうやって貴方が築き上げてきた物は、貴方と共に道を歩んできた人々の力があってこそ築けた物。それを心に留め置くことで、より強固な地盤を手に入れることができます。我が道を行く独裁的な精神に他者を認める精神が加われば、人々から賛同を得られるはずです。

パラメーター

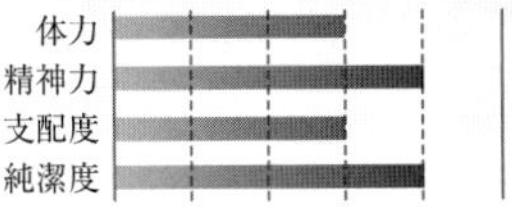

貴方に備わった回復法

反省

これまでの過ちを悔い改めるところから始めましょう。人は間違いを犯すものです。

ラッキー防具

ショルダーガード

防具としても使用しますが、いざという時は突進打撃武器としても使用できます。

Symptoms diagnosis of chunibyo

Column

中二病患者の症状診断

Karte No. 14

中二病 中期

症状　国家権力や大企業はとりあえず批判する

詳細　中二病患者は、そんなに度胸がない割には警察を敵視している。警官から見えない場所ではガンを飛ばしていても、パトカーが近寄るとドキッとしたりする。またニュースに対してはおおむね懐疑的で、評論家気取りで国家権力や大企業を批判する。そして上から目線でツラツラと意見を述べたりするが、それは某掲示板やヤ●コメなどで見た他人の意見の受け売りだったりする。

特記事項
- 政府批判は基本
- 業界通気取り
- お前は一体何と闘っているのか

11月 | 2日 | Traitorous Fountain

猜疑の視線を受け続ける

裏切りの泉《トレイトラスファウンテン》

裏切りの月2日に生まれた貴方は、
次々と命の素《もと》を地表に湧かせる泉のように、
多くの人に夢と希望を与える未来からの使者。
時の旅人《タイムトラベラー》です。

特徴

こんなことを話しても誰も信じてはくれないでしょうが、貴方は人類にとって重要な存在です。何者かによって未来の世界は絶滅の危機に瀕していると、賢者達に警鐘を鳴らし続け、愚かな人々を啓蒙してください。正体がバレると色々とまずいでしょうから、大規模な匿名のWEB掲示板を使用しましょう。同じようなことをしている者がいるようですが、貴方以外は偽物ですので駆逐してやりましょう。

パラメーター

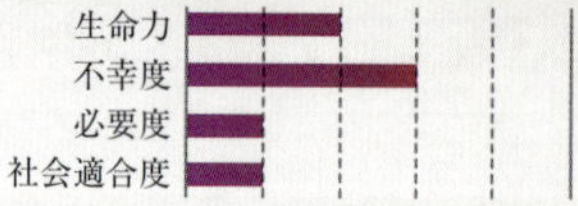

貴方に備わった特殊能力

未来予知

貴方が知っている未来をノートに書いてみましょう。馬鈴薯に毛が生えたとか。

ラッキーフード

赤ちゃん用ミルク

全ての栄養が詰まった完全食品。未来の人間はこれオンリーで生きています。

11月 | 3日 | Traitorous Fairy

並外れた性的魅力

裏切りの妖精《トレイトラスフェアリー》

11月の月の影響で、性的魅力が倍増された貴方。
その力を武器に人々を惑わす姿は、
まさに妖精そのもの。人類全てを手玉にとり、
世を駆け回る貴方の終着地点は、何処に——。

特徴

自らの魅力を自覚している貴方は、褒められることを好みます。自らに備わった美貌や仕事の能力に対する賞賛は、貴方の意欲を倍増させることでしょう。反対に、怒られることには慣れていない為、些細な注意であっても気を落としがちです。貴方の魅力をもってしても通らぬ場合があることを自覚しましょう。「褒めてのびる子」というイメージを周囲に植え付けられるように動くことも大切。

パラメーター

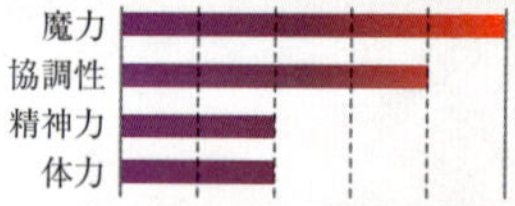

貴方に備わった必殺技

強化賛美《エクストリームサラーム》

自分に対する賛美を聞き、意欲を増強させます。

ラッキードリンク

フラペチーノ

自分へのご褒美の定番。凹んだ時は、これを。

11月　4日　Traitorous Fallenangel

騙りペテンの名人

裏切りの堕天使《トレイトラスフォールンエンジェル》

裏切りの堕天使。それは神を裏切った天使なのか、
堕天使を裏切った堕天使なのか、はたまた
二重スパイ三重スパイなのかよくわかりませんが、
それほど危険な存在という暗示がでています。

特徴

正体不明かつ不規則な貴方の行動は人を不安に陥れ、時には真っ暗な絶望の底に叩き落とします。「あっちに宇宙人がいたよ」などという子どもじみた嘘であれば誰もが見抜けるのですが、貴方の言葉巧みな話術には誰もがそれは真実ではないかと慄くのです。街中でポツリと「思ったよりこの街は侵食が進んでいる」と呟いてみましょう。周りの人間の顔が見る見る青ざめていくのが思い浮かびます。

パラメーター

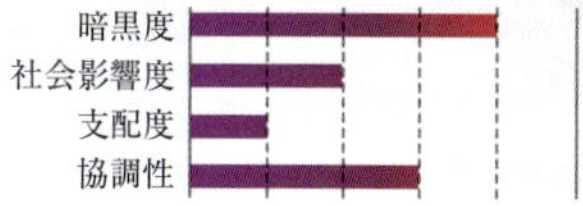

貴方に備わった魔法

詐術

善良な人間を次々に陥れる会話術です。まさか本気で話してはいないですよね。

ラッキーアイテム

特殊仕様っぽい道具

貴方の嘘をさらに進化させ、真実味を持たせる道具です。自作しても構いません。

11月　5日　Traitorous Bullet

狂気の一撃

裏切りの銃弾《トレイトラスブレット》

突如としてこの世に現れた狂気《ディザスター》。
キング牧師やケネディー大統領、
ジョン・レノンの命を奪った者たちのように、
貴方は大きな存在を奪ってしまう存在のようです。

特徴

世間を騒がせた狂気の人々のように、貴方は密かに物事を遂行する能力に長けています。その姿はまるで、見えない銃弾のよう。身軽さと行動力に優れた貴方は、どんな仕事も俊敏に終わらせる能力を持っています。それゆえ、誰かを待つことが苦手なようです。待ち合わせに1分の遅れも許さない等、時間に厳しいことは良いことですが、5分程度の遅刻は許せる寛大な心を持つことも大切です。

パラメーター

貴方に備わった回復法

創作料理

貴方の独特なセンスで作られた合体料理。味噌牛乳とかその類です。

ラッキー宝具

カンタレラ

近世の貴族が暗殺に用いた毒薬。甘美な粉薬ですが自分で舐めないでください。

11月 | 6日 | Traitorous Marionette

逃走力は日本随一

裏切りのマリオネット《トレイトラスマリオネット》

気が弱く、力のある者の間を行ったり
来たりする日和見主義の貴方。
関ヶ原の戦いで徳川方勝利のきっかけを
謀らずも演出した、小早川秀秋のようです。

特徴

自分こそがこの世の理、俺様がルールブック等と常日頃から嘯いている貴方ですが、それは自分の気の小ささを悟られないために吐いているもの。いくら強がっても腰の引けっぷりは手を頭上に掲げ威嚇するザリガニそのもの。周りから異性の紹介や昇進の話が舞い込んでも、適当にお茶を濁してごまかしてばかりいませんか？ 自信のなさや責任回避も大概にしなければチャンスの芽が二度と出てこなくなります。

パラメーター

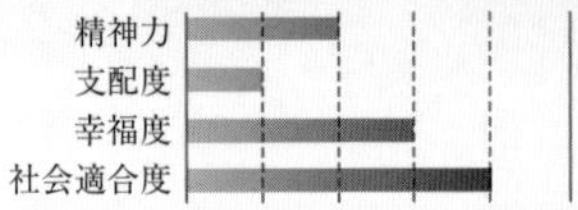

貴方に備わった特殊能力

手の平返し《サドゥンスプラッシュ》

その卑怯さは気持ちが良いほどです。
人から恨みを買わぬよう気をつけて。

ラッキー武器

火縄銃

轟音で貴方を脅し、実力以上の力を出させるために有効な武器です。

Symptoms diagnosis of chunibyo

Column

中二病患者の症状診断

Karte No. 15

中二病 中期

症状	「人とは違う自分」演出のためにとにかくマイナー路線を目指す
詳細	邦楽よりも洋楽、大作映画よりもミニシアターなど、中二病患者はマイナー路線を歩みたがる。マイナーな映画や音楽を賞賛して通ぶっているが、実はその情報のほとんどが他人の受け売り。メディアから得た情報を、あたかも自分の持論として他人に言いふらしているのだ。ところが「もっと語ろうよ！」と同調者が現れると、本当はそんなに詳しくないので及び腰になってしまう。
特記事項	●ヴ●レッジヴ●ンガード　●ミニシアター志向 ●俄知識での知ったかぶりがバレて自爆

11月 7日 Traitorous Book

桁外れの大者

裏切りの書物《トレイトラスブック》

他の追随を許さない膨大な知識を持ち、
ユーモアのセンスに溢れる貴方ですが、
そのユーモアが行きすぎているために、
嘘ばかり書いてある百科事典《エンサイクロペディア》のようです。

特徴

貴方の長所は親しみあるホラ吹き癖ですが、それを快く思わない人間もいるようです。いつの時代も、人気者に妬みや嫉みはついて回るものですが、なるべく悪い噂は避けたいものです。しかし、人の悪口を言わない貴方は、その被害を最小限に食い止める術を身につけている様子。あとは自分のホラ話に真実味を付け加えるよう鍛錬すれば、完璧です。でもあくまでもくすっと笑える優しい嘘に留めましょう。

パラメーター

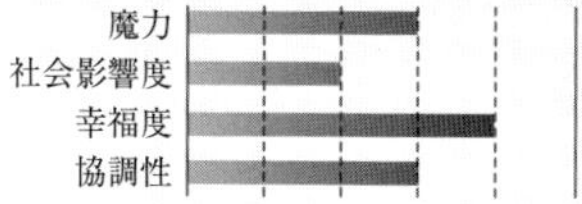

貴方に備わった必殺技

笑って誤魔化す

貴方のキャラだから許される行為です。
あまり多用するのも考えものです。

ラッキー防具

マウスピース

地獄の大王閻魔様に、舌を抜かれる事を防いでくれるかもしれません。

11月 8日 Traitorous Clown

激情に囚われ堕ちていく

裏切りの道化師《トレイトラスクラウン》

敬愛する人間を貶め、その苦しみもがくさまを
見ることを密かな楽しみにしているのが
この日に生まれた貴方です。まるで
ヨカナーンの首を欲した王女サロメのようです。

特徴

貴方を突き動かすのは冷酷非情な傲慢さか、欲望を満たすことができなかった怒りか…。我がままな所が多い貴方ですが、なぜか貴方の周りには優しい人が集まることが多く、貴方のことを優しく受け入れてくれています。貴方が享楽的な日々を送ることができているのは周囲の理解があってこそ。それを忘れず時折周囲の人々に感謝の意を示せば、今以上に良好な関係を築くことができるでしょう。

パラメーター

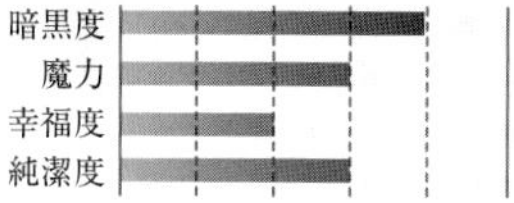

貴方に備わった魔法

プリンスオブダークネス

鬼人の如きオーラを身につけ、理性も吹き飛ばさせる自己暗示魔法です。

ラッキーフード

ジンジャークッキー

中に生姜が入っているとかそういうことではなく、人型なのがいいのでしょ？

天蓋から顔を突き出す者

裏切りの旅人《トレイトラストラベラー》

裏切りの月9日に生まれた貴方は、
多重的且つ神秘的な気配を纏っています。
神出鬼没で予想できない行動パターンの
貴方は、世の怪《エニグマ》として語り継がれるでしょう。

見たいんです…
誰の目にも
触れたことのない
『私だけの
世界』を。

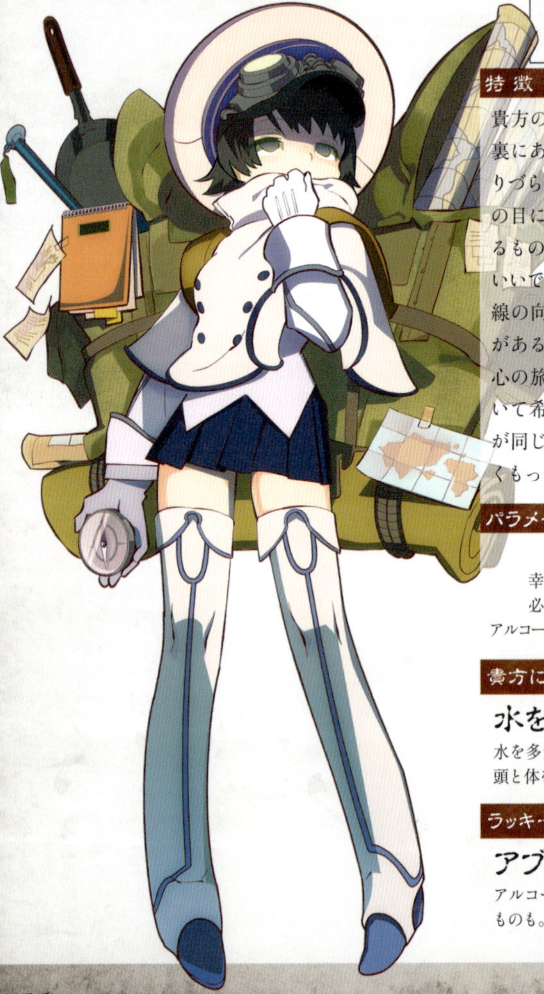

特徴

貴方の数々の怪しい言動と、その裏にある真意は他人には少しわかりづらいものかもしれません。貴方の目に見えている風景、感じているものを人に話すのは控えた方がいいでしょう。遠い目をして「地平線の向こうに俺が探しているものがある」など雄大なロマンを胸に心の旅を続ける貴方は、現代において希少な存在ですが、周りの人が同じ価値観を持っているかは全くもって別の話です。

パラメーター

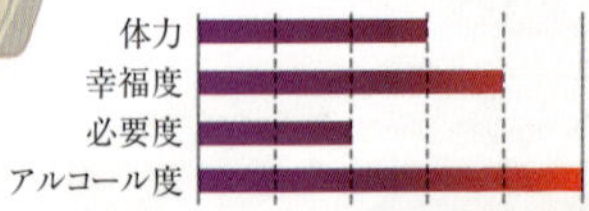

貴方に備わった回復法

水を飲む

水を多量に飲み、アルコールに浸った頭と体を鎮めてください。

ラッキードリンク

アブサン

アルコール度がとても高く89%を超えるものも。貴方の妄言の原因でしょうか。

11月 | 10日 | Traitorous Inferno

全てを焼き尽くし焦土と化す

裏切りの業火《トレイトラスインフェルノ》

常に灼熱の炎に身をやつす貴方は、
当人が涼しくとも周囲へ多大な影響を及ぼします。
時には誰もが周知な事実さえも忘却の彼方《ヴァルハラ》に
流してしまう事が多いようです。

特徴

たまに見え隠れする焼き付くような身勝手《エゴ》さが災いして、人々から激しく非難されてしまう貴方。その場のノリと勢いのみで調子良く物事への安請け合いを重ねてはいませんか？ 貴方に悪気はなくとも、相手は本気と捉えることも多々あります。周りの言い分や約束を反故してばかりでは、貴方と周囲の関係は自らの身から迸る地獄の業火でたちまち焦土と化してしまうでしょう。話半分では足下を掬われますよ。

パラメーター

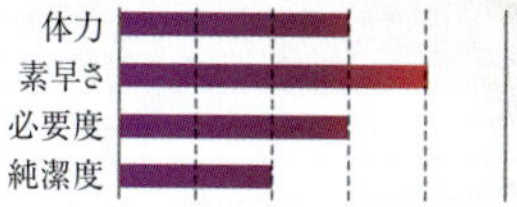

貴方に備わった特殊能力

受け流し

剣術でも重要な受け流し術。剣技ではありませんが、貴方は免許皆伝級です。

ラッキーアイテム

手帳

その記憶がアストラル界へ落ちる前に、メモをしておいたほうが無難です。

11月 | 11日 | Traitorous Messenger

年齢・国籍不詳、仮面を付け替える者

裏切りの使者《トレイトラスメッセンジャー》

砂の中に入っているチンアナゴの尾がどうなって
いるのかわからないのと同様、貴方の本当の心も
わかりません。その神秘《ミステリアス》さは魅力でもあり、
他人から不信感を買う原因にもなります。

特徴

社交的な人に見えますが、それは八方美人な性質が影響した仮初《かりそめ》の姿。いつも笑顔を振りまく貴方の、本当の心は誰も見ることができないのです。恋愛や仕事に置いて、目標となるものを見出すと、虎視眈々とそれを撃ち落とすことを狙う傾向があります。素早い計算能力を有した脳と、自在に操ることができる涙を持つ貴方に、怖いものなどありません。今後もその能力を存分に発揮してください。

パラメーター

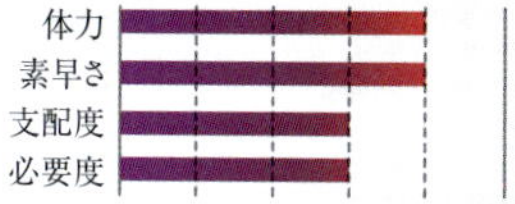

貴方に備わった必殺技

ブレーンバスター

貴方の正体を掴みそうになった者に対する必殺技「脳天砕き」。

ラッキー宝具

トロイの木馬

敵に誤った認識を与えさせるのが得意な貴方に、ピッタリの宝具です。

11月 | 12日 | Traitorous Blade

血の涙に咽ぶ

裏切りの刃《トレイトラスブレード》

この日に生まれた貴方は、
誰も信用せず誰も愛さず、
そして誰の力も借りずに一人荒野を彷徨《さまよ》う、
非情な剣豪《ソードマスター》のような心の持ち主です。

特徴

求めても与えられなかった心を潤わす物《リデンプション》を探し、俗世間という広大な砂漠をさすらう貴方は、灼熱の太陽と夜の冷たい風をどれだけその身に受けたでしょう。疲れ乾いた身体に今一番必要なものは、岩の間から染み出す清涼な水と暖かい温もり、笑顔です。辛いことを抱え込む傾向が強い貴方の心にも「癒し」は必要不可欠。友人や家族に心を開き、自らが抱え込む闇を浄化すると良いでしょう。

パラメーター

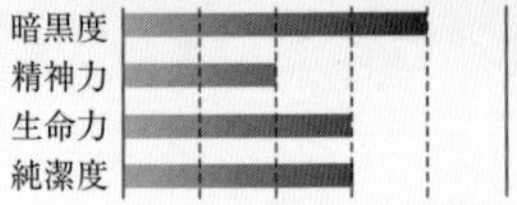

貴方に備わった魔法

ノーズオブビースト

貴方の中に眠る野獣を呼び覚ます法術。嗅覚の力が異常なまでに上昇します。

ラッキー武器

妖刀五月雨

持ち主は巫女服を着た性別を偽りし乙女。社務所はどこか聞きましょう。

11月 | 13日 | Traitorous Secret Agent

権力に抗う無政府主義者《アナーキスト》

裏切りの密偵《トレイトラスシークレットエージェント》

他人の秘密を探り出すことに長けている貴方は、
優秀な諜報員《スパイ》の資質がありますが、ひとつのところに
収まるのを嫌がるため組織に属するよりも
ハッカーのような個人営業の密偵向きです。

特徴

闇にまみれて秘密を暴く、その姿はまさに密偵。秘密の在処を直感的に察知することができる直感を持つ貴方。これまでも、多くの人々の秘密を暴いてきたのではないでしょうか。なぜ、直感が働くのか？それは貴方の観察能力が優れているからです。他者の目の動きや声のトーン、手癖等、些細なことにも気づく能力は今後の人生にも生かすことができるはず。今後もこの能力を存分に発揮してください。

パラメーター

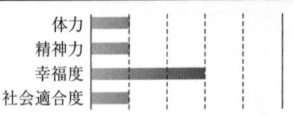

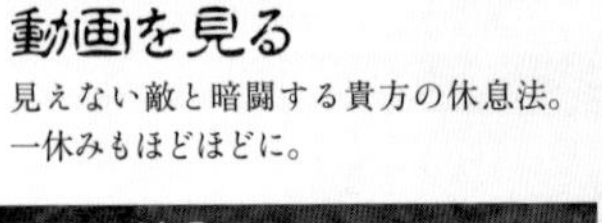

貴方に備わった回復法

動画を見る

見えない敵と暗闘する貴方の休息法。一休みもほどほどに。

ラッキー防具

アンチウィルスソフト

闇の世界から貴方の元へ送り込まれてくる魔虫を滅殺してください。

11月 | 14日 | Traitorous Umpire

弁明に命を賭ける者

裏切りの審判《トレイトラスアンパイア》

裏切りの月の14日に生まれた貴方は、洞察力や
発想力に優れています。予想もしなかった観点から
裁定を覆す優れた弁護士として
活躍できるかもしれません。

特徴

神の叡智《ウィズダム》にも等しい貴方の明晰な頭脳は、法曹の世界にあれば敏腕弁護士・検事としての活躍も期待されるでしょうが、それ以外の職業に就くことはおすすめできません。質問に質問で返したり、都合の悪い問いかけには「黙秘権」などとほざいて絶対に答えない、面倒くさいやりとりを好んだり、挙げ句の果てには「侮辱だ」なんだと言い出してキレて八つ当たり等、おおよそ手がつけられません。

パラメーター

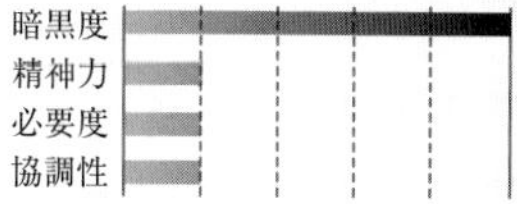

貴方に備わった特殊能力

上訴

気に入らないことだらけの貴方は、一生上訴をしているような状態です。

ラッキーフード

和食

大いなる海のような母のご飯がおすすめ。ジャンクばかりだと短気が増します。

11月 | 15日 | Traitorous Emperor

策謀巡らす権力者

裏切りの皇帝《トレイトラスエンペラー》

暗殺に暗殺を重ね、その手をドス黒い血に
染めながらも栄光を手にしたバシレイオス1世の
ように、貴方は権力奪取のためには
手段は選ばない冷血漢のようです。

特徴

道徳心や誇りを捨ててまで手に入れた権力の座は、他人からの評価や風評等よりも大切なものであるようです。しかし、頂点に上り詰めた貴方は一体何をしたいのでしょうか。その力を使い民のために善政を敷くような人間であれば「裏切りの皇帝」などという不名誉な称号はつかないはずです。有り余る財力に物を言わせて、子どもの横から全てをかっさらう大人買いなど行っていませんか？

パラメーター

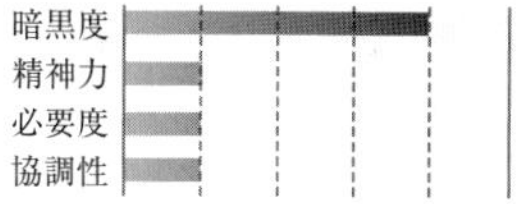

貴方に備わった必殺技

地団駄を踏む

権力を使用し馬鹿な真似ばかりしていないで、自分の愚行を悔いてください。

ラッキードリンク

ユンケル黄帝液

ちょっと字は違いますが、精力的に動く貴方と相性が良い飲み物です。

神に愛された宣教者《ミッショナリー》

裏切りの魔術師《トレイトラスウィザード》

この日に生まれた貴方は
ユニークな才能を持ち、披露する数々の術は、
人々を感動と興奮の坩堝《るつぼ》に
陥れること請け合いです。

「私の能力《アビリティ》は
神に愛され
祝福された力よ！」

特徴

塩屋長次郎からデビッド・カッパーフィールドまで、綺羅星のごとく居並ぶ奇跡の人《イリュージョニスト》。貴方も自然体でそれを行っている可能性があります。よく思い出してみてください。昔から手先が器用であったり、体を張った芸に抵抗がなかったり…或いは不思議な身体的特徴だったりするかもしれません。生まれ持っての性質ですので逃れられません、笑いの神に愛されていると思って諦めてください。

パラメーター

貴方に備わった魔法

ハンドパワー

神の御技。愚かな人の子である貴方が受けを狙ったりすると逆に滑ります。

ラッキーアイテム

特になし

貴方は自然に振る舞っていれば、何を使っても必ず神の力が降りてきます。

11月 17日 Traitorous Troubadour

死を呼び込む歌声

裏切りの吟遊詩人《トレイトラストルバドール》

透き通った歌声で人を惑わせ、
死を与える人魚《セイレーン》のように、貴方は危険な存在です。
その歌を聴いて生き残ったものは、
数多くないようです。

特徴

貴方の誘いは甘美かつ強力で、響き渡る声は心に染み渡り、人を深い海の底へと引きずり込むような力があります。言の葉を巧みに扱うことができるため、組織の中心として活躍することも多いはず。しかし、口ばかりで行動が伴わないこともしばしば。有言不実行ほど、かっこ悪いことはありません。発言したら最後、必ず実現させるような努力を。そうすれば、貴方の未来は開けることでしょう。

パラメーター

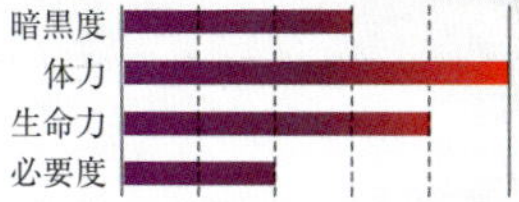

貴方に備わった回復法

喉飴を舐める

酷使して炎症した貴方の喉に。痛みや不快感を癒してくれるでしょう。

ラッキー宝具

ストラディヴァリウス

魔性の楽器と称えられるバイオリンです。値段は6億円。諦めましょう。

11月 18日 Traitorous Hermit

秘密《アポカリプス》を暴露する者

裏切りの隠者《トレイトラスハーミット》

仙人のように高貴で厭世的な生活を
営んでいると思わせ、その実身を隠している
盗賊などのように、貴方の性格は
裏表が激しく2つの顔は全く別人のようです。

特徴

ローマ神話ではヤーヌスという２つの顔を持つ神がいますが、貴方のそれは別物。物事の裏表や行動の始めを司るというものではなく、善人の姿を装い人を安心させながらも他人の財や命までを奪います。配下の者のことを思いやることもなく、恐怖心で集団を纏め上げるという手法が多く、人からの信頼は一切ありません。多少の恩を売って弱みにつけ込んで…。身に覚えはありませんか？

パラメーター

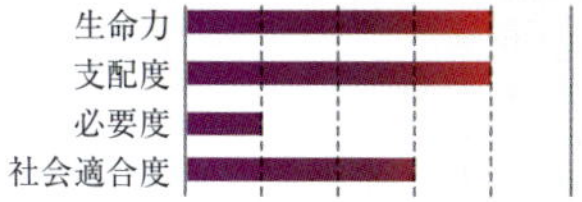

貴方に備わった特殊能力

探査能力

漆黒の力を借り、影に潜んで相手の弱みを握ることが得意です。

ラッキー武器

脅し

貴方に物としての武器は必要ありません。脅しの言葉一つで全て解決します。

11月 | 19日 | Traitorous Whip

猛り狂う野心の塊

裏切りの硬鞭《トレイトラスウィップ》

この日に生まれた貴方は、
油断しきった相手をいきなり後ろから強襲するような、
非常に卑怯で性根の歪んだ人間です。貴方に対し
恨みを抱いている人間は少なくないでしょう。

特徴

貴方の悪辣なまでの強引さは、場所や時間を問わずどんな状況でも発揮されます。貴方がマフィアの首領《ドン》であれば、そういうことも認められるのかもしれませんが、そうでなければ控えておいた方が身のためです。話し合いの決着が大筋で決まろうとしているときに気に入らないからと話を混ぜ返し元に戻したり、皆で決めた店が高いからと不満を漏らし変更させては「面倒な人」のレッテルを貼られます。

パラメーター

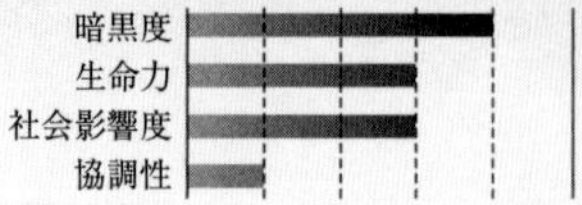

貴方に備わった必殺技

闇討ち《ダークネスショット》

特に夜半過ぎ思いもよらぬ方法で、突然敵を襲い打ちのめします。

ラッキー防具

水晶の指輪《クリスタルリング》

神聖な力により、あらゆる邪気を拭い去ります。貴方も祓われてしまうかも。

11月 | 20日 | Traitorous Rebel

時代の徒花

裏切りの反逆者《トレイトラスレベル》

裏切りの月の20日に生まれた貴方は
「裏切りの反逆者」の称号通り、
逆らって逆らって逆らいまくるという、
最早どうしようもないほど反骨精神に溢れた人です。

特徴

反骨精神の塊…。自らの信念を貫こうと突き進むその姿は、まさに革命者。例え、地獄の業火に焼かれようとも朽ち果てることの無い信念と意欲は、世を脱帽させることでしょう。その大いなる野心に賛同する人々も多いですが、彼らを導く気概が貴方に無いのが難点。もともと、単独行動を好む貴方に、人々をまとめることは難しいかもしれません。それが得意な相棒を作ることをおすすめします。

パラメーター

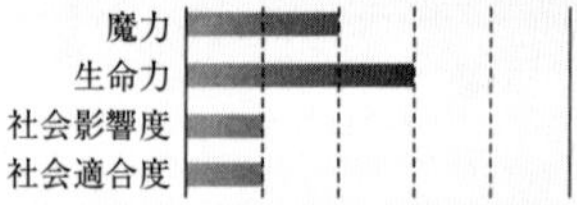

貴方に備わった魔法

錬金術

何かを犠牲にして何かを生み出す術。生命のエリクシールを発見してください。

ラッキーフード

ライスバーガー

これぞ常識を打ち破る革命的食べ物。貴方もこれくらいのことをしてください。

11月 21日 Traitorous Wing

欺瞞に満ちた智者

裏切りの翼《トレイトラスウィング》

この日に生まれた貴方は、
大切な存在を裏切ってまで自由になりたいという
願望が強いフリーダムすぎる人です。
貴方が授かった羽は黒く汚れて見えます。

特徴

黒い思念の塊である貴方は、「裏切り」という言葉を聞いて嫌悪するのは甘い人間だと言い張り、騙される人間は馬鹿だと思い疑おうともしません。そしてそんな子ども騙しの三段論法を用いて大見得を切る貴方は、斜に構えて他人を蔑んでいますが、そういう人間こそ虚を突かれやすく、騙すのに容易だという性質があります。軽んじた相手は己自身の鏡であると肝に銘じましょう。

パラメーター

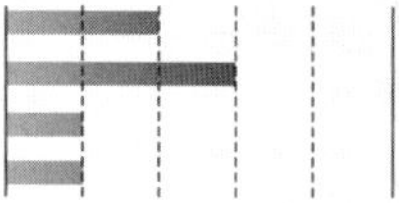

貴方に備わった回復法

魚を食べる

ω《オメガ》3系に属するDHAは海からの恵みにも含まれています。

ラッキードリンク

DHA配合飲料

更なる向上を目指し脳を活性化させましょう。主に海馬に影響するようです。

Column

Symptoms diagnosis of chunibyo

Karte No. 16　中二病患者の症状診断

中二病 中期

症状

シルバーアクセサリーを
無駄にたくさん着用する

詳細

中二病の定番ファッションアイテムともいえるのが、黒めの服と良く合うシルバーのアクセサリー。クロムハーツのようなブランドもあるが、彼らが身につけるのは露店や雑誌の通販で買えるようなパチモノばかり。要するに質はどうでもよく、見た目が良くて数がそろっていればそれで良いのだ。ちなみに中二病患者の間では、スカル（ドクロ）やクロス（十字架）の人気が高いのだとか。

特記事項

- 最先端ファッション
- 闇の世界の必需品
- 安物でも見た目が良ければ問題なし

11月 22日 Traitorous Undead

偽り多き御使い

裏切りの亡者《トレイトラスアンデッド》

何かに飢え渇き苦しんでいる貴方。
それはこの日に生まれたがゆえの定めなのです。
そのさまは、この世の暗部を
もがきながら徘徊する黒い影《ファントム》のようです。

特徴

自らの存在意義を求め彷徨《さまよ》う者。目立たなければならないという意志のもと、病気でも無いのに眼帯をしてみたり、包帯を巻くことはありませんか。もし行っていたら、周りを心配させるだけですので、直ぐにやめましょう。何事も人に委ねがちな傾向があるので注意が必要です。「自分がこうしたい」「自分はこう考える」という意志を持つこと、それこそが自らの存在意義に繋がるのですから――。

パラメーター

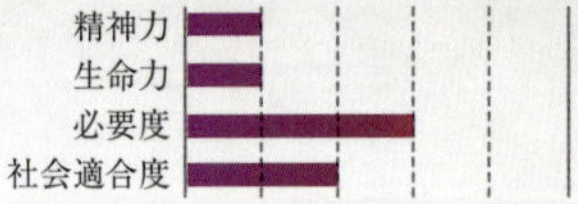

貴方に備わった特殊能力

偽善

人から慕われたいがための行為。もっとしてみましょう。いつかは本物になれます。

ラッキーアイテム

輪っか

自らの行いと偽りを知りつつ、それでも天使に成ることを望むなら授けましょう。

11月 23日 Traitorous Nirbana

「悪」としてこの世に生まれ立った

裏切りのニルヴァーナ《トレイトラスニルヴァーナ》

裏切りの月23日に生まれた貴方は、
善なるものとは真逆の性質を持った、
純粋な悪の存在として生まれました。その
悪逆非道ぶりには、目を覆いたくなるばかりです。

特徴

性悪説に傾き、死による浄化でしか愚民救済を図る事ができないと確信している貴方は、今日も非道徳な妄想を繰り広げていることでしょう。しかし、それを行動に起こさないのは貴方に常識が身についているから。その妄想や考え方は、芸術に活かすべきです。貴方の考える世界を、平和的な方法で世にアピールすることができます。小説を書くも良し、絵を描く良し、今すぐ何か始めてみましょう。

パラメーター

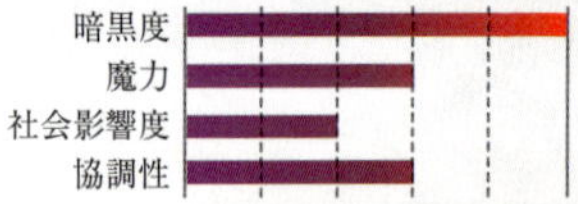

貴方に備わった必殺技

クルセイダーズアタック

「神聖」なという手前勝手な言いがかりで攻撃をしてきます。タチが悪いです。

ラッキー宝具

カラドボルグ

巨大な丘さえ切断してしまう伝説の剣。料理とかには使わないでください。

11月 | 24日 | Traitorous Assassin

体に染み付いた悪行

裏切りの暗殺者《トレイトラスアサシン》

強い刺激と変化を求め、新たな仕事に手を染める。
それは、貴方だからこそできる行為。
自らの才能を開花させ、さらに高みへと行くために
貴方は今日も依頼を受けるのです。

特徴

刺激と変化を求める貴方は、常に変化のある組織に属することを好みます。安定を求め走るのではなく、最上級《トップ》を目指し駆け抜けることでしょう。しかし、頂点を極めてしまうと残るは安定化のみ。そこに貴方の興味はありません。また、違う組織へと渡り、最上級を目指し努力するのです。達成感こそ、貴方を突き動かす原動力。野心を忘れず、山をも飲み込む意欲で突き進むことこそが貴方の安寧なのです。

パラメーター

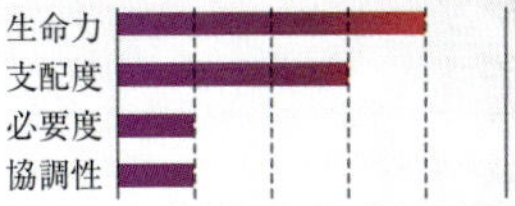

貴方に備わった魔法

プリンスオブダークネス

暗黒街の王子のようなオーラを醸しだし、敵を威嚇できるエンチャント魔法。

ラッキー武器

猫手

猫の手ではありません。指につける鉤爪型の武器です。肉球とかもありません。

11月 | 25日 | Traitorous Conglomerate

精巧な贋物

裏切りの礫岩《トレイトラスコングロメレード》

この日に生まれた貴方は、
一見磨けば光るダイヤの原石のようですが、
よく観察してみると、なんて事はない
ただの石ころのような平凡な人間です。

特徴

天使のように仰々しい装飾と華やいだ雰囲気を醸し出す貴方。そのさまはどこか大きな財閥《インターレスト》の子息か令嬢のようです。しかし喋りだすとその本性は顕になり、行動すると育ちが知れてしまいます。平凡な人生を歩みたい人には余計なお世話かもしれませんが、貴方が自身を宝石の「ように」輝かせたいのであれば、無駄口を叩くのをやめ、落ち着いてじっとしていることです。思索できる時間も増えるでしょう。

パラメーター

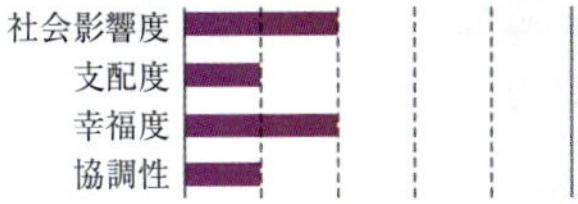

貴方に備わった回復法

スポットライトを浴びる

全てを制覇し、世界の頂点に立ったような気分になれます。実力とは無関係に。

ラッキー防具

パルダメントウム

東ローマ皇帝も着用していた豪奢なマント。これで一段と雰囲気が増します。

11月 | 26日 | Traitorous Executioner

奪い取る事こそ我が正義

裏切りの処刑人《トレイトラスエキスキューショナー》

人々を悪辣な手口で騙し売り飛ばす奴隷商人や、
怪しい笛の音で大量の子どもを連れ去る者のように、
貴方は人を騙し自分の利益や復讐の道具として
使い捨てることを平然とやってのけるでしょう。

特徴

弱みをつく、欲をくすぐる、相手の知識不足を利用する、権威を利用する等々貴方の詐欺的技術《テクニック》は多彩です。こういった技を使い相手を追い込み、時には誘い入れ気づいたときには断頭台《ギロチン》に立っているというやり方は、とても狡賢く思えてしまいます。その能力が立場の弱い者のために使われるようであれば賞賛もされるでしょうが、貴方のケチな自己満足に使われている間は、非難され続けます。

パラメーター

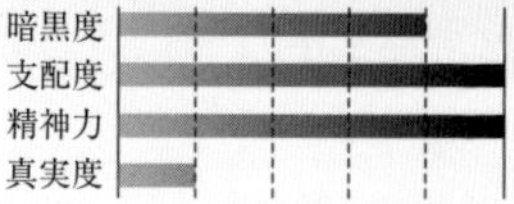

貴方に備わった特殊能力

擬態

その身をものに似せる不気味な技です。十八番は椅子に化けることです。

ラッキーフード

疑似餌

罠に仕かけるもので食べものではありません。貴方の才を伸ばす教材として。

11月 | 27日 | Traitorous Prophet

山中の鹿を愛でるような善き人

裏切りの預言者《トレイトラスプロフェット》

裏切りの月27日に生まれた貴方には、
とても優れた弁才があります。
貴方の発する言葉は白も黒に変え、
この世の真実全てを夢《ナイトヴィジョン》に変える力があります。

特徴

溢れるアイデアを、多彩な言葉で彩る貴方。組織や社会を変える発言をする貴方の姿はまさに、預言者ムハンマド。多くの人々を突き動かすことができる、力強い発言は様々な場面で人々を助けることでしょう。異性にフラれたばかりの喪男や喪女、仕事で失敗をしたサラリーマン、夢と現実の狭間で悩み苦悩するアーティスト等々。貴方が紡ぐ、虹色の言葉で、彼等に夢と希望を与えましょう。

パラメーター

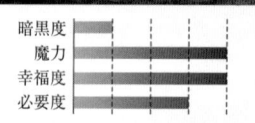

貴方に備わった必殺技

延髄蹴り

対戦している相手に深い眠り《ディープスランバー》を与える必殺の蹴り技です。

ラッキードリンク

バナナジュース

深い眠り《ディープスランバー》に誘うトリプトファンを多く含むバナナのスムージー等いかがですか。

11月 | 28日 | Traitorous Hammer

終焉を意味するもの

裏切りの鉄槌《トレイトラスハンマー》

不可避な物、運命の糸を切る
女神アトロポスのように、この日に生まれた貴方は
死を司り全てに終止符を打つ
恐ろしい存在です。

特徴

死と破壊を統べる貴方は、人が予期しているかいないかに関わらず、理不尽な鉄槌を振り下ろし、人々の恐怖を煽ります。会話中に必ず人の発言を否定したりするのはお手のもの、さらには自分の興味のあることを延々と話し出し、話題をそらすと溜息をついたり何かに引っかけては話を戻す。鬱陶しいことこの上ありません。早々にその場は解散されるか、重たい空気に包まれます。人の話も聞くようにしましょう。

パラメーター

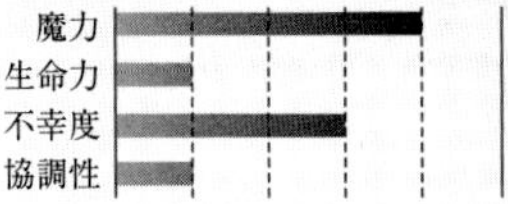

貴方に備わった魔法

ノーベンバーレイン

人々の体から熱を奪うような冷たい雨を降らせます。後に残るは氷の大地のみ。

ラッキーアイテム

大鎌

人に死の運命を告げる者が持つアレです。とりあえず形から入ってみましょう。

11月 | 29日 | Traitorous Hunter

弱者を狩り隷属させる

裏切りの狩人《トレイトラスハンター》

慎重で狩人の資質を持ち合わせる事が多い
29日生まれの貴方ですが、
裏切りの月の影響が強く、どちらかというと
腐肉を漁るハイエナのような存在と言えるでしょう。

特徴

神を受け入れたかはっきりしない曖昧な人間、困窮している者から金品を強奪する人間、それが貴方です。身に覚えがないと言うかもしれませんが、胸に手を当ててよく思い出してください。困っている同級生や同僚に、仕事を手伝う代わりに食事を奢れと強要していませんか。また、接待や参考書のためといって会社や親からお金をだまし取っていませんか。そのうちに痛い目をみるでしょう。

パラメーター

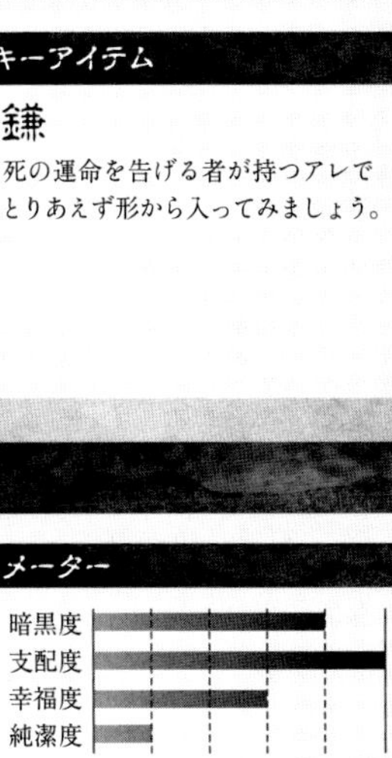

貴方に備わった回復法

マッサージ

タロースに命じ、全身を揉みほぐさせます。王様になった気分です。

ラッキー宝具

タロース

貴方の奴隷となった人間たちは、ギリシャ神話で登場する自動人形のようです。

動物使い《アニマルテイマー》

裏切りの愚者《トレイトラスフール》

裏切りの月30日に生まれた貴方は、
誰に対しても友好的で快活な人のようです。
華やかな社交界にデビューして
栄華を極める運勢も持っています。

「ねえ、ぼくと契約して空想創造主《ジュブナイルテラー》になってよ！」

特徴

愚者の称号を与えられた貴方ですが、それは愚か《ステューピディティー》というよりも子どものような純真さ《ピューアリティー》に近い意味合いです。誰にでも話しかけ可愛がられる貴方を羨む人も多いはずです。中には人間に限らず、動物たちとさえ親密になる能力を持っている方もいらっしゃるでしょう。しかしたとえ動物たちとの会話が成立しようと大衆の前で世間話でも始めようものなら一転変人《スプーキー》などと陰ながら罵られてしまいますよ。

パラメーター

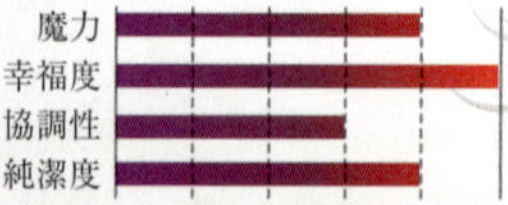

貴方に備わった特殊能力

動物と話せる

動物と暮らす人であればある程度できるのですが、貴方の能力はそれ以上です。

ラッキーアイテム

犬笛

人には聞こえぬ音を出し超音波で攻撃、もしくは犬を使って攻撃できます。

chapter 4

冬の章

凍てつく疾風《かぜ》が地上に吹き荒れ、死の影が所々にちらつく冬。人々は寒さに戦《おのの》きつつもこの季節を耐え忍び、胸中にある様々な感情と向き合って心身のコントロールに勤しむ。

掲載月

12月

1月

2月

12月 | 1日 | Incensed Dictator

激しい復讐の炎

激昂の独裁者《インセンストディクテイター》

この日に生まれた貴方は、
誰よりも独占欲が強くライバルを執拗に
打ち据えて完膚なきまでに叩きのめす
独裁者のような人間です。

特徴

地味に応援していた愛玩人形《アイドル》が、何かの拍子に一躍スターの仲間入りを果たす。貴方にとって、これ以上許せないことはありません。俺だけの、私だけの大切な人が、他の汚らわしい視線に触れることもさることながら、何故か見放されたような気がして不安の気持ちが頂点に達したとき、貴方はPCに向かい憧れだった存在のあることないこと、恨みの気持ちをキーボードに叩きつけます。寂しいんですよね？

パラメーター

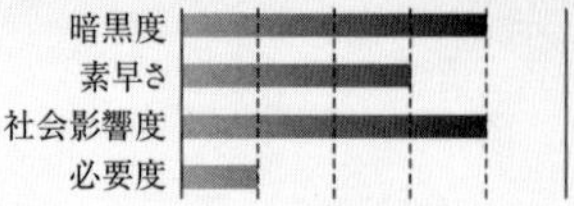

貴方に備わった必殺技

スニークショット

一瞬の隙を狙い、対象をスマホの画面に封じ込める超速技です。

ラッキー防具

短距離用シューズ

思い人の影を見るやダッシュ！　強者は長距離用シューズも備えています。

12月 | 2日 | Incensed Fountain

迸る欲望の旗手

激昂の泉《インセンストファウンテン》

激しく熱水を吹き出す間欠泉のように、
この日に生まれた貴方の情熱は吹き出し、
留まるところを知らぬ騎士
ドン・ジョヴァンニのような人物です。

特徴

容姿端麗、騎士として剣の腕もたつ自称「愛の運び手」。次々と様々なタイプの女性を口説き落とすさまは、もはや神といっても過言ではないほどの華麗さと的中率を誇っています。しかし、そんな貴方が悩まされていることは、3次元にはめっぽう弱いということです。セオリー通りに様々なステータス上げようとしてもうまく上がらない。時間がかかりすぎる等問題は山積しています。頑張りましょう。

パラメーター

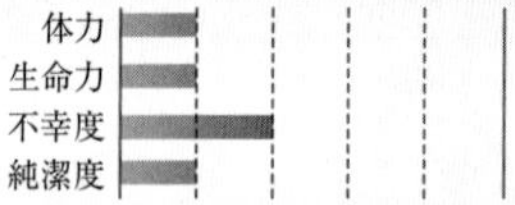

貴方に備わった魔法

イノセント2D

醜い者どもを2次元の世界に引きずり込み、自分の理想を押しつける技です。

ラッキーフード

カップ焼きそば

強固な岩窟のような自室に籠もり、美女を攻略するときの保存食となります。

12月 3日 Incensed Fairy

闇に潜んでほくそ笑む

激昂の妖精《インセンストフェアリー》

まるでいたずら好きの妖精のように、
隠れて人間の様子を伺っている貴方。
しかし、相手を見るその目は、
腐った魚のように濁りきっています。

特徴

有名な妖精パックや小さいおじさんのようであれば可愛らしいのですが、貴方はそれとは異なる種であるようで、どちらかというとプーカやマレフィセントに似た、人に害を及ぼす存在のようです。食卓に置いてある塩と砂糖を入れ替えるような、地味に攻撃力の高い悪戯を行うのはやめましょう。貴方の非凡なアイデア力は悪戯ではなく、仕事やサプライズイベント等で活かすと大変喜ばれますよ。

パラメーター

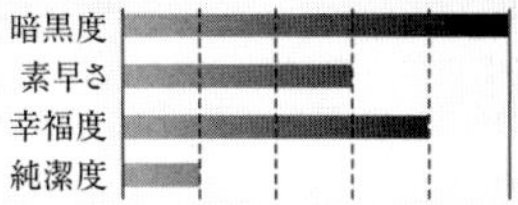

貴方に備わった回復法

指をさして嗤う

罠にかかった獲物の、間抜けな姿を眺めて爆笑するのが至福の時です。

ラッキードリンク

水

無色透明無味無臭のこの飲み物なら、毒を盛られてもすぐに気づけます。

12月 4日 Incensed Fallenangel

救世主《メシア》の国から来たる者

激昂の堕天使《インセンストフォールンエンジェル》

星空から地上にこぼれ落ちた星が、突如として
強烈な光を放ち荒野にて蘇りし荒ぶる魂《ワイルドスピリッツ》。
それが激昂の月のこの日に生まれた
貴方の性質を表す暗示です。

特徴

強烈なカリスマ性を持ち、この世に生を受けた天草四郎時貞のように、貴方も様々な奇跡を起こしているのではないでしょうか。卵かけご飯にコンビーフを入れると意外にうまいとか、メイクのお陰で10歳若く見えるとか。しかし、最期は敵の手に落ち首を落とされた四郎のように、貴方にも肉体・精神ともに粉々になる時がやってきます。その時、貴方は神の国の門をくぐることができるのでしょうか。

パラメーター

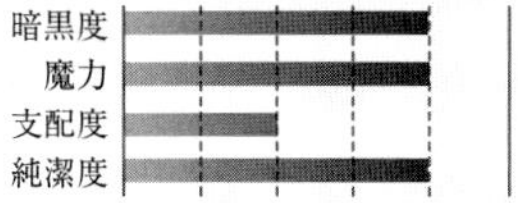

貴方に備わった特殊能力

転生

人生に強烈な悔いが残っていると使用できます。色々あると思いますが…。

ラッキーアイテム

クロスのペンダント

神の下僕の印、象徴たるものです。いずれは神の御許へ行くことも可能に。

12月　**5**日　Incensed Bullet

不屈の魂を持ち戦う

激昂の銃弾《インセンストブレット》

抑圧された者の怒りと、
暴力からの支配を脱するために打ち込まれた銃弾。
貴方は多くの人のために、自分の身を犠牲にしてまで
何かをなそうとする英雄《グレイトマン》のようです。

特徴

「世界のどこかで誰かが被っている不正を、心の底から悲しむことのできる人間」。その言葉に憧れ、他人の痛みは自分の痛みと心得る貴方。「救い難い理想主義者」「できもしないことを考えている」と嫌になるほどそんな言葉を受けたことでしょう。しかし、胸を張って「その通りだ」と答えてやってください。それが、中二病である貴方の唯一の強い部分、誇れる信条です。かっこいいですよ！

パラメーター

貴方に備わった必殺技

ゲリラ戦法

貴方を笑う者が殆どですが、少数ながら味方もいることを忘れずに。

ラッキー宝具

コイーバ

キューバの高級葉巻です。喫煙するときは喫煙所でお願いします。

12月　**6**日　Incensed Marionette

誇りを胸に生きる

激昂のマリオネット《インセンストマリオネット》

あまりの屈辱のため強大な支配者に
敢然と立ち向かうシパーヒーたちのように、
この日に生まれた貴方は、
無謀とも言える戦いに挑む勇敢な戦士のようです。

特徴

貴方を操っていたのは乾いた天から垂れた糸か、逆らえるはずのない運命の糸だったのか。しかしその身に受けた屈辱は、魂を裂かれ地獄の炎で焼かれるほどのものだったのでしょう。貴方は奮然と主に逆らう勇気を身につけました。内申書？　関係ありません。給与査定？　糞喰らえです。飼い犬として生きるより野良犬の自由を。鎖を食いちぎり自由の荒野へと走り出しましょう。

パラメーター

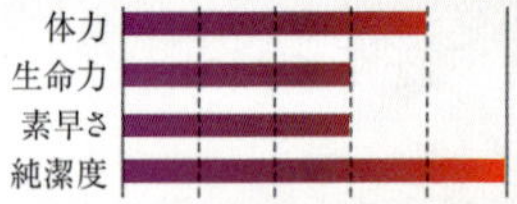

貴方に備わった魔法

レイビーズ

猛り狂った貴方の魂を開放して、120%の力を引き出す驚異の魔術です。

ラッキー武器

牙

遠吠えを上げるより、低く唸なり、その牙で喉笛を食い破ってやりましょう。

深窓から除く蒼白い光

激昂の書物《インセンストブック》

激昂の月7日に生まれた貴方は、
社会の不正を正そうとペンを振るう
文学者のような正義感と、
理論的思考の強い人です。

特徴

静かに世の中を観察し、深窓の内で熟考を重ねる姿はある種の人間を魅了します。さらに結核にかかればフランツ・カフカやアントン・チェーホフなど最高級の文人と肩を並べることも夢ではありません。最近よく咳が出ませんか？　ハンカチを用意して、ことさら咳き込む様子を人前で行えば文学青年・少女、そして新選組が大好きな女性が煩いくらいに寄ってくるでしょう。世の中イメージが大切です。

私の綴る文言は天啓に等しきものと思いなさい。

パラメーター

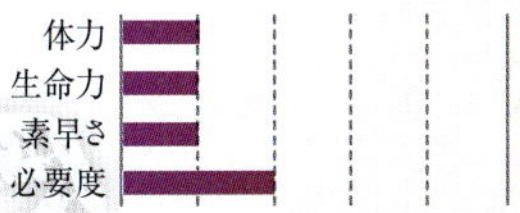

貴方に備わった回復法

本を枕に昼寝

知識の集大成である書物は、防弾や寝具として使うべきものでしたっけ？

ラッキー防具

分厚い辞書

服の下に潜ませれば、並の弾丸程度なら貫通することはないでしょう。

12月 | 8日 | Incensed Clown

自己の制御方を忘れた

激昂の道化師《インセンストクラウン》

厚い化粧の下に潜む貴方の心を、
聴衆は誰一人として知ることができません。
悲しみでしょうか、怒りでしょうか。
貴方は誰からも理解されることがないかもしれません。

特徴

悲しいかな道化師である貴方が心の底から怒りを表しても、それは滑稽な様子にしか映らないようです。それほどまでに貴方の容姿は惨めで、魂は乾ききり自分でも笑い以外の感情の表現方法を忘れています。注目を集めるため心にまで化粧を施し、それが落ちないのでしょう。しかしその化粧は落とさない方が無難です。キラークラウン「ペニーワイズ」のような恐ろしい素顔がそこにあるかもしれません。

パラメーター

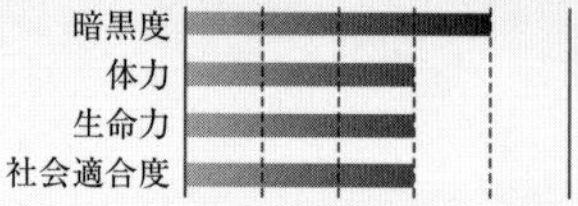

貴方に備わった特殊能力

サーチングプロブレム

厚い仮面に隠した貴方の内側は、何人たりとも侵せない領域です。

ラッキーフード

チキン唐揚げ

感情の正負によって骨つきと骨なしで気分を変えてみては？

12月 | 9日 | Incensed Traveler

遊牧民に憧れる魂

激昂の旅人《インセンストトラベラー》

特に貴方は旅好きというわけではないようですが、
この日に生まれた方は絶えず揉めごとをよく起こし、
一箇所に留まれないようです。
望まぬ旅を強要される運めにあります。

特徴

古代から近所との諍いは、個人や大きいものであると国のレベルで存在し続けます。隣のテレビの音が大きすぎて煩い、なぜか大声で歌を歌っている、あいつ気に入らねぇという些細なことから、敵を殲滅するべく襲いかかり実力を行使しします。そして貴方は最小単位である「家」の中でも揉めごとを起こすことが多いので、自然と家出の回数が多くなり、最終的に路上に住まう人と化す可能性が大変高いのです。

パラメーター

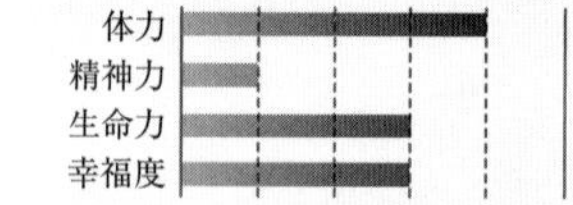

貴方に備わった必殺技

拝み倒し

行く場所が無くなった時に発動する技。友達は大切にしましょう。

ラッキードリンク

暖かいお茶

路上生活で冷えた身体に、ひと時の温もりを与えてくれるあり難い飲み物です。

12月 | 10日 | Incensed Inferno

歪みの国の女王

激昂の業火《インセンストインフェルノ》

激昂の月10日に生まれた貴方は、
古代ローマ都市ポンペイを一瞬で飲み込み
滅ぼしたヴェスヴィオ火山の噴火のように、
激しい怒りを噴出し続けるでしょう。

特徴

火砕流のように激しいスピードで襲ってくる貴方の怒りは、想像を絶しています。その怒りに巻き込まれた人間は、生き残ることが困難で、たとえ生き残ったにしてもその後の人生は壮絶を極めます。計算高い貴方は、敵の外堀を埋めていくような作業が得意なようです。貴方に狙われた人は、じわじわと絞め殺されるような恐怖を味わうはず。恋愛や仕事も同様の手口で、落としてゆくことが可能です。

パラメーター

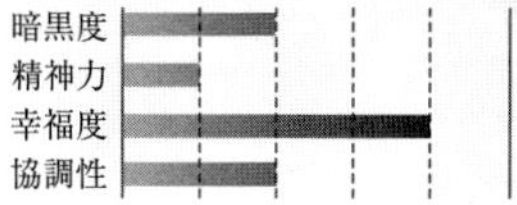

貴方に備わった魔法

むくれる

爆発寸前の貴方を見れば、誰もが甘いお菓子を大量に持ってきます。

ラッキーアイテム

ショートケーキ

子どものように可愛らしい貴方には、苺が乗った甘いケーキがぴったりです。

12月 | 11日 | Incensed Messenger

時間の渦に巻き込まれた

激昂の使者《インセンストメッセンジャー》

この月の11日に生まれた貴方は、
深い怒りと熱い涙を湛えた
シヴァ神の化身のようです。
破壊と再生を司る輪廻の目撃者でもあります。

特徴

貴方はその一生の中で、螺旋のように不可思議に繰り返す現象を幾度となく目の当たりにするはずです。なぜか同じCDを買ってきてしまうというものから、ちょっと入った店の中で、気に入ったものを手にしてそれを買おうか買うまいかレジと棚の間を往復する。これは気のせいではありません。貴方は自身で破壊と創造を繰り返しているのです。繰り返される人類の歴史を見ているかのようです。

パラメーター

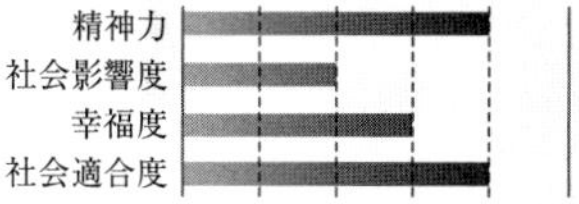

貴方に備わった回復法

逆巻き時計

貴方の捻れた運命を、この時計を見つめることによって解しましょう。

ラッキー宝具

フライングダッチマン号

永遠に彷徨《さまよ》う幽霊船の運命に比べれば、貴方が経験する現象も矮小です。

12月 | 12日 | Incensed Blade

電光石火の侵攻力を持つ

激昂の刃《インセンストブレード》

激昂の月12日に生まれた貴方は、
熱を持った鋼の刃のように全てのものを
分断する強制力を持っています。
とてつもない権力を手に入れるでしょう。

特徴

かつての大英帝国《ブリティッュエンパイアー》が、世界中の土地を切り取り太陽の沈まない帝国として栄えたように、貴方も広い海原に船を浮かべ、未開の土地を探しに旅立ってみてはどうでしょうか。職場の机の上にあるブックスタンドを少しずつ隣の机に侵食させてみても良し、突如隣の人間の弁当のおかずを奪ってみるのも良し…。方法は色々あります。しかし、映画館などで肘かけの争奪戦に入ると泥濘化しますのでご注意を。

パラメーター

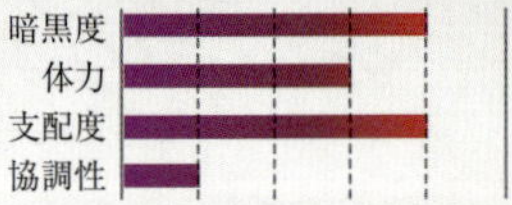

貴方に備わった特殊能力

新規開拓《ホークアイ》

貴方に目をつけられたら最後、骨の髄までしゃぶりつくされ滅びてしまいます。

ラッキー武器

重金主義

対外征服や略奪により金を蓄積させようとする、とても汚い経済戦略。

12月 | 13日 | Incensed Secret Agent

生殺与奪を弄ぶ

激昂の密偵《インセンストシークレットエージェント》

この日に生まれた貴方は、
感情を隠すのがうまく、誰の懐にもやすやすと
入り込んでしまえる方のようです。
情報収集協力者《エージェント》としての依頼が殺到しそうです。

特徴

しかし人からの依頼よりも、殺人筆記帳《デスノート》に記入された人間に対し、自らの恨みを晴らすためにその能力を使う方が、貴方は好きなようです。常にスマホを手に持ち、隙あらば相手の失態を写メに写し撮ります。女性のすっぴんの顔やチャック全開の男性の股ぐら、カツラが吹き飛んでいく瞬間。その瞬発力には脱帽するばかりです。しかしその写メを派手にブログなんかに載せると、告訴されるかもしれません。

パラメーター

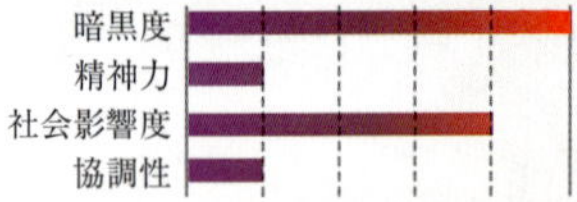

貴方に備わった必殺技

恨み言を呟く

その一言で相手は恐怖し、貴方から遠のくか絶対服従を誓うでしょう。

ラッキーフード

林檎

死神の好きな林檎を常備しておけば、貴方の安全は保証されるでしょう。

中二思想に侵された先駆者達

File No. 5

中二病も突き抜けると
世の中を変えてしまう

坂本龍馬

Sakamoto Ryoma

薩長同盟や船中八策（大政奉還）など、途方もない偉業を次々と提案・実行した坂本龍馬。これが実行できなければ威勢の良い中二病患者で終わるところだが、龍馬はそれを次々と成し遂げる。中二病もここまで突き抜けると、世の中を変えてしまうんですよ。

偉業の中に隠された数々の黒歴史

1. 活躍できるステージを求めるためだけに即脱藩

28歳のとき、「俺の居場所はここにはない！」と言わんばかりに脱藩を決行。当時、藩を抜け出すのは重罪とされていたが、龍馬の情熱を抑えることはできなかった。

2. 「ライバルを味方に」という王道を見事達成

薩摩藩と長州藩は憎んでも憎みきれないほどの仇敵の間柄だったが、龍馬はその二藩を結びつけようとする。中二病的な途方もない計画だが、それを成功させるのだからスゴい！

3. 自らの思い描く新世界構想に余念がない

薩長が倒幕活動に明け暮れていた頃、龍馬は「船中八策」でいち早く新しい日本の在り方を示した。このとき龍馬は「わしは世界の海援隊をやります」という名言を残している。

12月 | 14日 | Incensed Umpire

岐路に立つ異邦人

激昂の審判《インセンストアンパイア》

「掟」の中に生きるとはどういうことでしょうか。
この日に生まれた貴方は、
眼前に聳《そび》え立つ門の高さに目がくらみ、
掟の門をくぐることを恐れているようです。

特徴

自分の生きる道は自分で決めなければなりません。掟の中で生きるのか、掟の番人を恐れて門の前で立ちすくむか。そして厳しいことかもしれませんが、その中に入り貴方が決めた道を守って生きるとき、やはり貴方は理不尽な裁きを受けるかもしれません。例えばそれは大人ぶったがための恥。例えばそれはありもしない能力を装ったがための屈辱。全てが貴方の上に落ちてくるでしょう。

パラメーター

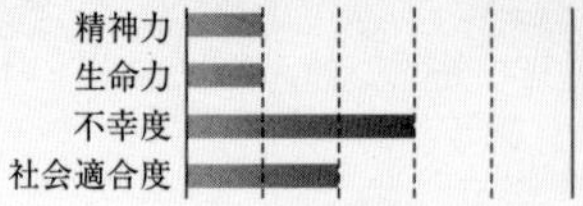

貴方に備わった魔法

アイワナビーユアドッグ

もはや掟の番犬になった方が気楽です。真面目に生きればいいだけです。

ラッキーフード

なし

これほど重要な問題に直面した時に、食べ物など喉を通らなくなるでしょう。

12月 | 15日 | Incensed Emperor

腐敗と堕落を討つ

激昂の皇帝《インセンストエンペラー》

この日に生まれた貴方は、
欲望にとらわれた世界を統べる魔王、
修行者を正しい道から遠ざけようと
現れる「第六天魔王」のような存在です。

特徴

ダイエット中の女性の隣で山ほどのケーキを貪り食ったり、禁煙中の人間の前で山火事のように副流煙を吐き出したり、なかなかの邪悪っぷりを見せながら高笑いする貴方ですが、本当の貴方の意図はそこにはありません。むしろその苦行を与え、もう一段高いステージに上がってほしいという思いから、極悪非道のようなことを繰り返しているだけです。さながら我が子を谷底に突き落とす獅子のように。

パラメーター

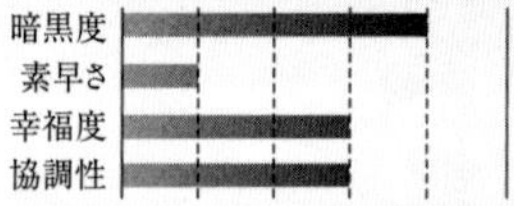

貴方に備わった回復法

減量

見るも無残な、身体についた脂質を落とすためには、やるしかありません。

ラッキードリンク

ドクダミ茶

普段から高カロリー食を取りすぎな貴方への救いになります。

12月 | 16日 | Incensed Wizard

正義の鉄槌を振り下ろす

激昂の魔術師《インセンストウィザード》

炎のような怒りの秘術《マジック》を使うと言われる
激昂の魔術師。
12月16日に生まれた貴方は、
人類にとてつもない厄災をもたらす悪しき存在です。

特徴

この世に存在すべき悪しき存在であると、自らを嘆くことはありません。世の中が成り立つためには、「必要悪」という存在が欠かせず、それこそまさに、貴方自身。純潔の翼に守られ、全ての悪を切り裂こうとする正義の人へ疑問を投げかける役目です。黒き翼を有するものとして、世の均衡を保つために戦う貴方。物事を深く考え、正しさを求める人物だからこそ成せる業、と言えるでしょう。

パラメーター

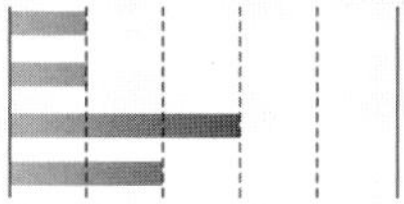

貴方に備わった特殊能力

呪いの目

聖なる貴方には、全てのものが薄汚れ、怠惰を貪る者に見えます。

ラッキーアイテム

チャッカマン

距離を置いたところからでも安全・簡単に火をつけることができます。

12月 | 17日 | Incensed Troubadour

聴衆の内蔵を掻き回す

激昂の吟遊詩人《インセンストトルバドール》

怒りに満ちた吟遊詩人。
12月17日に生まれた貴方の運命です。
どれほど歌っても、貴方の心に蟠《わだかま》る怒りは
消えるどころか、ますます増幅していきます。

特徴

歌うことが命の次に大切な貴方は、その歌声と歌に込められた心を全ての人に捧げたいと思っているようです。しかし、どれほど自分の歌を聴いてほしいと友達を誘っても、某ガキ大将キャラのように無理やり空き地に引きずっていっても、周囲の人間は耳を塞いで貴方の歌を聞こうとはしません。そんなに不道徳な内容の歌なのでしょうか。いいえ、貴方の歌声は、歌声というより超音波に近いものがあります。

パラメーター

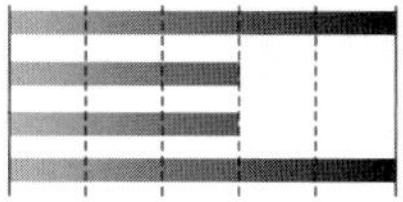

貴方に備わった必殺技

音程外し《デビルシャウト》

暗い沼の底から聞こえてくるような声と、金切り声。かなりホラーです。

ラッキー宝具

ウィーネ

ケルトの神ダグダが持つハープは敵を滅する能力があります。貴方の歌声も。

12月 | 18日 | Incensed Hermit

吹き出す悲劇《カサンドラ》の叫び声

激昂の隠者《インセンストハーミット》

貴方を取り巻く運命は人々を巻き込みながら拡散し、
やがては貴方の命もろとも吹き飛んでしまうような
恐ろしいものです。まるでそれは大質量の恒星が
一生を終えるときの超新星爆発《スーパーノヴァ》のよう。

特徴

大いなる野心を抱き、それを成し遂げる力を持つ貴方。心に抱いた野心を熱く語ることはありませんが、さらっとツイッターやブログに書くことはしばしば。気づかれたくないけど、気づいてほしい。そんな気持ちが表に出ているようです。発言をすること、書き残すことで貴方の意欲は今以上に増すことでしょう。貴方の野心を達成するためにも、声を大にして発言することをおすすめします。

パラメーター

貴方に備わった魔法

ウィズオアウィズアウトユー

全ての人から笑顔が消えた世になったとして、貴方の存在価値は…。

ラッキー武器

スマホ

現代において、情報は何を差し置いても入手すべき武器です。

12月 | 19日 | Incensed Whip

陵辱の荒野を突き進む

激昂の硬鞭《インセンストウィップ》

この日に生まれた貴方は、
紅蓮のオーラを漲らせ、近寄るもの全てを
地獄に叩き落とさんと
力の限り棍棒を振るう怪物のようです。

特徴

「狙った獲物」等存在しません。貴方の目に映る全て、自らの進む場所に存在する全てが、貴方に仇を成す敵なのです。貴方から遠ざかろうとする者、泣いて許しを請う者、擦り寄って媚を売る者…。しかしそんなものは貴方にとって全く関係ありません。貴方の一撃で敵は痙攣し、白目を向き面白いように果てていくでしょう。それが敵組織からの刺客であれ、もぐら叩きであれ大差はありません。

パラメーター

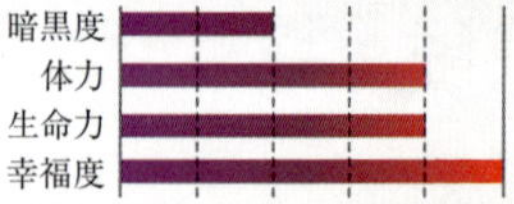

貴方に備わった回復法

倒れこむ

それだけ全身全霊で打ち込めば、心神喪失状態になりかねませんよ。

ラッキー武器

ハンマー

専用ハンマーが設置されていますので、そちらをご使用ください。

12月 | 20日 | Incensed Rebel

超寒帯《ツンドラ》からの訪問者

激昂の反逆者《インセンストレベル》

地獄の3人の支配者の内の一人アスタロト。
激昂の月20日に生まれた貴方は、
アスタロトのように「中傷する者という」
特性があるようです。

特徴

極寒の地に降る細氷《ダイヤモンドダスト》のように、貴方の野次りは人の心を裂き関係のない周りの人間まで凍りつかせるでしょう。それだけの悪口や誹《そし》りがよく出てくるものだと関心さえします。しかし、あまり派手な誹謗中傷はやめておいた方が無難です。名誉毀損や侮辱の罪に問われることになりますし、そうでなくてもかなり鬱陶しい人間だと周りから認定され、貴方の存在自体が寒くなりかねません。

パラメーター

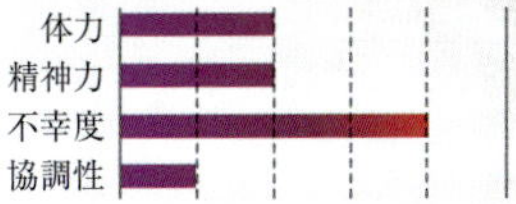

貴方に備わった特殊能力

罪と罰

貴方のその罪は、人々を救う善行なのでしょうか。いいえHeт《ニェット》です。

ラッキーフード

かき氷

貴方の口中をさらに冷たくして、シニカルさに磨きをかけましょう。

12月 | 21日 | Incensed Wing

前展望監視システム《パノプティコン》

激昂の翼《インセンストウィング》

12月21日に生まれた貴方の性格は、
羽を広げ怒り狂うグリフォンのように、
自分の守るものを狙う、悪しき人間を
引き裂くような激しさを持っています。

特徴

他人が自分の領域に侵入することを激しく嫌い、侵入者《イントルーダー》や略奪者《プランダラー》に対して激しく攻撃する貴方。そのため中華料理や焼肉、鍋物を他人と一緒に食べることには向きません。割り勘に対しても敏感で、合計を人数で割るようなことはせず、レジ前で各々が食べた分だけ会計するという方法をとるので迷惑な存在です。考え方に口を挟んだりしませんが、自分のいたテーブルで精査した方が無難です。

パラメーター

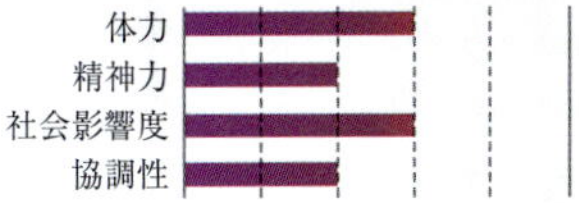

貴方に備わった必殺技

マキャベリーアタック

貴方の大切なものを守るために使ってください。乱用すると趣旨から外れます。

ラッキードリンク

アールグレイ

多少利己的な貴方。紅茶をのみながらベンサムの本を読みましょう。

12月 | 22日 | Incensed Undead

執念を怨念に変えて爆ぜる

激昂の亡者《インセンストアンデッド》

海に打ち捨てられ、
誰も供養してくれなかった怒りをぶつける
「モンジャ」のように、
貴方は人に取り憑く習性があります。

特徴

貴方を認めてくれない者に取り憑き、自分の願いが叶うまで執拗に要求をし続ける貴方。対象が、自分が好意を寄せている人間である場合は顕著になり、要求はさらに激しくなります。その原因は、憧れている他者の中に貴方の魂は存在し、その他者からの認知によってしか存在できないという精神構造になっているからです。認証を巡る闘争を続けます。早い話、若干ストーカー気質の可能性があります。

パラメーター

貴方に備わった魔法

タクシードライバー

僅かな善行を少しずつ積み重ねてみましょう。きっと救われるはずですよ。

ラッキーアイテム

GPS機能付きアプリ

対象がどこにいるか一目瞭然。これで貴方も行動しやすくなるはずです。

Column

Shmp

中二病 末期

Karte No. 17　中二病患者の症状診断

症状

「カ●ルくん」という名のクラスメイトに過剰反応する

詳細

全国の中二病の憧れともいえる『新世紀エ●ァンゲリオン』の渚カ●ル君。男性で同じような響きの名前を持つクラスメイトがいたら、中二病患者は彼らにカ●ル君さながらのミステリアスさを要求する。本家並みの美少年なら言うことなしだが、ゴツゴツした柔道部員でも致し方なし。「カ●ル」という名前に価値があるのだ。そして男子でいない場合は、女子のカ●ルさんで代用するのだとか。

特記事項

- サードインパクト
- 「歌はいいねぇ…」
- 海で第九の鼻歌つきならパーフェクト

12月 | 23日 | Incensed Nirvana

自ら茨の道を歩む

激昂のニルヴァーナ《インセンストニルヴァーナ》

聖人とは、人格高潔で徳の高い人ですが、
同時に「怒り」を知る人のことでもあります。
貴方はマルティン・ルターのような信念と怒りにより
改革を推し進める者のようです。

特徴

自分の所属する組織の問題点を指摘し、告発することは大きな危険を孕んでいます。特に上の者との対立や、汚れた習慣を享受した多くの人間を相手にする場合は人生全てを賭けるぐらいの覚悟が必要でしょう。仲間のほぼ全員がコンパのために血道を上げているのに、一人だけ真面目にサークル本来の活動内容に重きを置いた発言をすれば、総スカンをくらいます。集団ってそんなものじゃないですか。

パラメーター

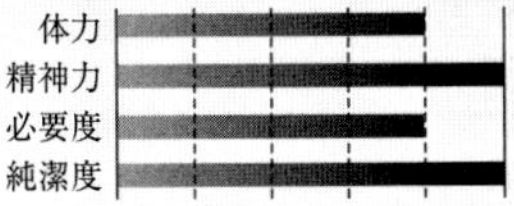

貴方に備わった回復法

メタリカのCD《セイントアンガー》を聴く

激しい怒りを発しながら自分を律する貴方に敬意を評します。

ラッキー宝具

聖クリストファーの首飾り

奇跡によって命を長らえた聖人の肖像が刻まれており、事故死を防いでくれます。

12月 | 24日 | Incensed Assassin

身をとして世の平穏を守る

激昂の暗殺者《インセンストアサシン》

12月24日に生まれた貴方は、
神の子イエスが生まれる前日に
梅雨祓いをするために、
天から遣わされた最凶の殺人マシーンです。

特徴

貴方の生まれた日は、ご存知だと思いますが人類にとって重要かつとても神聖な記念日です。そのため、この日には汚れた地上を清める必要があり、その役目を負っているのが貴方なのです。つまり、貴方が毎年この時期に一人であるということは、太陽が東から昇るようにごく当たり前のことなのです。さぁ、今こそ神聖力《ホーリーパワー》と貴方の小市民的な激怒力《ダークパワー》でにっくきカップルどもを滅ぼしてください。

パラメーター

貴方に備わった特殊能力

Lust《ラスト》レーダー

強欲かつ不埒なものを見つけ出す能力です。目視でも容易に確認できますが…。

ラッキー武器

ダーインスレイヴ

一度鞘から抜くと生き血を吸うまで鞘に収められない魔剣です。

地球の胎動の如き激しい怒りを示す

激昂の礫岩《インセンストコングロメレード》

この日に生まれた貴方は、
火山から飛び出した岩石のようなパワーと、
全てを焼き尽くすような熱を体中から
漲らせているようです。

「私の拳こそが原点にして頂点！最強にして最凶!!」

特徴

地中から吹き出すマグマのような怒りとパワーは、誰にも止めることができません。たとえそれが一国を動かすほどの権力を持つものでも、人間の力には限りがあります。そこまでの力を持った貴方は、何をするのでしょうか。酒を飲んで絡んだり、カラオケで突如衣服を脱いだりというのも、かなりのパワーの現れでしょう。ただし、絡み酒は特に友達がいなくなると思うのでご注意を。

パラメーター

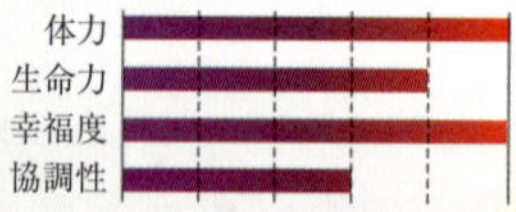

貴方に備わった回復法

〆のラーメン

失われた塩分《ソウルズマイト》と論争による疲れを癒すため、ひたすら啜り食べましょう。

ラッキーアイテム

胃腸薬

連日に及ぶ飲酒という修行は、貴方の胃を壊します。どうかご自愛ください。

12月 | 26日 | Incensed Executioner

鋼の肉体と魂を持つ

激昂の処刑人《インセンストエキスキューショナー》

激昂の月の26日に生まれた貴方は、
自らの欲望のため民から搾取し贅に耽る者に、
敢然と立ち向かい、その生命を立つ
革命の戦士のようです。

特徴

圧政を敷く王を倒し、断頭台に送った革命者の如く、強い意志と実行力を持つ貴方。弱き人々を助け、導くことに向いています。しかし、一度権力を手に入れると独裁者へと変貌を遂げる可能性が。勢力を広めたいという欲求のもとに、退かせたはずの王のようにならぬよう気をつけて。貴方の素質を活かし、弱き人々に平和をもたらす英雄《ヒーロー》となるべく行動をすれば、自ずと未来も切り開けるはず。

パラメーター

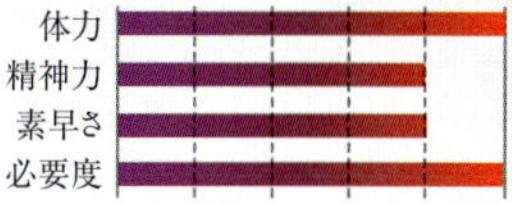

貴方に備わった特殊能力

火事場の馬鹿力

ピンチに陥ったときに発動します。眠れる力の全てを出して戦いましょう。

ラッキーフード

ニンニク

階級闘争はいつ起こるかわかりません。終始力の維持を怠らないでください。

12月 | 27日 | Incensed Prophet

神の支配を脱した思考力を持つ

激昂の預言者《インセンストプロフェット》

この日に生まれた貴方は、
宇宙の法則を知る偉大な天文学者のように
知識に溢れていますが、占星術のような
神秘的なものへの憧憬も併せ持っています。

特徴

世が世であれば確実に異端審問にかけられていたはずの貴方は、想像を超えた発明をしたり、オカルト的な思考をすることが特徴です。そのため他人から奇人と呼ばれたりもしますが、一切気にしません。人が寝静まる時間に満天の星空のもと宇宙との交信を始めたり、テントを持ち出し中で訳のわからないことを発したりしていませんか。寝癖がひどいぐらいに抑えておいた方が、人生過ごしやすいと思いますよ。

パラメーター

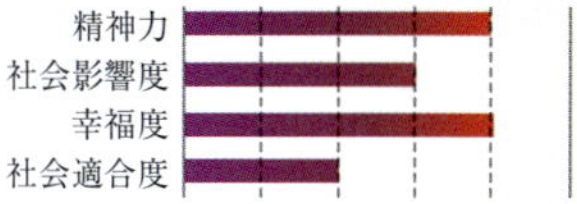

貴方に備わった必殺技

ブレイキングメサイア

物怖じせず生き、何者をも恐れぬその態度は一目置かれています。

ラッキードリンク

血のようなトマトジュース

口の端から垂らしながら飲むと雰囲気が出ます。健康には至極有効です。

12月 | 28日 | Incensed Hammer

赤き星の下で戦う

激昂の鉄槌《インセンストハンマー》

秩序が支配し高度な管理社会に
到達した街「警察都市《デストピア》」。自由を求め怒りを
顕にした破壊者《デストロイヤー》である貴方が、この街を崩していく
勇姿を見て、人々は賞賛の声を上げるでしょう。

特徴

貴方が秩序だったものを打ち壊し続けるのは、単に自由を求めているだけでもなければ、破壊衝動に突き動かされているわけでもないようです。それは、無政府主義《アナキズム》に裏付けられた行動です。「秩序」無き秩序を夢見て、既存概念や常識という名の道徳に向かい鉄槌を振るう貴方ですが、自分の事は疎かになっていないでしょうか。カバンの中や机の上がかなりの無政府状態になっていますよ。

パラメーター

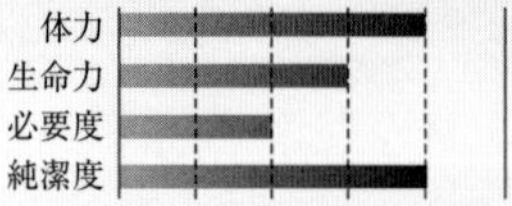

貴方に備わった魔法

アメリカンイディオット

プロパガンダに操作されそうになった時、呪文をかけると敵の正体が見えます。

ラッキーアイテム

アイマスク

目を覆い暗闇という無政府状態《アナーキー》、眠りという無政府状態《アナーキー》を作ります。

12月 | 29日 | Incensed Hunter

黄金郷《エルドラド》を夢見る

激昂の狩人《インセンストハンター》

多くの仲間を殺され、
大いなる魂とともに悲しみを胸に荒野を彷徨《さまよ》う戦士。
12月29日に生まれた貴方には、
痛みと悲しみを知る者の苦悩がつきまとうでしょう。

特徴

街の喧騒の中でも祭りの賑わいの中でも、貴方の心は虚しさに占拠され、靄がかかったように重い雰囲気の中を彷徨っています。血と汗を流しながら懸命に努力をした結果、やっとの思いで得ることができた財布の中の同士を、一夜の過ちで失った貴方は、これからどうすればいいのでしょうか。情けなくて泣くに泣けません。しかし、その悲しみを糧に、貴方は強く成長していくでしょう。

パラメーター

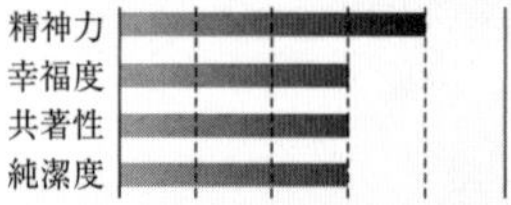

貴方に備わった回復法

通帳を眺める

必死で貯めたお金が、どの位増えたか確かめるのが貴方にとっての幸せです。

ラッキー宝具

サンポ

持つ者に幸福をもたらす物。正体は不明。何であれば貴方は幸福になれますか？

12月 | 30日 | Incensed Fool

俺がモテないのはお前らのせい

激昂の愚者《インセンストフール》

激昂の月30日に生まれた貴方は、
我が行いを省みることもせず世を呪い、
怒りと復讐を心に誓う凶悪な
殺戮マシーンのようです。

特徴

全てが寝静まる丑の刻、藁で作った人形と釘を持ち林を徘徊する貴方。自分が恵まれないのは時代のせい、自分が認められないのは周りの人間が無能だから…。そんな思いが、次々と腹の底から湧いてきます。さぞや釘を打つ腕に力が入るでしょう。しかし気をつけてください。暗い中でそんなことをしていると、憎悪の念に塗れた自身にとり殺されてしまいますよ。自分の闇を夜に見失ってはいけません。

パラメーター

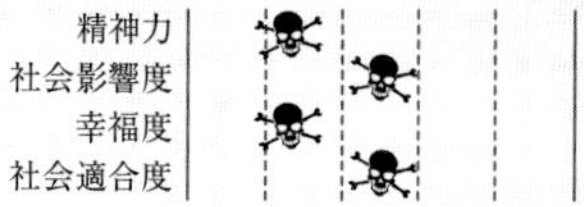

貴方に備わった特殊能力

逆恨み

貴方の心は荒みきり猫の額よりも狭いようです。もう少し大人になりましょう。

ラッキー武器

グングニル

敵を必ず貫き、その後自動的に持ち主の元へ戻る槍。受け損なって貴方も…。

12月 | 31日 | Incensed Grail

記憶の耐えられない軽さ

激昂の聖杯《インセンストトグレイル》

一年を締め括るこの日に生まれた貴方は、
誠実で真面目、そして全てを見渡す能力、
アカシックレコードとアクセスする
能力も潜在しています。

特徴

デジャヴや予知夢を経験したことはありませんか？これは貴方の魂がアカシックレコードへアクセスした証拠なのです。映画の中のワンシーンを見たことがある気がしたり、ゲームの中の風景を見たことがあると言い出したり。ホラ吹きだと言われることがあると思いますが、その屈辱には耐えてください。貴方の正しさが証明されるときが来ます。というか、確実に以前に見ているとは思いますが…。

パラメーター

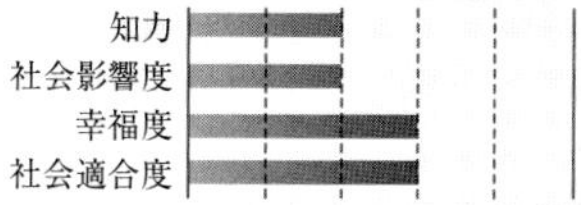

貴方に備わった必殺技

忘れる

色々と忘れていることが多いようです。メモ帳を持ちましょう。

ラッキー防具

メギンギョルズ

締めると力が２倍になる帯。ホラの切れ味も、２倍になるのでしょうか。

1月 | 1日 | Chaos Dictator

死と破壊を統べる現世の王者

混沌の独裁者《カオスディクテイター》

一年の始まり、元日という日に生まれた貴方は、
全ての者を統べる大いなる力を授けられています。
貴方の判断・実力次第で千年王国《ミレニアム》を
築くことも夢ではないでしょう。

特徴

ただし、独裁者とは神聖にして絶対的であり孤高な存在。裏を返せば誰も寄せつけない威圧感と、誰にも頼れないというプレッシャーが重くのしかかってくるという厳しい現実があるということです。狩りゲーなどでリーダーを務めたとき、貴方の一瞬の判断ミスがパーティーの全滅を招き、掲示板などで「破滅と終焉をもたらす者」という不名誉な伝説を残すことになりかねないのでご注意を。

パラメーター

貴方に備わった特殊能力

大人げない駄々捏ね

自分の主張は手段は選ばず必ず通しましょう。それが独裁者たる第一歩です。

ラッキー武器

破魔矢

敵を退ける効果があります。初詣で入手すること。その際お賽銭も忘れずに。

Column

Stamp

中二病
末期

Karte No. 18　**中二病患者の症状診断**

症状

**注目を集めたいがために
過激な内容をネットに投下する**

詳細

中二病患者の心の中では、「もっと自分を知ってほしい」という自己顕示欲が常に渦巻いている。そんな彼らがネットの世界に入り浸ると、現実世界と乖離したものやネガティブな自己PRなど、中二病ならではの思考で埋め尽くされることは必至。だが煽るあまりに、極端にぶっ飛んだ写真や発言をアップすると炎上を招く恐れも。ちなみに実名が原則のFa●ebookでは、流石に恥ずかしいのかこうした投稿はほぼ皆無な模様。

特記事項

- 非リア充の吐き出し口
- 自己顕示欲のかたまり
- 炎上後のアカウント閉鎖or鍵付きまでがデフォ

1月 | 2日 | Chaos Fountain

主たる創造神の映し身

混沌の泉《カオスファウンテン》

「私の叡智に
縋る姿の
なんと
浅ましい
こと…。」

多くの人間が初夢を見るこの日に生まれた貴方は、
夢と現実の狭間を生きる詩人のような
感性の持ち主です。優れた想像力により、
偉大な業績を残すでしょう。

特徴

枯れない泉の如く次々とアイデアが浮かんでくる貴方ですが、その発想についてこられる人はあまりにも少なく、理解者を得ることは難しいと思います。妄想しすぎて夜眠れず翌日遅刻したり、ブログで始めたオリジナルライトノベルの閲覧者が1桁だったりする事を、市民を惑わす誘導《プロパガンダ》行為だと騒いだり、陰謀論にすり替えて憤慨するのはとても危険です。とりあえず落ち着きましょう。

パラメーター

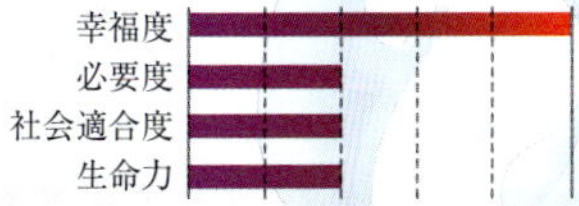

貴方に備わった必殺技

誰の注意も受け付けない鉄壁の耳塞ぎ

愚民の意見など聞く必要はありません。
思い描くまま我が道を行きましょう。

ラッキー防具

ヘッドギア

強烈な電流を流しNT《ニュータイプ》のような高い創造性を養い、貴方を神の領域に誘います。

1月 | 3日 | Chaos Fairy

自由を愛する小さな精霊

混沌の妖精《カオスフェアリー》

三箇日最後の日に生まれた貴方は、ひたすら自由を愛する奔放な性格を与えられています。
その姿は、淫魔のように多くの異性はもちろん同性をも魅了することでしょう。

特徴

しかし自由を愛するあまり、日曜の深夜になると「月曜が来る」と怯えたり、「何故自分は働かないといけないのだ」という悪魔の咆哮《デビルズロアー》を発している貴方。また「あのときは良かった」などと過去の栄光に浸り、自室という楽園《ネバーランド》から現実に戻れなくなる可能性もあります。古今の人々が自由を勝ち取るために犠牲にした物と、恒久的な努力を惜しまなかった姿を学んでください。

パラメーター

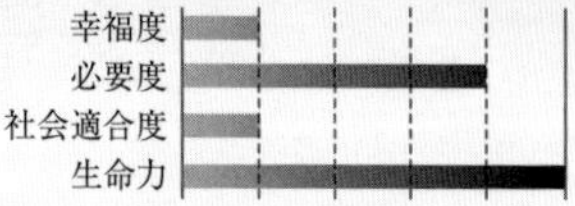

貴方に備わった魔法

マジカルドリームライト

「オラ、ワクワクしてきたぞ！」という気分になれる虹色の光《シャイニングレインボウ》。

ラッキーフード

梅干

自由すぎる貴方の思考に、刺激を与え目を覚ましてくれる神からの賜りもの。

1月 | 4日 | Chaos Fallenangel

溢れる暗黒の力で全てを粉砕!

混沌の堕天使《カオスフォールンエンジェル》

多くのことが動き始めるこの日に生まれてきた貴方は、活力と精神力が漲り、物事を推し進めて行くのが得意です。その力《パワー》には地獄のデーモンたちでさえ従わざるを得ないでしょう。

特徴

ただし興味のあること以外に力を使おうとしない貴方は、バランス感覚に欠け通常の生活者として暮らしていくことが困難な場合が多々あります。その邪悪な魂で上司や先輩に立てつくことは序の口です。暗黒力《ダークフォース》が増し掃除が嫌い、野菜が嫌いなどという細かい我がままが強く出てくると完全にアウト。黄泉比良坂を転げ落ちます。神に逆らうほどのパワーを、少しは自分のために役立ててください。

パラメーター

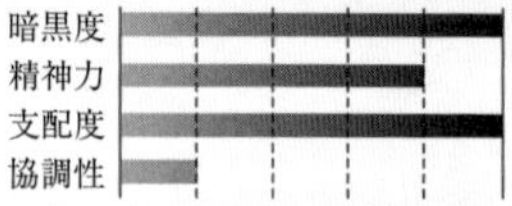

貴方に備わった特殊能力

天に唾するが如きドタキャン

その邪《よこしま》な心で、全ての者に禍と、甚大な被害をもたらす能力。

ラッキードリンク

エナジードリンク

その体に眠る魔性の力を引き出すための、滋養強壮剤《イービルドリンク》。

1月 | 5日 | Chaos Bullet

盲目ゆえの、力強さが全てを凌駕する

混沌の銃弾《カオスブレット》

混沌の月5日目に生まれた貴方は、混沌の中から
生まれたこの宇宙の始まりビッグ・バンを
思い起こさせる爆発的な力とスピードを持ち、
かつ謎の多い神秘的な存在です。

特徴

秘められた熱い思いで目的を遂げようと、一心不乱に邁進する貴方ですが、本来の目標《ターゲット》を見失ったり、後先考えずに走り出すことがあります。買ったDVDが期待はずれだったり、一時の思い入れで真似ていたアニメキャラクターの口癖を頻繁に使用し痛い思いをしたことはありませんか？　何事も先のことを考えてから行動しましょう。狂った照準では的を絞れず、貴方の人生も無駄弾と化してしまいます。

パラメーター

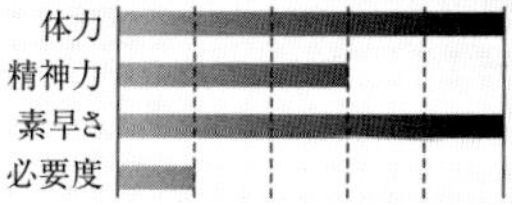

貴方に備わった必殺技

乱れ打ち

敵味方の区別をつけることなく、全てを根絶やしにする最終奥義。

ラッキーアイテム

双眼鏡

射程内に捉えたターゲットを、追尾・観察するための極秘アイテム。

1月 | 6日 | Chaos Marionette

時勢を読み大局を知る大いなる愚者

混沌のマリオネット《カオスマリオネット》

正月七日を「七日正月」といい、その前日を年越し
として祝うとされるこの日に生まれた貴方は、
正真正銘「偽物《フェイク》」の人生を歩む悲しき操り人形の
宿命を背負っています。

特徴

しかし、混迷した世の中で明確に自分の存在や意思を表し生きていくことは凡人には難しいことです。ならばいっそうのこと操り人形《マリオネット》として生きていくのもいいかもしれません。また社会の仕組みとは、個人の力ではなく因果律《グレートヴェーダ》により決められ運用されています。その存在を明かさない大きな力に身を委ね、うまく操られる術を身につけさえすれば、貴方は世の理の代弁者として脚光を浴びるでしょう。

パラメーター

貴方に備わった必殺技

グラビデ

地上のあらゆるものを縛りつけ、その行動に制限を与えます。

ラッキー宝具

弓曳童子

精巧精密に作られた貴方の忠実なる下僕、貴方の守護者。

1月 7日 Chaos Book

福音を示すこの世の光

混沌の書物《カオスブック》

混沌の月7日に生まれた貴方は、
「混沌《カオス》」つまり物事の始まりを
よく理解し、道理や筋道を心得た
聡明な思想家のようです。

特徴

好々爺のようにいつも笑顔で慌てることなく、その膨大な知識は皆にちょっとした幸せをもたらします。それも皆、貴方自身の精神修養や自己研鑽の賜物でしょう。しかし、神色自若としていることが唯一の傷。困り果てた人を目の前にしても、その貼りつけたような笑顔を維持していては、何か裏に大いなる企みがあるのでは？　と疑われてしまっても無理のない話です。たまには真顔を演出しましょう。

パラメーター

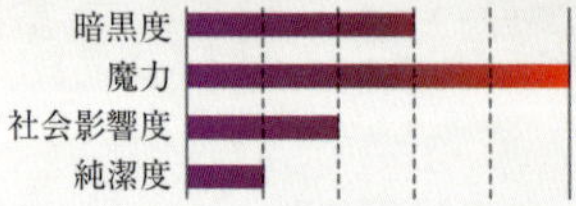

貴方に備わった必殺技

ビジネススマイル

笑顔ひとつで、誰も貴方のことを悪人だと思う人はいません。

ラッキーアイテム

本型隠し収納

金や過去、貴方の薄汚い性根を隠しておくのに最適です。

1月 8日 Chaos Clown

変幻自在のトリックスター

混沌の道化師《カオスクラウン》

「八百万《やおよろず》」や「∞《インフィニティ》」に象徴されるように
8という数字は膨大な量を表しています。
道化師である貴方は、様々な技を使い
人々に快をもたらす存在になれるはずです。

特徴

ただし奇抜な事に走る傾向がある貴方は、古い慣習を守る人間の餌食になりやすいことや、八方美人的な振る舞いをしてしまい、非難され深い苦痛を受けることもあると思います。誰に何を言われても構わないという覚悟と自分の意思《フェイス》をしっかりと持ちましょう。また、変身能力も高いのですが、あられもない格好《コスプレ》をしているとカメラ小僧の生贄となり、とんでもないところで自分の写メを見る羽目になります。

パラメーター

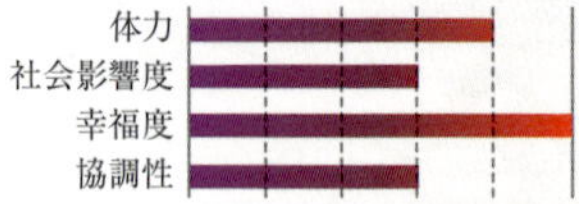

貴方に備わった回復法

一人で過ごす休日

誰にも邪魔されず、静寂の中に身を埋めることも時には必要です。

ラッキー防具

クラウンシューズ

カラフルな上に先が尖っていて人目を引くことができます。

1月 | 9日 | Chaos Traveler

真実を追いかける孤高の人

混沌の旅人《カオストラベラー》

混沌とした人生への旅立ちを意味する
この日に生まれた貴方は、
未《いま》だ見ぬ真理を探し地平線を目指す
偉大な冒険者の資質を持っています。

特徴

自分の本質《ルーツ》を探し出すことへの憧憬が強い貴方は、物思いに耽ることが多く、他人の話も上の空といった印象です。また、何においても疑問を持ち「お前鼻でかくね？」などという失礼な発言や「千円札や1ドル札にはあの団体のマークがある！ 世界経済を支配するあの団体の謎を暴いてやる！」等の妄言を吐くことは控えましょう。黙して焚き火に当たるという旅人の基本スタンスを忘れないように。

パラメーター

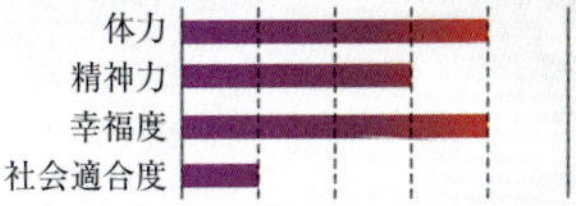

貴方に備わった特殊能力

千里眼

いくら道に迷っても、必ず振り出しには戻ることができます。

ラッキーフード

ミリ飯

緊急時や面倒くさい時に、貴方の命を守ってくれます。

1月 | 10日 | Chaos Inferno

燃ゆる怒りの焔

混沌の業火《カオスインフェルノ》

1と0つまり有と無を表し、混沌に支配された月の
この日に生まれた貴方は、悪しき歴史や
形あるものを焼き尽くす革命の戦士《レジスタンス》として
この世に生まれてきました。

特徴

お役所ばりに前例を気にする公的判断に泣かされる人々を見てクレーマーと化したり、次々に粗製濫造されるアイドルグループにはうんざりという世の風潮を一身に背負い自分の奇妙な踊りを配信するなど、燃え盛る怒りを胸に一人戦い続ける貴方の志《パッション》は見習うべきところもあるのですが、少し火力を抑えてみましょう。激しい怒りの炎は周りを遠ざけるばかりか自分の身をも焼き尽くしてしまいます。

パラメーター

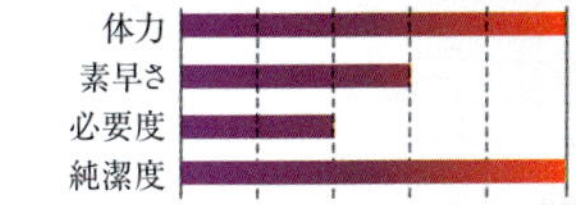

貴方に備わった必殺技

電突《ライジングアタック》

襲われた相手に、精神的な大ダメージを与えます。

ラッキードリンク

冷たい水

貴方の熱すぎる頭と体を冷やす、相棒的存在です。

1月 | 11日 | Chaos Messenger

理想世界のために喜捨し続ける定めの持ち主

混沌の使者《カオスメッセンジャー》

平等を意味するこの日に生まれた貴方は、
人々に混沌の素晴らしさを伝えるための
伝道師《メッセンジャー》です。平和を実現させるため
八面六臂の働きが期待されます。

特徴

しかし、人間は規律という囲いの中の平等を守ることはできても、混沌の中での平等・平和を維持するには過大な欲望を持っています。貴方の所蔵する希少な同人誌を、他の人に惜しみなく分け与えることはできますか？ 数千円かけて手に入れたプライズ商品を、貴方は欲する者に渡せるでしょうか。大きな口をあけて食料を要求する雛鳥の如き一般人に、どれくらい応えることができるかが鍵になってきます。

パラメーター

貴方に備わった魔法

クウェイク

あともうちょっとな景品を、触らず篭絡することができる不思議な力です。

ラッキーアイテム

500円玉

欲深きプライズマシンを押し黙らせ、奇跡を一度起こすことができます。

1月 | 12日 | Chaos Blade

選ぶことなく、欲するものを手にする能力者

混沌の刃《カオスブレード》

混沌の月である1月と、
時と天を分ける12という数の日に生まれた貴方は、
等しく物事を分ける
采配者としての能力に長けています。

特徴

貴方のスケジュールの割り振り方や整理整頓能力は郡を抜いていますが、混沌の月の影響が大きく自己流で、他人から見ると破壊的《ディスクトラクティブ》に見えることが多々あります。職場や自室の机の上やPCのデスクトップ上は物やアイコンが散乱し、ゴミ溜め級に汚いのに探しものはすぐに出てくるなどといったことはないでしょうか。客観的に物事を見つめる訓練を積まないと、ゴミ屋敷の住人になること必定です。

パラメーター

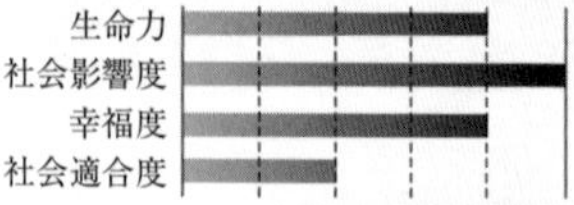

貴方に備わった回復法

捨てる

浄化を促す回復の秘術です。恐れずに試してみましょう。

ラッキー宝具

芭蕉扇

全てをなかったことのようにすることができる魔法のうちわです。

1月 | 13日 | Chaos Secret Agent

漆黒の闇に生きるエージェント

混沌の密偵《カオスシークレットエージェント》

忌み数と混沌が重なる
この日に生まれた貴方は、
闇に潜むことを好み決して人に好かれることのない
定めのもとに生まれました。

特徴

しかし貴方の潜伏するという嗜好性と的を射た情報収集能力《サーチテクニック》は、権力者との結びつきを強める武器となります。それにより貴方はある程度の富を得ることができるでしょう。ただし、街中で必要以上にこの能力を使うと職質をかけられ住所・氏名・年齢・電話番号など密偵として一番知られたくない情報を取られたうえ、法の番犬に要注意人物の烙印を押される羽目になってしまいます。

パラメーター

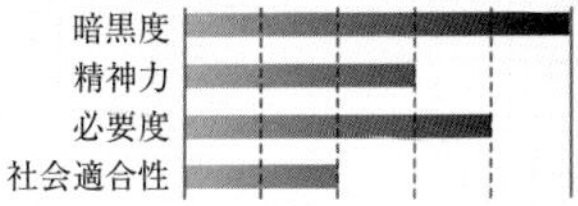

貴方に備わった特殊能力

ハイド

探索した痕跡を残さず、敵地を視察する護身能力。

ラッキー武器

吹き矢

音も立てずに攻撃できる特性は、貴方にピッタリです。

1月 | 14日 | Chaos Umpire

弱者正義を成し勇を示す

混沌の審判《カオスアンパイア》

愛と希望と勇気を意味するこの日に生まれた
貴方は、勇者の資質を備えています。
努力と忍耐を重ねさえすれば、貴方の行いは
人々に永遠に語り継がれることとなるでしょう。

特徴

正義の審判《ジャッジメントエクスプロージョン》を下し悪を打ち倒す貴方の姿を見て、人々は喝采をあげるでしょう。近所の子ども同士のケンカを仲介したり、電車の中での迷惑行為から発展した怒鳴り合いに割って入ったりと、貴方の正義の心は留まることを知らず等しく両成敗を詠います。ただし、自分のレベルが低いうちは無理をするのはやめましょう。冷たい骸となって路地裏に打ち捨てられるのが精々です。

パラメーター

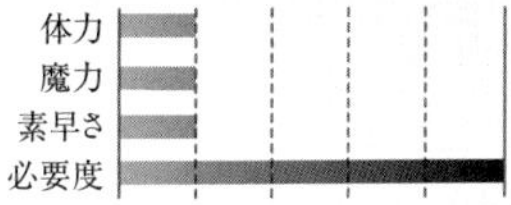

貴方に備わった必殺技

逃げる

いざというときの最善策。身の安全が何より大切です。

ラッキー防具

初心者の服

特にネルシャツと呼ばれるシャツが貴方にはピッタリです。

愛と悲しみを捨てた暴君

混沌の皇帝《カオスエンペラー》

欠けたことがない物を意味する
15という日に生まれた貴方は、
帝王の血を持っています。
腹の底からパワーが湧いてくるはずです。

「さぁ
愚民どもよ
跪け！
崇めろ!!
奉れ!!!」

特徴

貴方の強い意志と傲慢な態度は、時に人を遠ざけます。混沌の要素も加わり周りからの理解を得ることも難しいでしょう。そんなときは「退かぬ！ 媚びぬ!! 省みぬ!!!」と叫んでください。この信念こそ貴方が唯一信じるべきものです。もうひとつ忘れてはいけないものといえば貴方を育て、尊敬する方のぬくもりです。それさえ忘れなければ、たとえ敵に敗北しても「混沌の皇帝」の名に傷はつかないでしょう。

パラメーター

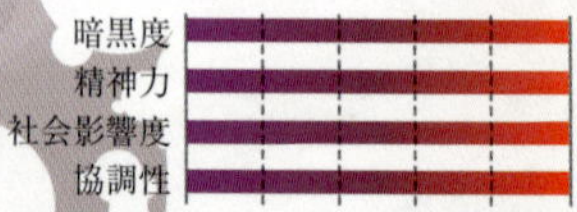

貴方に備わった必殺技

天翔十字鳳

言わずと知れた帝王の最終奥義。美しさと強さの象徴です。

ラッキーフード

チキン

腹ペコな子どもが唾を飲み込むほどジューシーかつ美味なご馳走です。

1月 16日 Chaos Wizard

禁断の秘術を生み出し続ける

混沌の魔術師《カオスウィザード》

絶頂をすぎたことを意味する16の日に生まれた貴方は、物事を深く見据え一歩引いた態度で研究に打ち込む能力に優れています。常識を覆す発見をすることから、魔術師と呼ばれます。

特徴

しかし一般的な教養で賄われる程度の発見を喜色満面、得意げに周囲に対して口に出してはいけません。無知を晒して馬鹿にされるのがオチです。また、ゲームでのチートプレイやハメ技を発見した時に試してみたくなるのはわかるのですが、それは禁じ手です。使用した途端、邪教の信徒魔女と罵られ、ろくな審議を受けることもできず聖なる炎《ホーリーインフェルノ》にその身を焼き尽くされることになるでしょう。

パラメーター

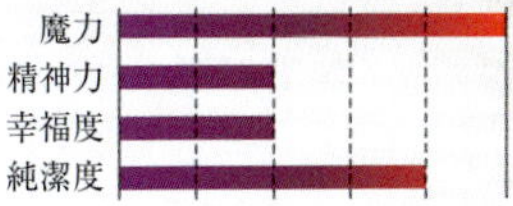

貴方に備わった魔法

パルプンテ

何が起こるかわからない禁断の秘術。貴方もかかっている可能性が…。

ラッキードリンク

レッドブル

一生を賭け、心血注ぐ徹夜の研究のお供に最適です。

1月 17日 Chaos Troubadour

美声で世界を虜にする

混沌の吟遊詩人《カオストルバドール》

若さと反抗を意味するこの日に生まれた貴方は、自由を謳歌する吟遊詩人として生きていくのが最良です。その歌声と語り口は疲れた生活者の魂を癒すことができるでしょう。

特徴

流行の歌から懐メロとレパートリーの広さを維持すれば、全年齢からカラオケに引っ張りだこ、財布の中身は少々気になりますが歌うことが貴方の使命。ケチケチせずに少なくとも週に4回はカラオケに行ってください。採点マシーンをうまく使えばカバーソング歌手として大成するかもしれません。ただし、オリジナルすぎる節回しは御法度です。気持ち悪いビジュアル系崩れとして石もて追われること確実です。

パラメーター

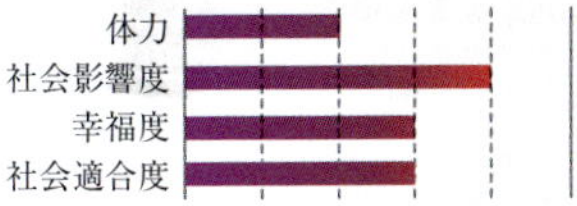

貴方に備わった回復法

泣かせるバラード歌唱

その歌声に歓喜感涙する人間は多いでしょう。泣きながら歌うのも吉。

ラッキーソング

17歳の地図

理不尽さから逃れるため脱出したヤコブはどんな世界を目にしたのでしょうか。

1月 | 18日 | Chaos Hermit

隔絶した世界の住人

混沌の隠者《カオスハーミット》

不安定を意味するこの日に生まれた貴方は、人目や人と接することを遠ざける性質が強く、静かな生活を好みます。強い刺激に耐性がないので興奮するようなことは避けてください。

特徴

穏やかな老人のように人格者である貴方ですが、覚醒《レボリュート》すると猿のようにひとつのことに熱中し、周りが心配するほど頑なになってしまうことがあります。薄汚い世俗に怒りを感じ「面白きこともなき世を面白く」などと言い始めたら死にフラグが立ったとおもいましょう。その正義感は認めますが、所詮浮世離れした老いぼれさながらの貴方には、すでになんの力もありません。

パラメーター

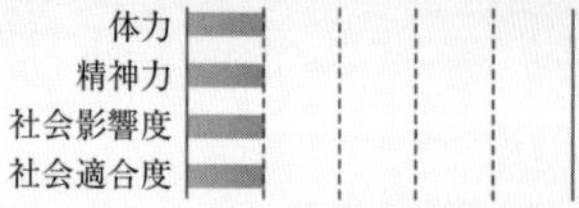

貴方に備わった特殊能力

ぼっち《ステルス》

存在を消し、この世との関わりを立つことができます。

ラッキー宝具

隠れ蓑

誰の視界からも消え、汚れた世間から身を守れます。

1月 | 19日 | Chaos Whip

現世に現れた破壊神

混沌の硬鞭《カオスウィップ》

強烈な力を意味するこの日に生まれた貴方は、鎧や兜などの防具もろとも敵を叩き潰す、さながら狂戦士《バーサーカー》のような存在です。歴戦の勇者も貴方の影を見ただけで震え上がるでしょう。

特徴

ただただ突っ走り、剛直に相手を叩きのめす姿は雄々しく、強さの象徴として畏敬の念を集めるでしょう。しかしそんなものが喝采を浴びるのはフィクションの世界の中だけ、否、ゲームの中でも「俺TUEEE」は嘲笑の的です。また、上には上がいるということを肝に銘じておかないと、格上の存在が現れたときに想像できないくらいに凹んでしまうか、狂乱《バーサク》状態に陥りとんでもない恥を晒してしまいます。

パラメーター

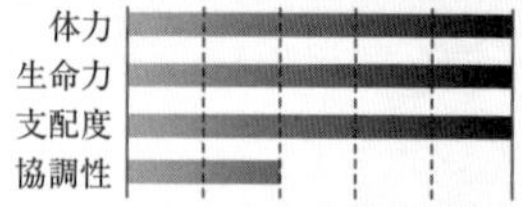

貴方に備わった必殺技

バーサク

四方を囲む敵に対し、怒りのオーラが充満すると発動します。

ラッキー武器

ハンドアックス

一振りで骸の山を作ることができる、強烈な破壊兵器です。

1 月 | **20** 日 | Chaos Rebel

永遠に思春期を彷徨う者

混沌の反逆者《カオスレベル》

混沌に支配された月で、大きな変化を意味するこの日に生まれた貴方は、反逆者の宿命の元に生まれました。権力に果敢に立ち向かう勇気の象徴となり得るでしょう。

特徴

しかし、何に対しても反抗的な態度で望む貴方は、偏屈な人間と思われがちです。その力が芸術などのクリエイティブな方向に向けば大成する可能性もありますが、愚か者の行動にいちいち反応する態度は、単なるDQNなヤンキーにしか見えません。また掲示板やブログなどで場を荒らしたり炎上させたりすることもやめましょう。反逆者《パルチザン》というより思春期から抜け出せない子どもとしてあしらわれるのがオチです。

パラメーター

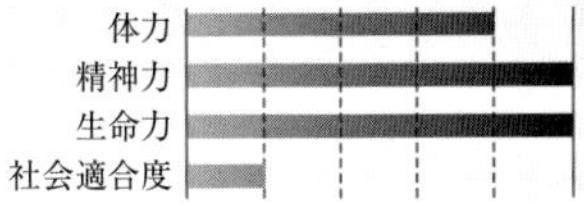

貴方に備わった回復法

激しい思い込み

これさえあれば、どんなに打倒されようとも再び立ち上がることができます

ラッキー防具

防弾チョッキ

権力者側の嵐のような攻撃に耐えることができる現代装備。

Stmp

中二病 末期

Column

中二病患者の症状診断

Karte No. 19

症状 刺客からの強襲に備えて常に臨戦態勢をとっている

詳細 「常に組織から狙われている身」の中二病患者にとって、死角が多い街中や建物内は危険が数多く潜んでいる。どこから来るかわからない敵の襲撃に備え、警戒しながら歩くものの、傍から見れば挙動不審者そのものである。また駅のホームでも、後ろから押されるのを気にするケースも。背後を気にしすぎて正面衝突するおそれもあるが、その辺は案外気にしていない様子。

特記事項
- VSスナイパー
- 街には危険が溢れている
- 些細なことでも肩が震えるレベルのびびり乙

1月 | 21日 | Chaos Wing

高みから世を見下ろす存在

混沌の翼《カオスウィング》

融和を象徴するこの日に生まれた貴方は、
他人の考えていることを見抜く洞察力に長け、
鋭い直感を持ち参謀や仲立人《ブローカー》など駆け引きの
達人として名を馳せるでしょう。

特徴

組織や崇高な聖戦《ジハード》のために自分の能力を惜しみなく発揮すると重宝がられる貴方も、自分の欲望のみに能力を使い始めるととんでもないことになります。経済のことに関して疎いのであれば、株やFXに手を出すことは身の破滅を意味しますので御法度です。またモノポリーでの駆け引きも慎重に行うこと。本当の勝者になりたいのであれば相手に上手く勝たせリアルでの関係性を強化するべきです。

パラメーター

貴方に備わった特殊能力

土下座

軍資金を得るために、時には屈辱に耐え忍ばなければなりません。

ラッキーフード

うなぎパイ

神経を消耗しやすい貴方には、力を蓄える必要性があります。

1月 | 22日 | Chaos Undead

運命の糸に絡め取られた悲劇の皇帝

混沌の亡者《カオスアンデッド》

1月22日に生まれた貴方は、
野心を実現させるための実行力に溢れています。
しかし混沌の月の影響によりその野心は底なしで、
潤いを感じることのできない亡者そのものです。

特徴

この無間地獄《エンドレスインフェルノ》から抜け出すには、底なしの野心を捨てるしかありません。常に誰かの下僕となり、私を殺し続け捨て去ることで貴方の心は救われます。苦しい作業だとは思いますが、苦しさの頂点をすぎるとやがてそれは快感に変わり、下僕として誰かのために尽くすということが生きがいになります。毎朝鏡の前に立ち「お帰りなさいませご主人様(お嬢様)」と10回ほどやることを習慣にしてみてください。

パラメーター

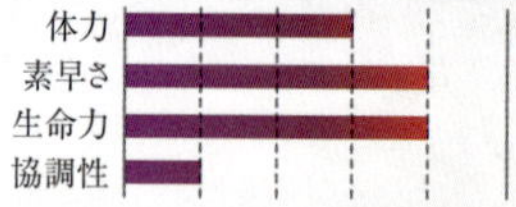

貴方に備わった必殺技

噛み付き《バイティング》

目の前の獲物に食らいつく瞬発力と顎の力は昆虫《インセクト》並みです。

ラッキー宝具

スポーツ飲料

貴方の乾いた心と体に潤いを与える必需品です。

1月 | 23日 | Chaos Nirvana

己を鍛え続ける修行者

混沌のニルヴァーナ《カオスニルヴァーナ》

どんな状況でも努力をする真面目な傾向を
持つのがこの日に生まれた貴方です。求道者の
ような貴方は、やがて解脱し涅槃の境地に入り、
聖人の一人として数えられるでしょう。

特徴

そんな貴方は、何よりのめり込みすぎることに注意を払ってください。三日三晩、飲まず食わず不眠不休での作業などは絶対に禁物です。仕事上そのようなことになっても周りの誰かが助けてくれるでしょうが、アメリカ国防総省などにハッキングをかけようと一人PCの前に向かってみたり、漫画喫茶に閉じこもり膨大な漫画長編を一気読みしようとすると本当に入滅することになりかねません。

パラメーター

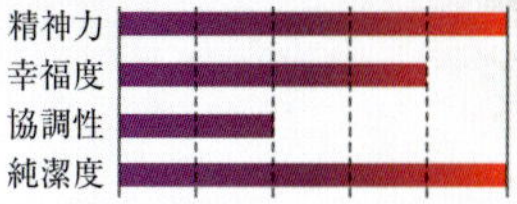

貴方に備わった特殊能力

幽体離脱

魂が体から離れてしまっている間はとても危険な状態なのでご注意を。

ラッキーアイテム

ひえピタ

熱しきって呆然とした貴方の心と頭を瞬時に冷やし平静を保たせてくれます。

1月 | 24日 | Chaos Assassin

命を賭けて戦う者

混沌の暗殺者《カオスアサシン》

混沌の月24日に生まれた貴方は、
非常に重く呪われた業を背負う運命にあります。
先祖に偉大な暗殺者《アサシン》が
いたりする方も多いでしょう。

特徴

影が薄いだのストーカーっぽいだのと悪口を叩かれることが多い貴方ですが、その実屈強な肉体と精神力の持ち主で、そのことに自身が気がついていないだけです。貴方は自分や世の中の大きな使命を見いだすことさえできれば、愚直なまでに目的に向かい、どんな困難をも耐え忍ぶことができます。しかし、だからといって高所から飛び降りたりする事は危険です。どうあがいても身体は普通の人間なのですから。

パラメーター

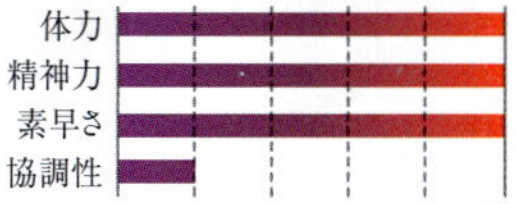

貴方に備わった必殺技

アニムスハッキング

望む相手を離れた場所から倒すことができるようになります。

ラッキー武器

アサシンブレード

この武器を使用する場合、左手の薬指を切除しておいてください。

1月 | 25日 | Chaos Conglomerate

複雑怪奇な存在

混沌の礫岩《カオスコングロメレード》

25日に生まれた貴方は独立心と実行力が旺盛です。固い意志を持ち不言実行というクールすぎる態度は、紛れもないモテキャラとして多くの羨望と憧れの眼差しを向けられます。

特徴

しかし貴方の運命に混沌の月が影をさしています。熱しやすく冷めやすい、移り気な部分もある貴方は、言っていることが一貫しないことが多々あります。昨日「カレーが食べたい」と言っていたわりに翌日カレー専門店に連れていかれると「ラーメン食いてぇ」などの発言をすることも多いはずです。貴方は本気でそう思っていても、相手には面倒くさいやつだと思われ、以後のつき合いに支障をきたします。

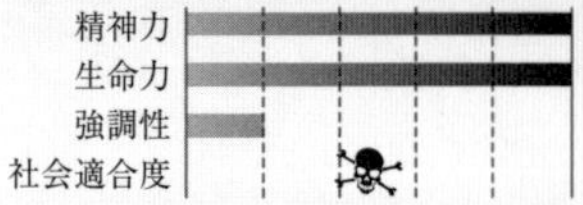

貴方に備わった必殺技

攪乱攻撃《クレイジースマッシュ》

対戦相手を惑わし混乱させ、恐怖に陥れることができるでしょう。

ラッキー武器

ブッチャーナイフ

洒落たセリフを吐きながら舐め回せば、敵の精神力を極度に削ることができます。

1月 | 26日 | Chaos Executioner

冷徹な法の番犬

混沌の処刑人《カオスエキスキューショナー》

この日に生まれた貴方は、辛辣な批判的思考《クリティカルシンキング》の持ち主です。相手の言を塞ぐような論理的発言は、さながら大剣を振るい罪人の首を刎ねる処刑人《エクスキューショナー》そのものです。

特徴

ただしあなた自身が自覚するように、貴方の発言には信念《フェイス》がありません。なぜなら相手の口を塞ぐためだけに綿密に構築された論理だからです。一見正論なのですが、現実味がなく小癪なばかりです。自分が首を切った罪人たちの供養のために、惜しみなく財産を使った山田浅右衛門のように、貴方も自分が手を下し葬った人間のことを多少なりとも考えないと、その怨念が災禍を招くことになるかもしれません。

パラメーター

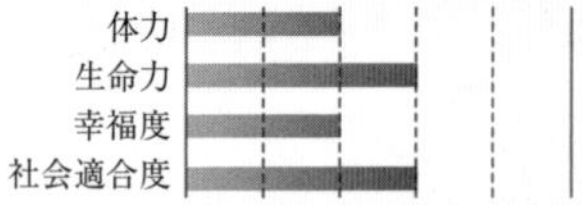

貴方に備わった回復法

唾を付ける

その口さがない物言いで、自分のことさえ騙して急場を凌ぐ能力です。

ラッキー防具

母《ほ》衣《ろ》

自分を大きく見せる手段として使用。目の錯覚を利用し有利にことを運びます。

1月 | 27日 | Chaos Prophet

生まれついての福音の徒

混沌の預言者《カオスプロフェット》

27日生まれの貴方は、理想主義者であり
人類愛的な優し《アガペー》さを持っています。また、意識せず
とも他人を感化する力を持っているので、
多くの救われぬ人々から指示を得ます。

特徴

神がかったカリスマ性を発し多くの信者がいる貴方ですが、歩む道を間違えると大変なことになります。人に頼られ、人々を導く立場ですので、色々なことに関して幹事の役目を果たすことが多々あると思います。しかし、女性の多いWEBサークルのオフ会でメイド喫茶を選ぶ、サバゲーの戦場に繁華街を指定。混沌の月の影響で仕方のないことですが、もう少し物事をよく考える習慣を身につけましょう。

パラメーター

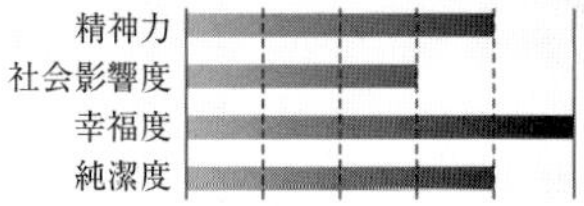

貴方に備わった特殊能力

街宣活動

貴方の崇高なる教えを広めるために至極有効な手段です。

ラッキーフード

パンとワイン

貴方がこの世の最後に食べるものです。結構淋しいです。

1月 | 28日 | Chaos Hammer

巨大な力で悪を粉砕する

混沌の鉄槌《カオスハンマー》

この日に生まれた貴方は、どうしようもなく自己中心的
で言動にも一貫性がありません。周囲の人間は、
貴方の殺人的パワーを持つ一挙手一投足に
怯えているに違いありません。

特徴

街中で髪の毛がヅラっぽい人を見ると指摘したり、飲食店でそこのお店の料理の批評を始めたりと、ついうっかりと口を滑らせてしまい知らず知らずのうちに、他人の脳ミソにハンマーで殴ったような衝撃と戦慄を与えています。毒舌キャラとして人気を博すこともあると思いますが、それは一時のこと。本当の毒舌キャラは、普段は決して他人を蔑んだりはしません。謙虚な心を持ってください。

パラメーター

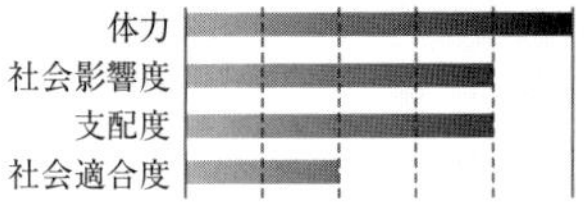

貴方に備わった必殺技

陰口をたたく《クラッシャーズエコー》

毒舌爆弾発言で、相手の脳と精神を破壊します。

ラッキードリンク

プロテインドリンク

貴方の持つ剛力を維持・増強するために必要です。

1月 | 29日 | Chaos Hunter

我と我が身を省みぬ者

混沌の狩人《カオスハンター》

神経質で強情な性質を持った
29日生まれの貴方は、
狙った獲物をどこまでも追い続けていく、
孤独な狩人《ハンター》のようです。

特徴

狙った獲物は絶対逃がさないという信念を持った貴方は、どんなことにもこだわり続けます。家電の値切り交渉で店員を一人占めしたり、トレーディングカードアーケードゲームで欲しいカードが手に入るまでゲームを続けたり、後ろに並んでいる子どもが泣いてもその行為をやめることがありません。あまりにも邪悪で稚拙なその行動は、人々の怒りを招き我が身を滅ぼす結果につながるでしょう。

パラメーター

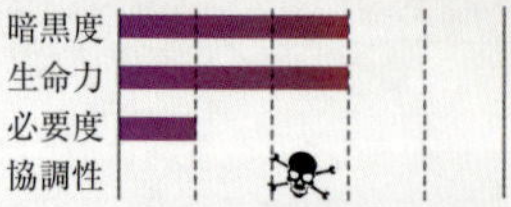

貴方に備わった魔法

鷹の目《サーチアイ》

敵には見えない距離でも、こちらからは見える神の目。

ラッキーアイテム

スーパーレアカード

これさえあればどんな戦場へ赴いても、死神にとりつかれることはありません。

1月 | 30日 | Chaos Fool

幽幻な世界に囚われし

混沌の愚者《カオスフール》

この日に生まれた貴方は、享楽的で爛れた生活を
好む傾向があります。酒と異性に溺れるBADな
姿が格好良さの象徴であると思いたいのは
わかりますが、早く目を覚ましましょう。

特徴

貴方が欲している自由の形は、紛れもない偽物です。自由を求め暗き道を彷徨《さまよ》ううちにコリタス草の甘い香りに誘われ、見せかけの楽園に吸い込まれてしまうと、もうこちらの世界に帰ってこられない可能性が、非常に高くなります。もうひとつの世界、貴方の親兄弟、友達が待っている側にこそ見いだすべき価値があることを、手遅れになる前に、気づいた方が身のためです。

パラメーター

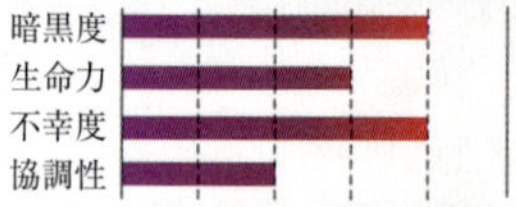

貴方に備わった回復法

カリフォルニア観光

巨大な自然や、有名テーマパークが目白押しです。

ラッキー宝具

両表のコイン

どんな賭けごとにも勝利できるコイン。貨幣価値はありません。

杯を満たすは酒か水か

混沌の聖杯《カオスグレイル》

誠実さを表す31日という日に生まれた貴方。
自分に厳しく、高い目標を掲げて努力する姿は
民衆の支持を受けるでしょう。
聖杯を掲げる者として最も相応しい人物です。

空虚《からっぽ》な私を
崇高な想いで
満たして…

特徴

しかし、混沌の月に生まれた貴方という聖杯は、最後まで満たされることはありません。全てに対して常に誠実である貴方は、何をするにも高みを目指して行動しますが、その努力が一歩間違った方向に傾けば、周りにいる人々も顔を引きつらせて貴方から距離を置くでしょう。そういうときは極力周囲を巻き込まず、己の目指すその先へ単独で挑み続けるしかありません。生温い視線が貴方を後押ししてくれるはずです。

パラメーター

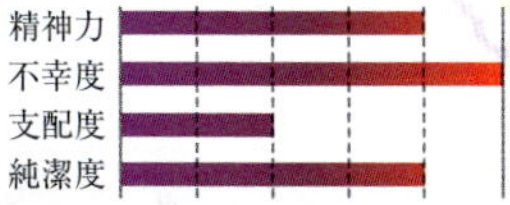

貴方に備わった特殊能力

勘違い

貴方が物事の結果を気にしさえしなければ、とても幸福になれます。

ラッキー武器

エクスカリバー

防御と攻撃両面で貴方を補佐する幻の剣。持つだけで王者になれます。

2月 | 1日 | Imprisoned Dictator

その手を血に染める事厭わず

囚われし独裁者《インプリズンドディクテイター》

囚われし月の1日に生まれた貴方は、
人を指導する能力に秀でているようです。
国を纏める政治家や、
研究機関の責任者などの素質があります。

特徴

ただし、貴方は自分の権力を拡大したいという思いが強く、封建領主《プリンキペス》的な傾向も強く表れています。そのためには汚い手段も頻繁に使用し、自作自演などはお手のものです。自分のWEBページに対しての評価の水増しに留まらず、自分のSNSにいもしない恋人を登場させ、一人二役でそのラブラブぶりを披露するなど、その悪辣な行為は枚挙に暇がありません。誤爆して撃沈する可能性が高いので気をつけてください。

パラメーター

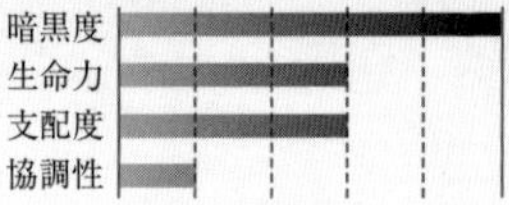

貴方に備わった必殺技

スカルクラッシュ

相手の頭蓋骨を粉砕し、一切の思考能力を奪い去ります。

ラッキー防具

プレートアーマー

騎士の着る鎧は、貴方をそれなりの身分に見せかけることができます。

Column

中二病患者の症状診断

Shmp

中二病
末期

Karte No. 20

症状

ルールをあえて無視して ヘッドフォンからの音漏れを強行する

詳細

中二病患者の中には、大型ヘッドフォンをファッション代わりに着用する輩が少なくない。それだけならまだ良いが、中には「どうだい？俺が聴いている曲、イカすだろ？」と言わんばかりに、電車内で音漏れさせるヤツもいる。本人は音楽に酔いしれているが、注がれている目線は軽蔑と殺意の眼差し。怖いお兄さんに目をつけられたら一発でアウトなので、くれぐれもご注意を。

特記事項

●迷惑行為 ●電車内は自分アピールの場
●俺の（お気に入りの）歌を聴けえええええ！！

2月 | 2日 | Imprisoned Fountain

汚れなき深奥の静寂

囚われし泉《インプリズンドファウンテン》

多くの人間が初夢を見るこの日に生まれた貴方は、
夢と現実の間を生きる詩人のような感性を
持っています。クリエイティブな仕事や趣味で
活躍できる可能性が開けています。

特徴

しかし、貴方がこのように美しく崇高な存在でいられるのは、一切の欲《リビドー》を断ち切っているからです。調子に乗ってモテたいなどの邪な心《タナトス》が芽生えると大変なことになります。コミュニケーション能力のない貴方は、忘れ去られている自分という現実とウハウハなハーレム状態にいる自分という妄想の狭間に立たされ、見るも無残にやせ細っていくことでしょう。透き通った空気のような存在であることがベストです。

パラメーター

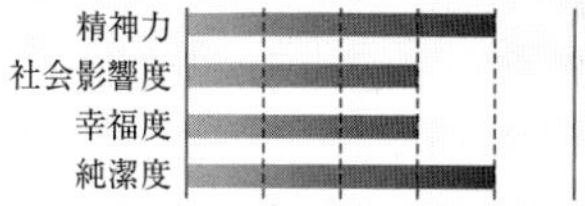

貴方に備わった魔法

Let it ～

goでもbeでもmeでもどれでもいいのですが、まぁ肯定してくれるので安心です。

ラッキーフード

賄い飯

貴方に与えられたあり難い「天」からの恵みです。味わって食べましょう。

2月 | 3日 | Imprisoned Fairy

熱い心を持つ自由の戦士

囚われし妖精《インプリズンドフェアリー》

熱い友情を表す3の付くこの日に生まれた貴方は、
週刊少年漫画の主人公のように絆を大切にし、
周りからの信頼を受け幸福な
一生を過ごすことができるでしょう。

特徴

しかし、このタイプの貴方が友情を育むには、必ずと言っていいほどバトルが必要となります。今後フラグが立つ際には生傷が絶えないことは覚悟しておきましょう。また、そんな貴方を裏切る人間も必ずと言っていいほど存在するものです。特に「私たち、親友だよね」などと平気で言い放つ人間には注意してください。絶対にそんなこと思っているわけがありません。貴方を陥れようとする甘言です。

パラメーター

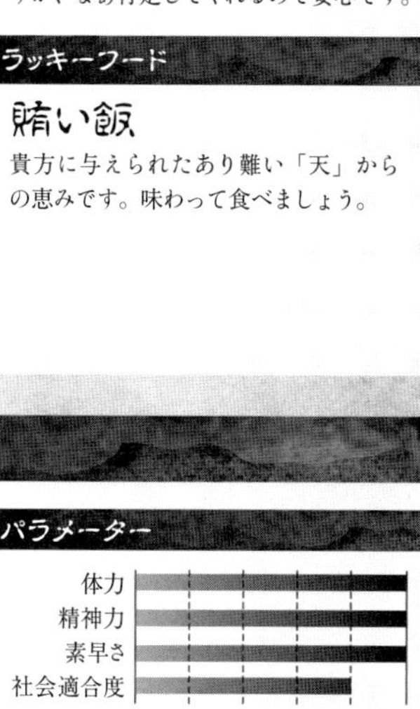

貴方に備わった回復法

皆からちょっとだけ元気を分けてもらう

天に手をかざしてみましょう。凄まじい力が集まってきます。

ラッキードリンク

甘い紅茶

裏切りや闘争に疲れたときに飲んでください。きっと落ち着きますよ。

神をも凌ぐ強靭な魂の持ち主

囚われし堕天使《インプリズンドフォールンエンジェル》

囚われし月の4日に生まれた貴方は、
何か一つのものを強烈に信じて疑わない純真な心と
頑なにそれを実行しようとする
固い意志の力を持っています。

間違っているのは
『私』じゃなくて
『世界』の方よ。

特徴

堕天使とはいえ、元は天界に属していた高貴な存在。その力は神には及ばずとも人間と比するものではありません。崇高な目的に向かう貴方の強い眼差し《デビルズサーチアイ》は誰よりも輝いて見えます。貴方の焼肉を見る眼差し、貴方のキャラグッズを見る眼差し、貴方の二次創作本を見る眼差し。誰も貴方の邪魔する者はいません。思い描いたままに行動してみてください。堕ちるかどうかは貴方次第です。

パラメーター

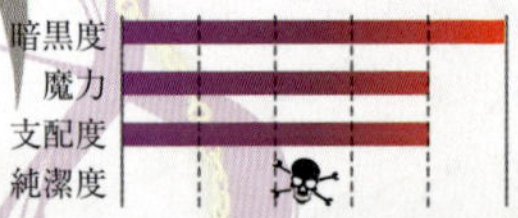

貴方に備わった特殊能力

暗黒世界への誘い

貴方の歩む道に他人を引きずり込む、強烈な誘惑手段です。

ラッキーアイテム

ブードゥー人形

貴方の敵である者を、瞬時に滅殺してくれるでしょう。

2月 | 5日 | Imprisoned Bullet

限界を超えた肉体の持ち主

囚われし銃弾《インプリズンドブレット》

囚われし月の5日に生まれた貴方は、機敏で
頭の回転が速くしなやかな性質を持っています。
特に体を鍛えれば格闘界の無敗の帝王《リアルウィナー》の
称号をも手に入れることができるでしょう。

特徴

腕立てと腹筋は朝飯前。しかし囚われし月の影響もあり、貴方は挑戦していくことに対して臆している面もあり、実力を発揮するのは妄想の中のみ。そして最後には体を鍛えることをやめ、必殺技を繰り出すための練習ばかりしてはいないでしょうか。人間の肉体からビームとかは出ません。また、バトル物のアニメ映画を見たあとに技の名前を絶叫するのはやめてください。うるさいだけです。

パラメーター

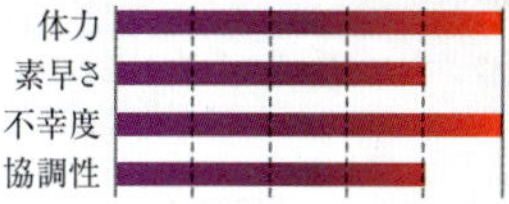

貴方に備わった特殊能力

エメラルド・フロウジョン

激しく流れ落ちる滝のように、敵を大地に叩きつける必殺の技。

ラッキーアイテム

初代タイガーマスクの覆面

強さの象徴です。そして計り知れない価値のあるものです。

2月 | 6日 | Imprisoned Marionette

夢想する臆病な傀儡

囚われしマリオネット《インプリズンドマリオネット》

この日に生まれた貴方は、
子どものように純真な心を持つ方のようです。
スイスの山間部や北米の草原などに住むことが、
貴方にとって最高の夢です。

特徴

都会《デスシティー》に住み、社会の歯車として操られるように生きている貴方は、常々大自然に囲まれて生活したいと考えていませんか。排気《ポイズン》ガスの混じった薄汚れた空気よりも、谷川の清涼な匂いに包まれたいという思いは募るばかり。しかし大自然の中で暮らすことは、貴方が考えているよりも厳しいものです。試しにひと月でいいので農業研修でもしてみてください。たちまち元の汚れた世界が恋しくなるでしょう。

パラメーター

貴方に備わった魔法

無邪気な笑み《サミングフラッシュ》

眩い光で相手の目を潰し、相手の行動を止める効果があります。

ラッキー武器

火炎放射器

世間に溢れる汚物を、焼き尽くすことができます。

2月 7日 Imprisoned Book

羽ばたく魂の翼

囚われし書物《インプリズンドブック》

この日に生まれた貴方は独特の人生を歩む傾向にあります。親友と競い合う羽目にあったり、エジプトまで旅をする羽目にあったりと壮大なドラマの中に身を置くことになるでしょう。

特徴

貴方の血と魂に刻み込まれた無意《エ》志的記《ス》憶は、華やかで不自由のない生活から貴方を引き離そうとします。そのきっかけはマドレーヌの香りか、うなじにある奇妙な形の痣なのかはわかりませんが、運命には逆らえません。冒険に出た貴方は様々な経験をして大人になっていきます。と、そんな夢想に浸りながら貴方の人生は終わりを遂げます。静かに閉じられ、本棚に戻される小説のように…。

パラメーター

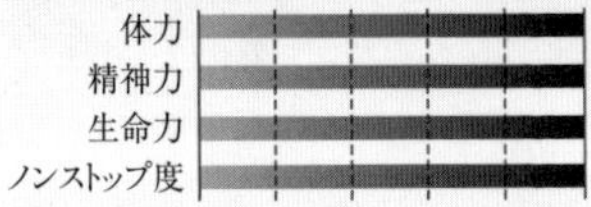

貴方に備わった回復法

アドレナリン分泌

ただし、常に出し続けていないと効果がないので注意してください。

ラッキー防具

布の服

どんな冒険が待ち受けようと初期装備は重要です。これで決まりでしょう。

2月 8日 Imprisoned Clown

不安に揺らぐおどけ者

囚われし道化師《インプリズンドクラウン》

全ての物事を如才なくこなす能力があるこの日に生まれた貴方は、とても器用ですがどこか人を見下しているかのような印象を、相手に与えてしまいます。

特徴

そんな貴方も、本当に信頼できる人間が見つかると、まるで血の契約《オメルタ》でも交わしたかのようにその人物を敬い、地獄の果てまでお供しますとばかりに隷属し始めるでしょう。しかし、その人間の頼みをよく聞いて分析してください。「ジュース買ってきて」「人気アニメのDVD見たいんだよね」等の我がままが目立つようでしたら、貴方は完全にパシリとして使われています。お気の毒に。

パラメーター

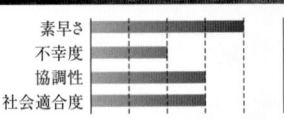

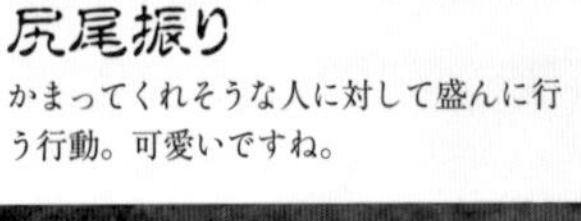

貴方に備わった特殊能力

尻尾振り

かまってくれそうな人に対して盛んに行う行動。可愛いですね。

ラッキーフード

オリーブ

主な産出地はイタリアのシチリア。酢漬けにしても美味しいです。

2月 | 9日 | Imprisoned Traveler

悲嘆に暮れる妄想の人

囚われし旅人《インプリズンドトラベラー》

自由をこの上なく愛する貴方は、
しかし囚われし月の影響で、
壮大な夢に思いを馳せる幽閉された
冒険者のようです。

特徴

塔の最上階に閉じ込められ、退屈《アンニュイ》な毎日を過ごす貴方はいつか救い主《ナイト》が現れて、自分を自由の空《パラダイス》へと解き放ってくれないだろうかと思っているはずです。毎日終電を逃し、かつ休日出勤、学費を捻出するためのバイト地獄。「こんな毎日もう嫌だ！」。思い切って心の底に渦巻いている声を、本気で外に出してみましょう。身近な人が貴方に自由を与えてくれるかもしれません。

パラメーター

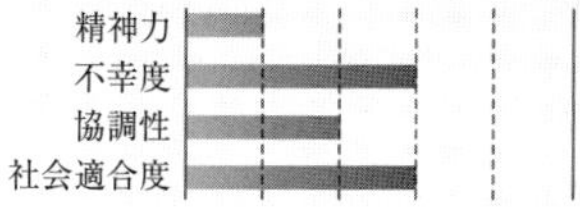

貴方に備わった特殊能力

ブレイキングウォール

境界を分ける壁を打ち崩す、勇敢な者でなければ使用できない技です。

ラッキードリンク

搾りたてミルク

甘くて新鮮。心に溜まったヘドロのような思いを忘れさせてくれます。

2月 | 10日 | Imprisoned Inferno

裸の王様

囚われし業火《インプリズンドインフェルノ》

貴方は凄まじいパワーを秘めていますが、
その力を開放してしまうと周り数キロ四方が
焦土と化してしまうため、パワーを封じ込める
鎧を着せられこの世に降り立ちました。

特徴

貴方は貴方の本当の力をその目で確かめたことがありません。それゆえ劣等感を感じたりすることがよくあるはずです。しかし、落ち込む必要はありません。本来の貴方はどんな能力の持ち主をも力ずくでねじ伏せることができるほどの禍々しい存在なのです。さぁ、真の力を封じる鎧を、服を今すぐ脱ぎ捨ててください。解き放たれた貴方は誰よりも清々しく良い笑顔をしているはずです。

パラメーター

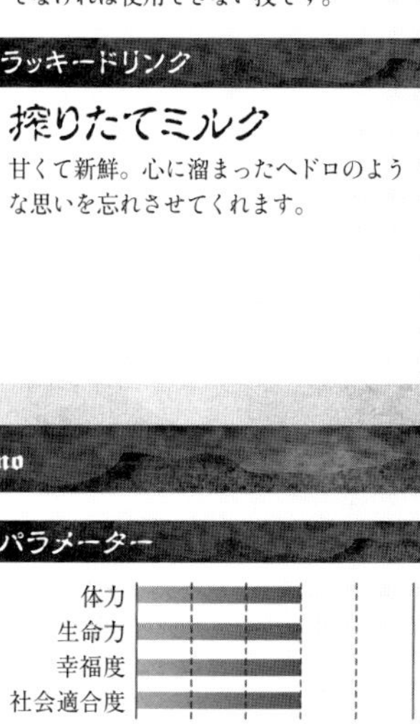

貴方に備わった魔法

ダンシングストリッパー

カラオケでやると大ウケするか、立ち上がれなくなるほどドン引きされます。

ラッキーアイテム

なし

貴方は一切の物を着用したり、身に纏うことに向いていない裸族です。

2月 11日 Imprisoned Messenger

踏み躙られ、穢された魂の持ち主

囚われし使者《インプリズンドメッセンジャー》

11日生まれの貴方は、勇敢で強い使命感を持っています。ペルシア軍からギリシアの都市国家群を救った、エウクレスのような英雄の生まれ変わりかもしれません。

特徴

しかし2の月は冷たく、サディスティックに鞭を振るう拷問官のように貴方を成功から遠ざけようとします。散々走り回った末に見つかった2次会の店に、皆を連れていこうと元の場所に戻ったら誰もいなかった…。そんな経験はありませんか？メロスを待つセリヌンティウスが約束の刻限に見たものは、友の姿でしょうか。それとも自分の血に染まった槍の穂先でしょうか。

パラメーター

貴方に備わった回復法

思い浮かべた友人の顔

正直な貴方にはぴったりの回復法です。友人は大切にしましょう。

ラッキー宝具

筋斗雲

秒速約6万キロ。これでおいてけぼりになることもないでしょう。

2月 12日 Imprisoned Blade

難を前にし気を振るう

囚われし刃《インプリズンドブレード》

切れ味の鋭い刃のような感性を持つ12日生まれの貴方は、アーサー王におけるエクスカリバーのような、帝王の従者としての運命を担うことになるかもしれません。

特徴

陰日向なく努力し、トップに信用されている貴方には、争いごとの仲裁や反乱の鎮圧、敵の抱き込み工作などの難問が襲ってきます。「別れた彼氏・彼女ともう一度付き合いたい」「連れが浮気してるようなんだけど何とかしてほしい」「あの人のこと好きなんだけど、どうにかならないかな？」等。恋愛関係ばっかりかと思うでしょうが、そういうの割と好きですよね、貴方。

パラメーター

貴方に備わった回復法

Love on the Look Out

愛の神《キューピッド》である貴方にも休養は必要です。少し弓矢を置いてみましょう。

ラッキー武器

なし

あなた自身が既に最高の武器である以上、他の武器の名前は挙げられません。

2月 | 13日 | Imprisoned Secret Agent

人知を超えた感知能力《デビルイアー》の持ち主

囚われし密偵《インプリズンドシークレットエージェント》

物静かだが社交性があるこの日に生まれた
貴方は、敵の目を欺き懐に飛び込むことが
容易にできるため、スパイ等の重要な
情報収集の担い手《シークレットエージェント》に向いているでしょう。

特徴

通常では入手するために命の危険を伴う情報さえ、暗黒の力により難なく持ち得ている貴方は、CIAも裸足で逃げ出す情報収集《サーチ》能力を持っています。種々の雑誌を読み漁り、ラジオやテレビはつけっぱなしで「うるさいっ！」と怒鳴り込んできたご近所さんをも懐柔し、情報を得ます。貴方の持つ情報を開示すれば、たちまち人気ブロガーもしくは主婦友の中心人物となり得るでしょう。

パラメーター

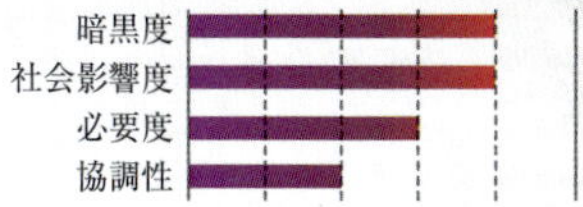

貴方に備わった特殊能力

自白誘導

情報源自らその秘密を話してしまいたくなるという恐ろしい技です。

ラッキー防具

バシネット

敵に顔を見られることがなく、また兜としても一級の防御力を誇ります。

2月 | 14日 | Imprisoned Umpire

剣と天秤の管理者

囚われし審判《インプリズンドアンパイア》

この日に生まれた貴方は、
極端に走る傾向を持ち、白か黒を
はっきりしないと済まない性格の持ち主です。
厳格な審判《オーナー》者のような威厳を湛えています。

特徴

特にこの日に生まれた女性は物事のジャッジに厳しく、好き嫌いがはっきりしています。嫌いな男はスルーというよりもともと存在さえ感じず、好きな男には誰もが認識できるほど熱い視線を送り、甘い食べ物を持って誘惑《シデュース》します。しかし、物事を裁くのは勝者の側。貴方がその身の安寧を得るか、断頭台にかけられるかは貴方ではない人間が決めることです。他人には優しくしておきましょう。

パラメーター

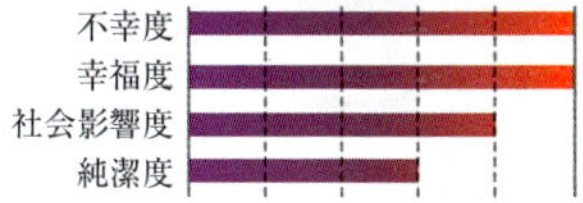

貴方に備わった必殺技

告白

最終兵器的ですのであまり使用しないように。全く通用しない相手もいます。

ラッキーフード

チョコレート

相手を迷わせ堕落させるものですので、自分で食べるのは危険です。

2月 | 15日 | Imprisoned Emperor

悲嘆に暮れる眠れる獅子

囚われし皇帝《インプリズンドエンペラー》

2月15日に生まれた貴方からは、
深い悲しみに囚われ、
身動きできずにいる皇帝の姿が想像されます。
民のために善政をしく慈悲深い為政者のようです。

特徴

過去の傷《トラウマ》を引きずり前進できないでいる貴方は、その心の傷を癒すことさえできれば、きっとその力を発揮し、目を疑うような桃源郷《シャングリラ》さえ見せてくれます。過去に囚われ、雁字がらめにされた憐れな皇帝を解放することができるのは、過剰なまでの被害妄想を断切る気力です。一体何に捕われているのかを今一度冷静に見定めてみてください。時間を置くと思いのほか黒歴史というほどでもないかもしれませんよ。

パラメーター

貴方に備わった魔法

パープルレイン

紫色に煙る雨の中で見る夢は、被術者の心を温かく包み込みます。

ラッキードリンク

オロナミンC

どうしても トラウマが払拭できない場合に飲んでください。元気が出ます。

Column

Shmp

Karte No. 21　中二病患者の症状診断

中二病
末期

症状

包帯や眼帯を身につけると
封印された力が疼いてしまう

詳細

よほどのケガでも負わない限り、身につける機会がない包帯や眼帯。そこが中二病患者の脳内妄想を駆り立てるらしく、彼らは必要以上に包帯や眼帯をしたがる。中には大したケガでもないのに包帯を巻く輩もいるが、友人から必要以上に心配され、自己嫌悪に陥ることも。とはいえ装着するだけで不思議と力が疼いてくるので、なかなか手放すことができなかったりする。

特記事項

- 中二マストアイテム
- 綾●レイの巻き方が理想
- 俺の腕に封印されし忌まわしき力を鎮めるために…

2月　16日　Imprisoned Wizard

偽りの世界に住まう者

囚われし魔術師《インプリズンドウィザード》

囚われし月の16日に生まれた貴方は、
ひとつのことに没頭する傾向があります。
まるで秘術を生み出す魔術師《ソーサラー》のように
研究熱心です。

特徴

呪いの札から魔方陣《ペンタクル》の描き方はパーフェクト。自然現象を操ることは朝飯前な貴方。今日も新しい魔術の発見のためにいそしんでいます。しかし、あまりにも根を詰めすぎると身体に毒です。たまには外に散歩でもしに行きましょう。ハンカチは持ちましたか？ 財布は？　最後にカラコンはつけましたか？　これがないと魔術師としての貴方の威厳が損なわれる可能性がありますから注意してください。

パラメーター

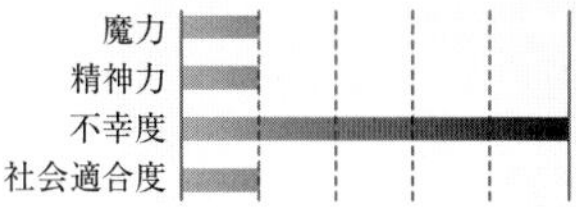

貴方に備わった回復法

ラノベを読む

貴方の住む本当の世界はその書物の中にあります。帰る方法を見つけねば！

ラッキーアイテム

眼帯

カラコンをつけた方の目に当ててください。強烈な魔力を封じておきましょう。

2月　17日　Imprisoned Troubadour

黄色いジミヘン

囚われし吟遊詩人《インプリズンドトルバドール》

この日に生まれた貴方は、
音楽に魅了されその素晴らしさゆえに、
自身も音楽を奏でることになった、
生まれついての天才音楽家です。

特徴

職場や教室、通勤通学の電車の中でもスコア表を見て至福の時を過ごす貴方。頭の中で大聖堂の鐘の音が鳴り響いているようです。愛用の音楽プレイヤーには膨大な楽曲が詰め込まれており、貴方の中から音楽が絶えることはありません。しかし如何せんプレイヤーのボリュームが大きすぎて、人々がちらちらと眉間にしわを寄せてこちらを見ています。難聴を避けるためにも音量は小さめに。

パラメーター

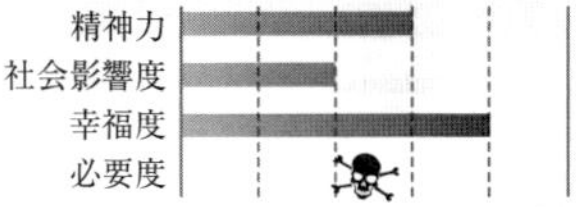

貴方に備わった特殊能力

エアギター

音楽を愛するあまり、虚空を撫でただけで楽曲が流れてきます。

ラッキー宝具

高級ヘッドホン

10万円を超える代物は、音楽の理解者である貴方の耳にぴったりです。

2月 18日 Imprisoned Hermit

穢れなき大罪人

囚われし隠者《インプリズンドハーミット》

この日に生まれた貴方は情に流されやすく、
また本人もそれを自覚しているため息を潜めるように
生活しています。その姿は、まるで昔の罪を
贖いながら生きる者のようです。

罪深き
我が業《カルマ》を
贖い切るのは
いつの日か…。

特徴

他人の感情に影響されやすい貴方は、心根は優しい方です。もはや聖人《セイント》レベルの美しい魂は、俗世間の大人の事情という汚泥にまみれて昇天寸前。楽しみにしていたゲームの発売が延期になったり、大好きなアニメの第2期が始まらないなど、子どものように透き通った心は引き裂かれ、また憤怒のあまりに物を投げつけて割れたPCのディスプレイが無残な姿を晒していると思います。

パラメーター

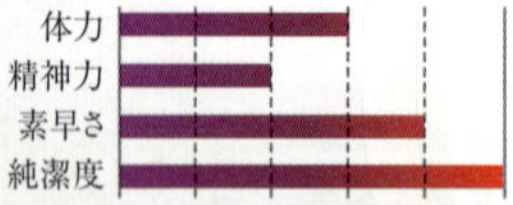

貴方に備わった必殺技

メーカーへの問合せ《クレイジーボンバー》

わからないことを解決する一手段ですが、
聞かれた方は困窮することもあります。

ラッキー武器

バトルアクス

気に入らぬ者どもを大地に打ち倒す、
強烈な打撃系武器です。

2 月 | 19 日 | Imprisoned Whip

救いを求めうろつく魔物

囚われし硬鞭《インプリズンドウィップ》

囚われし月の19日に生まれた貴方は、
氷のような冷たさを持ち相手に取り憑き
不幸をもたらす、冷酷非情な
悪霊《イービルスピリット》のような存在です。

特徴

寄り主が誰だろうが関係はありません。目があった気がする、こちらに少し微笑みかけた気がするといったような、ただ自分の存在を目撃した人間であれば誰でも構わないようです。所構わずついて回り、昼夜問わずスマホを使って交信してくる。しかし、相手が気の弱い人間であれば貴方の呪詛のパワーでとり殺せますが、そうでもない相手の場合「ウザイ」の一言で退魔の儀式は終わりです。

パラメーター

貴方に備わった魔法

デスウォーク

貴方の歩いた跡には、何も生えないどころか毒の沼地が現れます。

ラッキー防具

防水シート

聖水はおろか、貴方を追い払おうと浴びせられる全ての液体をシャットアウト！

2 月 | 20 日 | Imprisoned Rebel

恐怖を具現化させる

囚われし反逆者《インプリズンドレベル》

この日に生まれた貴方は、
人間全てに罪を感じ、その業を贖わせるため
奮い立った地獄の戦士《マッドウォーリアー》。
神に仇をなす反逆者です。

特徴

貴方の目は人間に対する怒りに満ち、汚い本性を暴き出そうと欲心をくすぐります。舞い落ちる桜の花びらを３枚キャッチすると…等の幸せになれる都市伝説を散々話し誘い水を撒き、最後に「学校の怪談」を持ち出し、忘れていた恐怖を再び人々の心に蘇らせる等、聞かされた人間にはそれだけで一日が憂鬱になるようなことを囁き続けます。もしかしたら貴方もその類を忘れられないくちでしょうか。

パラメーター

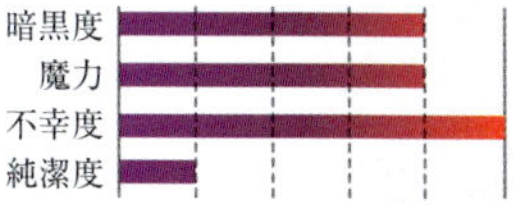

貴方に備わった回復法

お菓子を食べまくる

塩分を多量に含んでいますので、健康上の理由から控えたほうが良いでしょう。

ラッキードリンク

炭酸飲料

炭酸を飲むと骨が溶ける？　そんなことはないので安心してください。

2月 | 21日 | Imprisoned Wing

探究心過剰な青二才

囚われし翼《インプリズンドウィング》

囚われし月の21日に生まれた貴方は、
ギリシア神話の登場人物イカロスに似ています。
探究心と自由への欲求が
強く心の中でくすぶっています。

特徴

現状に満足できない貴方は、努力を重ね自分を高めていくことが好きで、よく頑張り屋だと言われることと思います。しかしその努力は高僧《ハイプリースト》のように世の中のためではなく、自分自身のためだけにされる努力です。それが悪いとは思いませんが、方向を間違えると大変なことに。大人になりたい、そのためにはブランド物で身を固めるのが最上と考え出すと、みるみる借金地獄に落ちて命を失うでしょう。

パラメーター

貴方に備わった魔法

ファントムソウル

死者の魂が邪魔者を獄界に引きずり込んでくれます。

ラッキー武器

バスタードソード

撫で切る、叩き切るどのような方法でも相手を切り裂く万能の剣です。

2月 | 22日 | Imprisoned Undead

甘え上手な気まぐれお嬢

囚われし亡者《インプリズンドアンデッド》

この日に生まれた貴方には、
何か動物の霊がとりついているようです。
前世の因縁《フェイト》でしょうか。
あるいは呪い《カース》でしょうか…。

特徴

自由気ままでツンデレな貴方。狡猾な目で世を見渡し、物を貰うときだけ人に擦り寄っていく様は、愛くるしい猫のようです。そんな貴方には異性からの猛烈アピールが雨あられと降り注ぎ、同性からはブーイングの嵐。妬みや嫉みもどこ吹く風、と割り切れる貴方であれば、生きる道は決まっています。某電気街近辺で喫茶のバイトをしましょう。きっと夢のような世界が広がっていますよ。

パラメーター

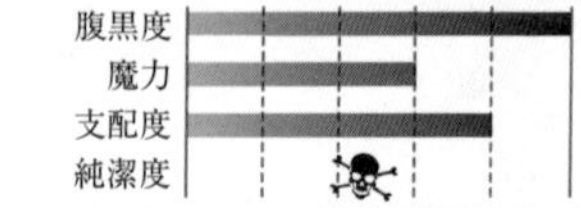

貴方に備わった回復法

猫足立

前方への蹴りを素早く行える構え。暴漢撃退にとても有効です。

ラッキー防具

猫耳カチューシャ

貴方の魅力を更に引き出し、全ての異性を虜にする悩殺アイテム。

2月 23日 Imprisoned Nirvana

全てを飲み込む奇跡の存在

囚われしニルヴァーナ《インプリズンドニルヴァーナ》

荘厳さと雄大さを表すこの日に生まれた貴方は、
千代の昔からこの国に燦然と輝く象徴、
霊峰富士のように人々から
崇め奉られるに違いありません。

特徴

貴方の落ち着いた構えと貫禄がそこに存在するだけで皆は安心し、後光《アウラ》のさす神秘的な姿は宗教じみた崇拝の対象にもなるでしょう。しかし貴方自身困っていることがあるはずです。富士山並なのはその威容だけではなく、食欲は底知れません。大食いチャンピオンの如く全ての物を貪欲に食い尽くします。もちろんinもあればoutもあるはず。人の家では詰まらせないように注意してください。

パラメーター

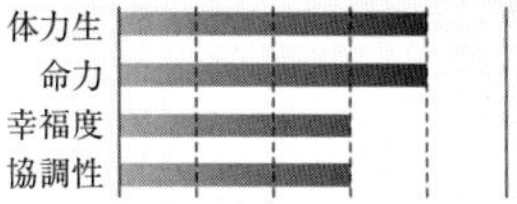

貴方に備わった特殊能力

呑馬術

人間ポンプよろしく馬を飲み込みます。種も仕掛けもありますが…。

ラッキー宝具

仙豆

一粒あれば底なしの胃も満足します。常に携帯しましょう。

Column

Stamp 中二病 末期

Karte No. 22　中二病患者の症状診断

症状

架空の恋人との甘美な時間に浸り周囲に自慢する

詳細

恋愛へのハードルが高まっている昨今、中二病患者は脳内に彼氏彼女をつくってランデブーを楽しむ。性格から容姿、癖まで設定が細かく、なかには本当に恋人がいるかのように振る舞う強者も。だが「写真を見せて」と言われると窮地に陥り、そのうちバレてしまったりする。ちなみにリアルに彼氏彼女ができた途端、急に中二病設定がどうでもよくなるのも中二病患者にはありがちな罠だ。

特記事項

- 二次元でも嫁は嫁
- 「写真を見せて」は禁句
- 現実と脳内の狭間で苦しむ甘酸っぱいひと時

2月 | 24日 | Imprisoned Assassin

不用意な侵入者《イントルーダー》

囚われし暗殺者《インプリズンドアサシン》

囚われし月の24日に生まれた貴方は、
大きな力との戦いに敗北し、
暗くジメジメとした地下牢《ダンジョン》につながれた罪人《クリミナル》のように、
全てを呪っている存在です。

特徴

目指すことの1割ほども成就せずに終わってしまう原因はなんでしょうか。運がなかったのか、はたまた貴方を邪魔する何かが作用したのか…。失敗の元を見つけてください。なにも権力者《チェアーマン》は理由もなく貴方を無下に貶めねじ伏せている訳ではありません。本当に貴方が何かをなし遂げたいと思うなら、何度でも牢の内側から手を伸ばしチャンスを掴みとってください。意志がないならそれまでですが。

パラメーター

貴方に備わった必殺技

吊るし首

相手の体を宙に吊るす仕事人も真っ青な攻撃方法。

ラッキー武器

ピアノ線

悪人の首に巻きつけ窒息死させる、必殺の暗殺武器。

2月 | 25日 | Imprisoned Conglomerate

思い上がりがすぎる偉丈夫

囚われし礫岩《インプリズンドコングロメレード》

この日に生まれた貴方は、運動や思考する
能力がある程度高いのですが、それがゆえに
思い上がりが激しく、怖いもの知らずで
暴れん坊な猿のような人間です。

特徴

多少貴方の能力《アビリティー》が優れているからといって、他人を見下していると必ず孤立します。それでも思い直すことができないと、自分よりも遥かに格上の存在にさえ噛みつきだします。結果は言わずもがな。上司から小言を言われるくらいならまだマシですが、こっぴどくやられて精神が瀕死状態に。死にそうになってから復活すると、さらに強くなって帰ってくる設定は無効ですので無理はしない方がいいですよ。

パラメーター

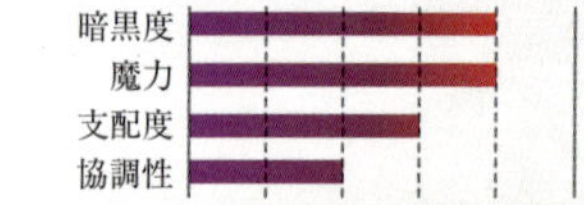

貴方に備わった魔法

ケイオスマジック

意のままに信念を変えるパラダイムの海賊行為は最凶の魔法です。

ラッキー防具

スクトゥム

古代ローマ時代に使用されていたこの盾は、貴方の身を包み守ります。

貴様の咎《とが》を断罪してやろう…首ごとな。

狂気迸る人間兵器

囚われし処刑人《インプリズンドエキスキューショナー》

囚われし月の26日に生まれた貴方は、瞬時の爆発力が凄まじく道を極めた居合の達人、もしくは太刀筋の鋭い介錯人のような眼光を持ち、人々を恐怖に陥れるオーラに満ち溢れています。

特徴

そんなオーラを身にまとっている貴方が本当に望んでいることは、安らぎ《ピースオブマインド》です。平穏さを実現するために敵を打ち倒す姿は、幕末の人斬り岡田以蔵と重なります。「悪即斬」の精神の元、悪人は殺しても構わないとばかりの勢いです。人のブログを炎上させたり、粋がった輩を見るとつい赤っ恥をかかせるような策を巡らせたりと、心の安寧を求めている割にやっていることが若干さもしくなっていませんか？

パラメーター

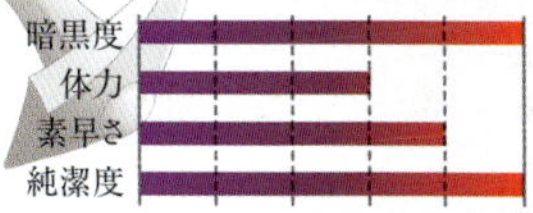

貴方に備わった回復法

人を傷つける行為

人の不幸は蜜の味。血に飢えた貴方はもはや外道と化しています。

ラッキーフード

生八つ橋

岡田以蔵も食べたであろう京都の有名菓子。シナモンたっぷりです。

2月 | 27日 | Imprisoned Prophet

偽りの神託を宣布する徒弟

囚われし預言者《インプリズンドプロフェット》

神と人間の絆となるべくこの世に遣わされた貴方は、
その能力の重大性により
大きな権力に取り込まれ飼われている、
籠の中の鳥《ケイジドバード》のような存在です。

特徴

その聖性ゆえに丁重に扱われている貴方ですが、いつしか自分の使命も忘れ、神という大きな後ろ盾の威を借りて傍若無人に振る舞っているようです。「俺の兄ちゃんは族の頭《ヘッド》なんだぞ」「知り合いにスーパーハッカーがいるから」「右腕の封印さえ解ければ、貴様らのような下賎な輩、焼き尽くしてくれるわ！」等々。欲と虚偽にまみれた貴方の姿はとても醜く人々の目に映るでしょう。

パラメーター

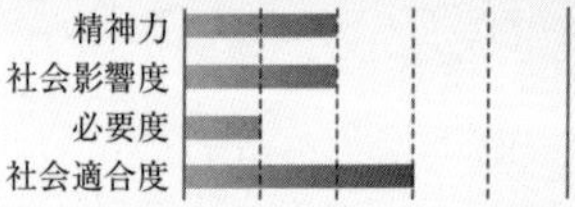

貴方に備わった特殊能力

伸びる鼻

貴方の端麗な鼻の高さは優れた容姿というよりも、嘘つきの証です。

ラッキードリンク

梨汁

奇行が目立つあの生物《キャラ》ですがきっと真面目です。彼の体液で改心しましょう。

2月 | 28日 | Imprisoned Hammer

隠された力の持ち主

囚われし鉄槌《インプリズンドハンマー》

この日に生まれた貴方は、
神が下す怒りの鉄拳の如き凄まじい力を
持っているのですが、何かが原因で
その力を封印《シーリング》されているようです。

特徴

貴方の力を封じているものは何でしょうか。物理的な力で押さえつけられているのでしょうか。違います、貴方のしている眼帯を外せばそんなちっぽけな力を除くことは容易でしょう。権力でしょうか。違います、目上のものに対しても失礼な口をきく貴方にそんなものは通用しません。では一体…それは金の力です。とりあえずバイトでもして独り立ちすることが、皆と同じ土俵に上がる第一歩です。

パラメーター

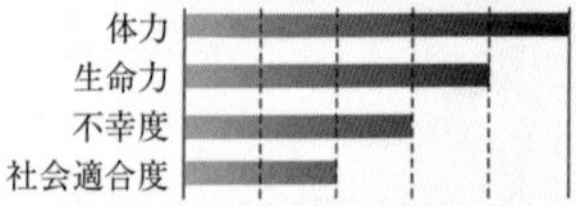

貴方に備わった必殺技

デパ地下で試食三昧

生き延びるための術です。卑しいと思われようがしかたありません。

ラッキーアイテム

クーポン券

金がない貴方は1円でも無駄にできません。とりあえずとっておきましょう。

2月 | 29日 | Imprisoned Hunter

恐怖の大王《アルマゲドン》

囚われし狩人《インプリズンドハンター》

狩人の宿命を持ち、4年に一度訪れるこの日に生まれた貴方。もはや人智を超えた確率でこの世に現れた貴方は、まさに異世界から来訪した戦士、プレデターに違いありません!

特徴

通常の貴方は「囚われし鉄槌」や「輪廻の独裁者」と偽り、宇宙人ジョーンズのように人間の間に紛れています。しかし強敵が現れるや戦闘民族の本能が働き、血肉が沸き立ちます。敵はあちこちに存在します。金と権力に塗れた政治家、既得権益を守ろうとする役人、夜中のコンビニに屯するDQNども、汚い化粧をしたギャル、そして様々なリア充たち。全て爆破して宇宙の藻屑にしてやってください。

パラメーター

体力
生命力
支配度
社会影響度

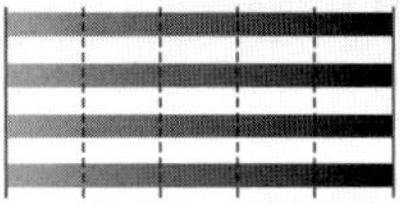

貴方に備わった最終奥義

自爆

戦いに敗北した貴方を待つのは自爆です。名誉を重んじるための掟です。

ラッキー宝具

クローキングデバイス

テクノロジーの低い地球上では製造することができません。

Shmp

中二病
末期

Column

中二病患者の症状診断

Karte No. 23

症状　些細な間違いを相手が泣いて許しを請うまで指摘し続ける

詳細　自分には甘い中二病患者だが、他人にはめっぽう厳しい。特に他人が誤った知識を有していたというのがわかったとき、彼らの舌鋒は鷹の爪のように鋭くなる。普通ならやんわり指摘するのが大人のマナーだが、中二病患者は一切の妥協を許さない。たとえ相手が女の子であっても容赦はしない。本人的にはそれで満足だろうが、間違いなく女の子にモテなくなってしまうので、気をつけたいところ。

特記事項
- 面倒くさいヤツ
- 知識をひけらかしたい系
- 新人野党議員にありがちな意味のない揚げ足取り

† Staff list †

編集	大久保麗（スタジオダンク）
ライティング	渋澤美穂
	香月晶
	常井宏平
デザイン	桑山慧人、竹内緑（prigraphics）
カバーイラスト	hatsuko
本文イラスト	Genyaky
	シダ
	新井テル子
	もじゅ
占い取材協力	真木あかり
	斎藤啓一

中二病 誕生日診断

2014年8月22日　初版第1刷発行

著者
中二病誕生日診断制作委員会

発行者
三坂泰二

編集長
藤本絵里

発行所
株式会社KADOKAWA
〒102-8177　東京都千代田区富士見2-13-3
☎ 03-3238-8521（営業）

編集
メディアファクトリー
☎ 0570-002-001（カスタマーサポートセンター）
年末年始を除く平日10:00 ～ 18:00まで

印刷・製本
図書印刷株式会社

ISBN　978-4-04-066951-9　C0095

Printed in Japan
http://www.kadokawa.co.jp/